Nelles Verlag

Kreta

Autoren:
Michèle Macrakis, Lily Macrakis,
Micos Stavroulakis, Klaus Bötig,
Tom Stone, Kerin Hope, Costas Paris,
Samantha Stenzel, Jean-Pierre Altier,
Sandy May Gillivray, Wolfgang Josing

KRETA

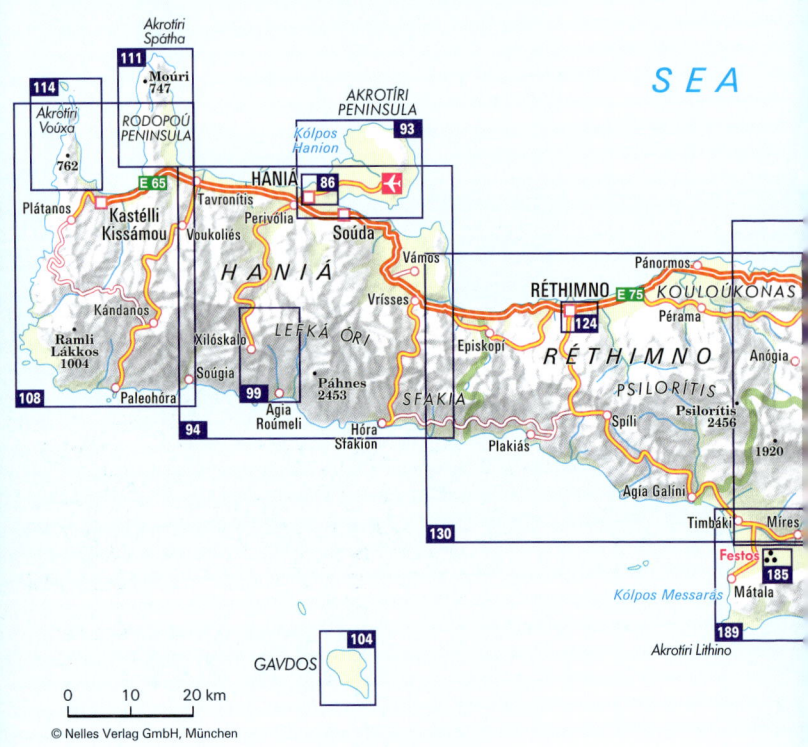

KARTENVERZEICHNIS

Kreta im Mittelmeer	16
Haniá	86/87
Akrotíri-Halbinsel	93
Der Süden von Haniá	94/95
Samariá-Schlucht	99
Gávdos	104
Der Westen von Haniá	108
Rodopoú	111
Gramvoúsa	114
Réthimno	124
Der Süden von Réthimno	130/131
Iráklio	154/155
Knossós	167
Der Süden von Iráklio	172/173
Mália	181

KRETA

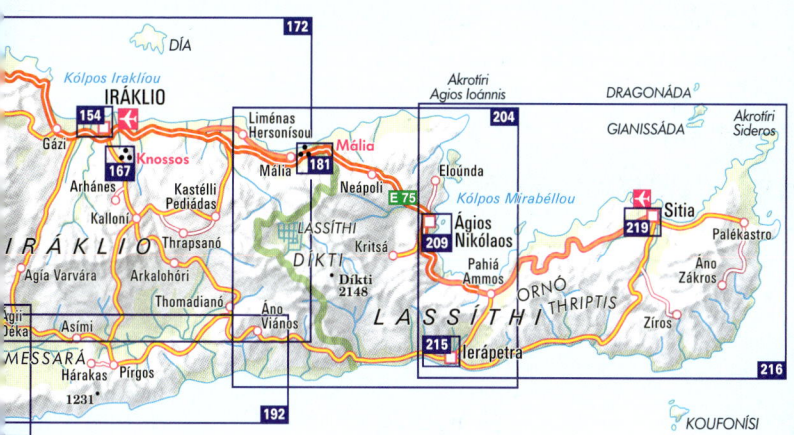

KARTENVERZEICHNIS

Festós	185
Westmessará	189
Die Südküste von Iráklio	192/193
Der Westen von Lasíthi	204/205
Agios Nikólaos	209
Ierápetra	215
Der Osten von Lasíthi	216/217
Sitía	219
Thíra (Santorin)	230

Hinweis: Die Schreibweise der Ortsnamen in den Karten und im Text folgt überwiegend einer internationalen Transkription, die von den (uneinheitlichen) Schreibweisen vor Ort und der deutschen Lautung abweichen kann. Aussprachehilfen gibt der „Sprachführer" in den Reise-Informationen des Anhangs.

IMPRESSUM / KARTENLEGENDE

Liebe Leserin, lieber Leser,

AKTUALITÄT wird in der Nelles-Reihe groß geschrieben. Unsere Korrespondenten dokumentieren laufend die Veränderungen der weltweiten Reiseszene, und unsere Kartografen berichtigen ständig die auf den Text abgestimmten Karten.
Wir freuen uns über jeden Korrekturhinweis! Unsere Adresse: Nelles Verlag, Machtlfinger Str. 26 Rgb., D-81379 München, Tel. +49 (0)89 3571940, Fax +49 (0)89 35719430, E-Mail: Info@Nelles.com, Internet: www.Nelles.com
Haftungsbeschränkung: Trotz sorgfältiger Bearbeitung können fehlerhafte Angaben nicht ausgeschlossen werden, der Verlag lehnt jegliche Produkthaftung ab. Alle Angaben ohne Gewähr. Firmen, Produkte und Objekte sind subjektiv ausgewählt und bewertet.

LEGENDE

IMPRESSUM

KRETA
© Nelles® Verlag GmbH
   81379 München
   All rights reserved

Druck: Bayerlein, Germany
Einband durch DBGM geschützt

Reproduktionen, auch auszugsweise, sowie die Verbreitung durch Internet, fotomechanische Wiedergabe, Datenverarbeitungssysteme und Tonträger nur mit schriftlicher Genehmigung des Nelles Verlags **- R1818 -**

INHALTSVERZEICHNIS

Kartenverzeichnis 2
Impressum / Kartenlegende / Haftungsbeschränkung 4

1 FEATURES

Höhepunkte. 12
Ein Porträt Kretas. 15
Geschichte im Überblick 18
Flora und Fauna 24
Höhlen 30
Kulinarische Vielfalt 33
Restaurants 36
Trauben und Oliven 38
Minoische Kunst 41
Minoische Menschenopfer 42
Byzantinische Kirchen. 44
Sorbás' Tanz 46
Die Liebe zu den Waffen 48

2 GESCHICHTE UND KULTUR

Geschichte und Kultur Kretas 53

3 PRÄFEKTUR HANIÁ

Haniá-Stadt 85
Akrotíri-Halbinsel 92
Von Haniá nach Omalós 93
Die Samariá-Schlucht 97
Von Haniá nach Hóra Sfakion 100
Gávdos 104
Von Haniá nach Soúgia 106
Von Haniá nach Paleohóra 107
Von Haniá nach Kastélli Kissámou 111
Gramvoúsa 112
Die Westküste 114
INFO: Restaurants, Sehenswürdigkeiten 115-117

4 PRÄFEKTUR RÉTHIMNO

Réthimno-Stadt 123
Kloster Arkádi und Töpferdorf Margarítes 127
Stille Dörfer südwestlich von Réthimno 128
Nach Préveli und Plakiás an der Südküste 132
Von Plakiás nach Frangokástello 136
Spíli und Agía Galíni 138
Östlich von Réthimno 141
INFO: Restaurants, Sehenswürdigkeiten 143-145

INHALTSVERZEICHNIS

5 PRÄFEKTUR IRÁKLIO

- Iráklio-Stadt ... 151
- Knossós ... 163
- Ausflüge von Iráklio ... 171
- Liménas Hersonísou ... 178
- Mália ... 179
- Südwärts zur Messará-Ebene ... 181
- Festós ... 184
- Agía Triáda ... 186
- Vóri, Vrondísi und Valsamónero ... 187
- Aufstieg zum Psilorítis-Gipfel ... 188
- Pitsídia und Mátala ... 191
- Die Südküste zwischen Mátala und Ierápetra ... 192
- *INFO: Restaurants, Sehenswürdigkeiten* ... 195-197

6 PRÄFEKTUR LASÍTHI

- Von Mália nach Pláka ... 203
- Lasíthi-Hochebene ... 206
- Agios Nikólaos ... 208
- Eloúnda und Spinalónga ... 211
- Kritsá ... 212
- Lato ... 214
- Gourniá ... 214
- Ierápetra ... 214
- Von Agios Nikólaos nach Sitía ... 215
- Sitía ... 218
- Toploú, Vái und Itanos ... 219
- Palékastro ... 220
- Káto Zákros ... 221
- Xerókambos ... 223
- Über die Handrás-Ebene zur Südküste ... 223
- *INFO: Restaurants, Sehenswürdigkeiten* ... 225-227

7 THÍRA (SANTORIN)

- Ausflug nach Santorin ... 231
- *INFO: Restaurants, Sehenswürdigkeiten* ... 237

8 REISE-INFORMATIONEN

Vorbereitungen ... 240
- Klima ... 240
- Bekleidung ... 240
- Einreisebestimmungen / Papiere ... 240
- Zoll ... 240
- Geld ... 241
- Gesundheitsvorsorge ... 241

INHALTSVERZEICHNIS

Reisewege nach Kreta. 241
   Flugzeug / Schiff / Auto 241

Reisen auf Kreta. 242
   Bus / Mietwagen / Motor- und Fahrräder/
   Höchstgeschwindigkeiten / Organisierte Ausflüge. . . 242

Praktische Tipps. 242
   Banken 242
   Behindertenreisen 242
   Camping 242
   Einkaufen / Souvenirs 243
   Elektrizität 243
   Feiertage und Feste 243
   Fischgerichte. 245
   Fotografieren. 245
   Geschäftszeiten. 245
   Jugendherbergen 246
   Kreditkarten 246
   Post 246
   Presse 246
   Sport. 246
   Restaurantrechnungen / Trinkgeld. 246
   Telefon, Mobilfunk, WLAN 247
   Umwelt 247
   Verhalten 247
   Wandern und Bergsteigen 248
   Zeit. 248

Adressen 248
   Ausländische Vertretungen auf Kreta und in Athen . . 248
   Pannenhilfe / Automobilklubs. 248
   Griechische Zentrale für Fremdenverkehr 248
   Bei der Ankunft 248
   Internet-Adressen 249

Das griechische Alphabet 249

Kleiner Sprachführer 249

Autoren 251

Register 252

Knossós bei Iráklio ist die bedeutendste minoische Ausgrabung

Strandvergnügen in der Bucht von Kalathás, Akrotiri-Halbinsel

HÖHEPUNKTE

HÖHEPUNKTE

★★**Altstadt von Haniá** (S. 87): Neben einer der schönsten **Markthallen** Griechenlands gibt es in der zweitgrößten Stadt Kretas traditionelle Viertel mit historischen Fassaden und verwinkelten Gassen zu sehen. Absolut sehenswert ist auch das ★**Archäologische Museum** in der ehemaligen venezianischen Kirche San Francesco.

★★**Samariá-Schlucht** (S. 97): Das eindrucksvolle Naturspektakel in den Weißen Bergen ist ein Dorado für Wanderfreunde. Der Weg führt aus über 1200 Metern Höhe durch die verschiedenen Vegetationszonen an die Küste des Libyschen Meers.

★★**Réthimno** (S. 123): Beherrscht von der venezianischen ★**Festung**, sind in der sehenswerten Altstadt noch zahlreiche historische Bauten aus venezianischer und türkischer Zeit zu bewundern. Häufig sieht man auch Minarette und Kuppeldächer von Moscheen.

★★**Kloster Arkádi** (S. 127): Das bedeutende Denkmal für das kretische Freiheitsstreben erinnert an die grausame Zeit der türkischen Besetzung. Sehenswert: die Fassade der Hauptkirche St. Helena und Konstantin.

★★**Strand von Preveli** (S. 133): Einer der schönsten Badeplätze Kretas wird malerisch vom Kloster ★**Piso Preveli** überragt. Ein Stranderlebnis der besonderen Art.

★★**Iráklio** (S. 151): Kretas Hauptstadt muss man gesehen haben. Außer der Festung ★**Koulés** aus türkischer Zeit und der bunten Marktgasse ★**Odos 1866** lockt vor allem das ★★**Archäologische Museum**. In diesem Hauptziel aller Kulturinteressierten auf Kreta sind alle wichtigen Ausgrabungsfunde der Insel, v. a. aus minoischer Zeit, eindrucksvoll präsentiert.

★★**Palast von Knossós** (S. 163): Vor den Toren Iráklios liegt der größte Palast der Minoer. Durch die stark eingreifende Rekonstruktion durch Sir Arthur Evans bekommen auch Laien einen Eindruck von diesem einzigartigen architektonischen Zeugnis der Frühgeschichte.

★★**Palast von Féstos** (S. 184): Der zweitgrößte minoische Palast nach Knossós liegt wunderschön auf einer Anhöhe in der Messará-Ebene. Hier ist der typische Aufbau minoischer Paläste relativ unverfälscht zu studieren.

★★**Spinalónga** (S. 211): Auf der ehemaligen Lepra-Insel wird ein schauriges Kapitel Geschichte aufgeschlagen. Viele Einrichtungen der ursprünglichen Festung und einstigen Quarantäne-Insel sind heute noch zu besichtigen.

★★**Kapelle Panagía i Kerá** (S. 213): Äußerlich eher schlicht, stellt das besterhaltene Denkmal byzantinischer Baukunst auf Kreta im Inneren ein wahres Schatzkästlein dar. Die Fresken aus dem 14. und 15. Jahrhundert sind überwältigend.

★★**Kloster Toploú** (S. 219): Einsam auf einer Hochebene gelegen wirkt das bedeutende Kloster wie eine Festung. Neben einem sehenswerten Museum sollte man den Klosterladen besuchen, in dem Reproduktionen sakraler Kunst zu erstehen sind.

★★**Palmenstrand von Vái** (S. 220): Feiner Sandkies mit hohen Palmen – das sind die Markenzeichen dieses Traumstrands, der heute auf dem Ausflugsprogramm zahlreicher Urlauber steht.

★**Sougia** (S. 106): Herrliche Kiesbucht mit kleinem Badeort und Fähranleger – etwas für Individualisten; Griechenland wie aus den 1980ern.

★**Strände von Phalasarna** (S. 112): Die schönen Sandstrände sind beliebt, sie erstrecken sich über 3 km, und das Meerwasser leuchtet an manchen Stellen wunderbar türkisfarben.

★**Elafonísi** (S. 115): Ausflugsbusse steuern den schönen Sandstrand mit beschirmten Liegestühlen an; gegenüber dem zu Fuß erreichbaren Inselchen, das mit einem schattenlosen

Rechts: Am Palmenstrand von Vái.

HÖHEPUNKTE

Naturstrand lockt und ansonsten Naturschutzgebiet ist.

Festung ★**Frangokástello** (S. 137): Das venezianische Kastell liegt malerisch am Meer, zu seinen Füßen lockt ein Sandstrand mit Lagune.

Tropfsteinhöhlen von ★**Melidóni** (S. 141) und ★**Sfedóni** (S. 141): Die Melidóni-Höhle diente in minoischer Zeit als Kultort, die Tropfsteinhöhle von Sfedóni, eine der schönsten auf Kreta, ist mit Stegen gut ausgebaut.

★**Gortina (Gortys)** (S. 183): Beeindruckende Überreste einer römischen Siedlung brachten hier das älteste Stadtrecht Europas zum Vorschein.

★**Nida-Hochebene** (S. 188): Auf dem von Bergen umschlossenen Plateau leben Hirten noch wie in alten Zeiten. In der Ida-Höhle soll Zeus seine Kindheit verbracht haben.

★**Agía Triáda** (S. 186): Eine weitere archäologische Stätte, von der man lange annahm, dass sie als Sommerresidenz der Minoer diente.

★**Mátala** (S. 191): Der beliebte Badeort mit seiner malerischen Sandbucht ist auch wegen seiner jungsteinzeitlichen Felshöhlen bekannt, die den Römern später als Grabstätten dienten.

★**Lasíthi-Hochebene** (S. 206): Eine einzigartige Landschaft im Zentrum der Insel stellt das fast kreisrunde Plateau dar, das von den steilen Felswänden des Dikti-Massivs umgeben ist.

★**Agios Nikolaos** (S. 208): Als eines der beliebtesten Ferienzentren Kretas bietet der Ort alles, was das Urlauberherz begehrt. Dazu auch Sehenswürdigkeiten wie den ★**Süßwassersee Voulisméni** und das ★**Archäologische Museum**.

★**Gourniá** (S. 214): In der besterhaltenen Stadt der Minoer bekommt man einen guten Eindruck vom Alltag der Menschen in dieser historischen Epoche. Die Grundmauern sind hüfthoch erhalten.

★**Káto Zakros** (S. 221): Egal, ob Strand- oder Kulturtourist: Hier findet jeder etwas für sich. Reizvoll am Meer gelegen, bietet der Ort einen schönen Strand, dazu noch minoische Ausgrabungen.

EINSTIMMUNG

EINSTIMMUNG

EIN PORTRÄT KRETAS

Geografie

Kreta ist die größte Insel Griechenlands. Mit einer Fläche von 8261 km² (625 000 Einw.) steht Kreta an fünfter Stelle unter den Inseln des Mittelmeers – nach Sizilien, Sardinien, Korsika und Zypern.

To megalonísi (die Groß-Insel), wie man in Griechenland sagt, erstreckt sich zwischen dem 34. und 35. Grad nördlicher Breite, liegt also auf gleicher Höhe wie das mittlere Tunesien in Nordafrika. Als ein in West-Ost-Richtung gestreckter Trittstein von 260 km Länge (die Breite variiert zwischen 61 und 12 km) liegt die Insel wie eine Brücke zwischen den Kontinenten im Meer.

Rund 100 km ist Kreta vom südlichsten Festlandspunkt Europas auf der Peloponnes entfernt, 200 km sind es bis zur anatolischen Küste Asiens, und bis nach Afrika, zur libyschen Kyrenaika, beträgt die Entfernung rund 300 km. In dieser Mittellage wird Kreta häufig selbst als „kleiner Kontinent" bezeichnet: wohl zu Europa gehörig, als dessen südlichstes Anhängsel jedoch isoliert, geografisch ebenso wie durch seine einzigartige Geschichte.

Rund 1000 km misst der die Insel umgebende Küstensaum. Während an der Nordküste mit Ebenen, Schwemmländern und Hügelketten der Zugang zum Meer auf weiten Strecken offen ist, fallen die kretischen Hochgebirge zur Südküste vielfach steil und unwegsam ab. Bis nahezu 2500 Meter sind die großen Gebirgsmassive der Insel hoch: die Lefká Ori (Weiße Berge) im Westen (2453 m), der heute Psilorítis genannte Berg Ida (2456 m) in der Inselmitte, das Díkti-Gebirge (2148 m) im Osten.

Eine der Besonderheiten des kretischen Berglandes sind die gewaltigen Schluchten, die zumal im Inselwesten tief in die Bergstöcke gekerbt sind und

Links: Frühling in den Weißen Bergen (Lefká Ori).

dort bis zur Südküste hinab führen. Die berühmteste dieser Schluchten (zugleich die längste Europas) ist die von Samariá, die von der Höhe der Weißen Berge bis zum Meer 18 km lang ist.

Eine zweite Besonderheit sind die fast kreisrunden, abflusslosen Hochebenen. Hier ist an erster Stelle die 815 m hoch gelegene Lasíthi-Hochebene zu nennen, berühmt durch ihre tausende segeltuchbespannten Windräder. Im Gegensatz zur Lasíthi-Ebene, einem Einbruchtal im Gebirgskarst, sind die Omalós-Hochebene (1050 m hoch) und die Nída-Hochebene (1355 m) ausgetrocknete Seen und weniger fruchtbar.

Wirtschaft, Verkehr und Verwaltung

Kreta bildet eine der dreizehn Regionen Griechenlands. Die Insel ist in vier Präfekturen *(nomi*, Sing.: *nomos*; vergleichbar etwa einem Landkreis) unterteilt, die mit einem gewählten Präfekten *(nomárchis)* an der Spitze die Verwaltungsstruktur im zentralistischen Griechenland bestimmen: Haniá, Réthimno, Iráklio und Lasíthi (Hauptstadt: Agios Nikólaos). Insgesamt gibt es etwa 1500 Städte und Dörfer auf der Insel.

Angesichts der gebirgigen Gestalt Kretas ist intensiver Ackerbau nur in begrenztem Rahmen möglich. Vor den kleineren Ebenen unter der Nordküste ist die Messará-Ebene im Süden der Präfektur (Landkreis) Iráklio das bei weitem größte zusammenhängende landwirtschaftliche Gebiet Kretas. Der die Messará-Ebene beherrschende Ölbaum wurde in den letzten Jahren immer mehr durch Gartenbau zurückgedrängt. Künstliche Bewässerung und Gewächshäuser in Verbindung mit dem günstigen Winterklima haben die Bauern der Messará zu Lieferanten von Frühgemüse gemacht. Doch nach wie vor sind Ölbaum und Weinstock die wichtigsten Kulturpflanzen der Insel Kreta. Etwa 42 Prozent der landwirtschaftlich nutzbaren Fläche sind vom Ölbaum besetzt. Die Früchte werden

EINSTIMMUNG

KRETA IM MITTELMEER
© Nelles Verlag GmbH, München

überwiegend zu hochwertigem Olivenöl gepresst.

Der Weinbau (auf rund 14 Prozent der landwirtschaftlichen Fläche und hauptsächlich in der Präfektur Iráklio konzentriert) dient der Gewinnung von Tafeltrauben, Sultaninen (Rosinen) und der Weinherstellung. Neben Gemüse aller Art werden darüber hinaus Obst, Zitrusfrüchte und sogar – in geringer Menge – Bananen angebaut.

Daneben spielt vor allem im bergigen Inselinneren die Weidewirtschaft größeren Umfangs eine wichtige Rolle; immer noch sieht man in der wärmeren Jahreszeit Hirten mit ihren Schaf- und Ziegenherden durch die hohen Gebirgsregionen ziehen.

Industriebetriebe gibt es auf Kreta kaum. Die größten gewerblichen Unternehmen sind solche der Nahrungsmittelproduktion: Rosinenfabriken, Weinkellereien, Ölpressen. Das Handwerk ist in zahllosen Kleinstbetrieben lebendig.

Rechts: Ein Insidertipp – die herrliche kleine Strandbucht Seitan Limania auf der Halbinsel Akrotíri.

Handelszentren der Insel sind als Hafenstädte Iráklio, mit Abstand gefolgt von Haniá. Zum bedeutendsten Erwerbszweig neben der Landwirtschaft hat sich der Tourismus entwickelt, von dem nicht nur viele tausend Arbeitsplätze unmittelbar abhängen, sondern viele andere mittelbar auch, etwa im Baugewerbe oder im Einzelhandel.

Ein wichtiges Verkehrsmittel auf dem Weg von und nach Kreta ist immer noch das Schiff. Iráklio und Haniá sind täglich in beiden Richtungen mit dem Hafen Athens, Piräus, verbunden. Je nach Jahreszeit unterschiedlich häufig verkehren weitere Fährschiffe zwischen Kastélli Kissámou und Gíthio auf der Peloponnes, von Sitía über Kárpathos nach Rhódos und von Iráklio durch die Kykladen zum Piräus.

In Iráklio befindet sich auch Kretas wichtigster internationaler Flughafen; den zweiten Verkehrsflughafen der Insel, Haniá, steuern internationale Linien- und saisonale Charterflüge an, darüber hinaus gibt es von hier Inlandslinienflüge nach Athen und Thessaloníki.

EINSTIMMUNG

Foto: Cristian Teichner (Shutterstock)

Der Flughafen von Sitía im Osten der Insel, der bisher nur Regionallandeplatz war, wurde erweitert und modernisiert und bietet jetzt auch internationale Verbindungen.

Ein ganz neuer Großflughafen ist seit Jahren in Planung; er soll irgendwann bei Kastélli südöstlich von Iráklio entstehen, sobald wieder Geld in der griechischen Staatskasse ist.

Das Straßennetz Kretas, das mit EU-Mitteln stark verbessert worden ist, ist vor allem entlang der Magistrale der Nordküste und deren Hinterland sowie auf den Hauptpassstraßen nach Süden gut ausgebaut, in einigen Bereichen der Südküste und auf vielen Nebenstrecken ist der Belag jedoch teils mangelhaft.

Klima

Das mediterrane Klima findet in Europa auf Kreta seine ausgeprägteste Form. Die heißen Sommer sind von extremer Trockenheit, oft sind die Monate zwischen April und September gänzlich regenlos. Die Winter sind in den Küstengebieten mild mit ergiebigen Regenfällen im Januar, Februar und März, die in den hohen Bergregionen als Schnee niedergehen. Die Kreter unterscheiden nur Sommer und Winter und sprechen vom Frühling allenfalls als einem Zwischenspiel. Zweifellos sind April, Mai und Juni die schönste Reisezeit, denn dann ist die Insel ein einziger blühender Garten.

Bei 25 °C steht die Wassertemperatur im Juli, August und September, wenn die Luft tags regelmäßig 30 °C erreicht und oft noch weit übersteigt und sich dann nachts kaum einmal bis auf 20 °C abkühlt. Erfrischung bringt allenfalls der *meltemi*, der sommerliche Tageswind an der Nordküste. Im Süden aber können von Afrika heranstreichende Wüstenwinde das Land schon frühmorgens in einen Glutofen verwandeln. Doch im Herbst wiederum wärmt die Nähe Afrikas auf angenehme Weise derart, dass selbst noch Dezembermittage im Süden Kretas wie laue Stunden eines mitteleuropäischen Sommers vorüberziehen.

GESCHICHTE IM ÜBERBLICK

Jungsteinzeit
(6000-2600 v. Chr.)
Ab 6000 v. Chr. Einwanderung frühester Siedler vermutlich aus dem heutigen Anatolien, ob sie auf Ureinwohner treffen ist nicht bekannt.
Ab 3000 v. Chr. Erste städtische Siedlungen bei Knossós und Festós.

Minoische Zeit
(2600-1100 v. Chr.)
2600-2000 v. Chr. / Präpalatikum (Vorpalastzeit) Welle von Einwanderern mit hoher Zivilisation aus Kleinasien. Aus ihrer Verbindung mit den Siedlern gehen die *Minoer* hervor. Im Zuge dessen Beginn der Bronze- und Kupferverarbeitung sowie des Seehandels mit Ägypten und Kleinasien.
2000-1700 v. Chr. / Protopalatikum (Ältere Palastzeit) Die ersten Paläste von Knossós, Festós, Mália und Kato Zákros entstehen, werden jedoch um 1700 v. Chr. Opfer eines Erdbebens. Die *Linear-A-Tontafeln* aus dieser Zeit belegen die früheste Form der kretischen Silbenschrift.
1700-1400 v. Chr. / Neopalatikum (Jüngere Palastzeit) Knossós wird prächtiger als zuvor wieder aufgebaut und wird zum bedeutendsten Machtzentrum Kretas.
Ab 1500 v. Chr. Schriftdokumente (*Linear-B-Schrift*) in einem griechischen Dialekt legen nahe, dass Festlandsgriechen bereits zu diesem Zeitpunkt Einfluss auf Kreta hatten.
Um 1450 v. Chr. Zerstörung der Paläste bei einer Katastrophe. Nur Knossós wird von den *Mykenern* (Achäer) wieder errichtet.
1400-1100 v. Chr. / Postpalatikum (Nachpalastzeit) Eine minoisch-mykenische Mischkultur entsteht. Nur die in den östlichen Gebirgen lebenden *Eteokreter* („echte Kreter") bewahren das minoische Erbe über die mykenische Eroberung hinaus.

Griechische Epoche
(1100-67 v. Chr.)
11. Jh. v. Chr. Dorische Invasoren brechen auf Kreta die Macht der Mykener und errichten einen Klassenstaat nach dem Vorbild Spartas.
Ab 10. Jh. v. Chr. Die 35 *Poleis* (Stadtstaaten) Kretas befehden einander, unter ihnen auch Gortys und Knossós sowie Phalasarna und Polyrrinía.
Ab 7. Jh. v. Chr. Florierender Handel mit Ägypten und mit den Phöniziern.
Ab 4. Jh. v. Chr. Die kretischen Städte unterstützen unterschiedliche Großmächte, die sich nach dem Zerfall des Reiches von Alexander d. Gr. bilden.

Römerherrschaft
(67 v. Chr.-395 n. Chr.)
Die Römer lösen die Stadtstaaten auf und bauen Gortys zur Hauptstadt *Górtina* aus.
59 n. Chr. gelangt der Apostel Paulus ins südkretische Kalí Liménes. Sein Begleiter Titus leitet die Christianisierung der Bevölkerung ein.

Prozessionswandbild: Knossós, südliche Propyläen (Original im Archäologischen Museum, Iráklio).

Erste byzantinische Zeit
(395-824)
Mit der Teilung des Römischen Reiches fällt Kreta an Ostrom (Konstantinopel / Byzanz). Das Christentum breitet sich aus, zahlreiche Kirchen werden gebaut.

Arabische Herrschaft
(824-961)
Araber nehmen die Insel ein. Herakleion wird unter dem Namen *Rabd-el-Kandak* (heute Iráklio) zu einem Zentrum der Piraterie und des Sklavenhandels.

GESCHICHTE IM ÜBERBLICK

Zweite byzantinische Zeit
(961-1204)

Der Byzantiner Nikifóros Fokás erobert Kreta zurück, das nun Adelsfamilien beherrschen. Neubesiedlung.

Venezianische Herrschaft
(1204-1669)

Venedig unterstellt Kreta einem katholischen Erzbischof. Während in den Städten Kunst und Wissenschaft blühen, revoltiert die ausgebeutete griechisch-orthodoxe Landbevölkerung gegen die venezianische Fremdherrschaft.
1453 Nach der osmanischen Eroberung Konstantinopels fliehen viele Künstler und Gelehrte nach Kreta. Das Aufeinandertreffen byzantinisch-orthodoxen und venezianisch-katholischen Kulturguts manifestiert sich in der „Kretischen Renaissance".
1648 Beginn der 21-jährigen Belagerung Iráklios durch die osmanischen Türken, die mit der Niederlage der Venezianer und ihrer 30 000 deutschen Söldner endet.

Osmanische Herrschaft
(1669-1897)

1669 Nach den Türkenkriegen ist die Bevölkerung stark dezimiert. Die Osmanenherrschaft beginnt. Viele christliche Kreter treten aufgrund der Androhung harter Strafen zum Schein zum Islam über.
1897 Die Türken müssen auf Druck der Großmächte Frankreich, England, Italien und Russland weichen, Kreta wird zum Protektorat jener europäischen Mächte.

Das „autonome" Kreta
(1898-1913)

Die *Enosis*-Bewegung unter Elefherios Venizélos propagiert den Anschluss an Hellas.
1912/1913 Venizélos, nun Premierminister von Griechenland, ist einer der Betreiber der Balkankriege, in deren Verlauf das Osmanische Reich große Territorien verliert. In den Friedensverhandlungen wird Kreta endlich Griechenland zugesprochen.

Das griechische Kreta
(seit 1913)

1922 Zigtausende von muslimischen Kretern, nicht nur solche türkischer Abstammung, müssen die Insel verlassen; im Gegenzug nimmt Kreta griechische Flüchtlinge aus Kleinasien auf.
1941-1945 Nach dem gescheiterten Versuch der Italiener erobert die verbündete deutsche Wehrmacht Griechenland, 7000 Fallschirmspringer landen auf Kreta. Es kommt zu Massakern an der Zivilbevölkerung; nach dem Ende der deutsch-italienischen Besatzung ist jedes sechste Dorf zerstört, die Städte haben ein Drittel ihrer Bewohner eingebüßt.
1946-49 Bürgerkrieg zwischen linken Partisanen und von den USA und Großbritannien unterstützten Truppen.
1974 Abschaffung der Monarchie.
1981 EU-Beitritt Griechenlands.
2002 Einführung des Euro; die verschleierte, bereits zu hohe Staatsverschuldung steigt weiter an.
2017 Schon seit 2010 durchlebt Griechenland eine Wirtschafts- und Finanzkrise. Renten, Löhne und Gehälter werden stark gesenkt, die Arbeitslosigkeit überschreitet 25% (Jugend über 45%), Steuern werden erhöht, Sozialleistungen gekürzt. Zugleich strömen Bürgerkriegsflüchtlinge aus Syrien sowie illegale Migranten aus dem Orient und Afrika nach Griechenland, jedoch nicht nach Kreta.
2018 Sitias Flughafen, modernisiert und erweitert, wird nun auch aus dem Ausland angeflogen.

Premierminister E. Venizélos erreichte 1913 die Vereinigung Kretas mit Griechenland.

Abends sind die Restaurants am Venezianischen Hafen von Réthimno oft bis zum letzten Platz besetzt

Ostersonntag ist Familientag!

FAUNA UND FLORA

FAUNA UND FLORA

Auf Kreta gibt es eine bunte Vielfalt von Mittelmeervögeln. Auch einige seltene Arten, die hier entweder zu Hause sind oder auf ihrem Flug gen Süden und dann wieder auf dem Rückweg Station machen, sind zu finden. Beide Artengruppen kann man am besten im Frühling beobachten, denn Kreta liegt auf einer der Hauptflugrouten der Vögel, die in Ostafrika überwintern und in Nordeuropa brüten. Auch während der Vogelzüge im Herbst kann man sie sehen, jedoch nicht in so großer Zahl.

Besonders gefährdet sind die kleineren Singvogelarten, die oft übereifrigen Jägern zum Opfer fallen oder von Sammlern in Käfige gesperrt werden. Eine weitere Bedrohung stellt die Zerstörung des Habitats der Vögel dar, die in alarmierender Geschwindigkeit besonders an den Küsten, aber auch in den Ebenen des Landesinneren fortschreitet. Deshalb bieten heute eigentlich nur noch die Bergregionen ein Refugium für die ausgefalleneren kleineren Vogelarten und die beeindruckende Vielfalt von Raubvögeln. Obwohl manchmal großartige Raubvögel als armselig ausgestopfte Dekoration in einem *kafeníon* enden, haben die Jäger in Kreta meist beträchtlichen Respekt vor großen Vögeln oder zumindest vor den Gesetzen, die sie schützen.

In den Bergen findet man Blaumerlen und Felsenkleiber; Kolonien lärmender Alpendohlen kommen besonders häufig bei der Kamáres-Höhle auf dem Berg Psilorítis vor.

Es gibt inzwischen erste Versuche, das Versprühen von Pestiziden aus Flugzeugen und das Auslegen vergifteter Köder zur Vernichtung unerwünschter Tiere zu verbieten. Denn durch diese Maßnahmen wurden viele Tierarten fast ausgerottet.

In den wärmeren Monaten bieten die Berge dem langbeinigen Bussard und dem Steinadler Schutz, wie auch, in etwas tieferen Regionen, dem Habichts-

Oben und rechts: Kaninchen sind Freiwild für die Jäger, Adler dagegen gesetzlich geschützt.

FAUNA UND FLORA

adler und dem Bartgeier. Der Bartgeier oder Lämmergeier ist eine der größten und stattlichsten Vogelarten Europas. Auf Kreta, besonders aber in der Samariá-Schlucht, lebt die größte Anzahl, die man in Griechenland von diesem sehr seltenen Vogel finden kann. Im Winter kommen sie bis in die Ebenen hinunter.

Die meisten Raubvogelarten brüten zu Beginn oder in der Mitte des Frühlings; nur der Eleanorenfalke, der auf den Felseninseln vor den Küsten Kretas verbreitet ist, brütet im Spätsommer und die Geier im Winter. Nur bei den Geiern sind die männlichen Tiere größer als die weiblichen, während bei den anderen Arten die weiblichen Tiere größer und kräftiger sind. Die Paare bleiben meist auf Lebenszeit zusammen.

Der in Kreta sehr häufige Gänsegeier erscheint mit seinem langen Hals, den finsteren Augen und dem riesigen, gebogenen Schnabel feindselig. Gänsegeier sind gesellig und leben nur von Aas; mehrere gemeinsam können einen großen Kadaver in kürzester Zeit bis auf die Knochen abfressen.

In den wenigen Lagunen, sumpfigen Flussdeltas oder feuchten Niederungen, die es auf Kreta gibt, muss man die Vogelwelt sehr behutsam beobachten. Das Flussbett nahe Agía Triáda bei Iráklio wird von Fischreihern, weißen Reihern und Strandläufern frequentiert. Oft sieht man auch Rohrweihen bei der Suche nach Fischen, Fröschen oder Schlangen in Flussnähe über das Schilf gleiten, die Flügel zum offenen V aufgestellt.

Im Marschland und den Schilfgebieten bei Agía Galíni gibt es Nachtigallen und Grasmücken, und an den Flüssen und Abhängen beim Préveli-Kloster kann man vielleicht sogar eine Sardengrasmücke oder die noch seltenere Maskengrasmücke sehen, die sich mit ihrem scharzen Kopf und Hals, den roten Augen und dem weißen Schnurrbart leicht erkennen lässt. Das Chukar-Huhn, eine Rebhuhnart ähnlich den herrlichen Darstellungen der Fresken von Knossós, findet man am ehesten im Hügelland. Die anpassungsfähigen Turmfalken und Rotfußfalken – Raubvo-

FAUNA UND FLORA

gelarten, die unter Naturschutz stehen – sammeln sich in Büschen, auf vereinzelt stehenden Bäumen oder sogar am Stadtrand auf Telegrafenmasten.

Zwei auffallend gefärbte Vogelarten kann man gelegentlich in den Wäldchen oder Olivenhainen beobachten: den rosa/schwarz/weißen Wiedehopf und den gelb/schwarzen Pirol. Ein weiterer häufiger Gast in Olivenhainen, großen Gärten oder alten Gebäuden ist die winzige, insektenfressende Zwergohreule. Ihre gesprenkelte Zeichnung tarnt sie vor der Baumrinde wenn sie am Tage schläft, und wenn sie gestört wird, richtet sie bewegungslos die Ohrbüschel auf. Ihr deutlichstes Erkennungszeichen, ist ihr anhaltendes nächtliches „kuk"-Rufen.

Die gespenstisch-schöne Schleiereule, deren schriller Schrei und ihre Vorliebe für alte Gemäuer zu dem Aberglauben beigetragen haben, dass sie verhext sei, wurde in den 1970er-Jahren Opfer von Jägern und Pestiziden, sodass sich ihre Zahl drastisch verminderte. Die darauf folgende Rattenplage in Kreta illustriert eindringlich die Bedeutung von Raubvögeln im Ökosystem.

Bäume und Büsche

In Kreta hatte sich eine der frühesten Hochkulturen im östlichen Mittelmeer entwickelt. Das damit verbundene Abholzen von einstmals dichten Baumbeständen in Verbindung mit den resultierenden Klimaveränderungen hat die Busch- und Niederholz-Landschaft mit dem dornigen Unterholz hervorgebracht, wie sie sich uns heute darstellt. Der Einfluss des Menschen hat sich jedoch auch darin geltend gemacht, dass neue Pflanzen und Bäume aus anderen Teilen der Welt importiert wurden. Trauben und Oliven wurden hier schon in der Antike kultiviert, Zitrusfrüchte, Agaven, der Feigenkaktus und der Eukalyptus kamen erst nach der Entdeckung ihrer vorher unbekannten Heimatkontinente auf die Insel.

Oben: Auch getrocknet ist die Artischockenblüte noch imposant.

FAUNA UND FLORA

Die häufigsten Baumarten, die heute auf Kreta zu finden sind, sind Pinien, Zypressen, verschiedene Eichenarten, Platanen, Kastanien und Eukalyptus. Vielfach ist das Landschaftsbild jedoch durch Kulturpflanzen geprägt, wie Ölbäume, Orangen, Zitronen, Feigen, Mandeln, Walnüsse und Johannisbrotbäume. Seit neuerer Zeit gibt es auch subtropische Früchte wie Avocados, Kiwis oder Bananen. Die wichtigsten Sträucher hier sind Ginster, Stechpalme, Oleander, Myrte sowie das gesamte Spektrum der Macchie. Die unterste Vegetationsstufe – Phrygana genannt – schließt unter anderem Heilpflanzen wie Salbei, Thymian, Oregano und Diptam ein.

Blumen

Kreta im Frühling zu besuchen, wenn es in voller Pracht all der farbenfrohen Wildblumen und blühenden Kräuter leuchtet, ist auch für den ein Erlebnis, der wenig Ahnung von Pflanzenarten und ihrer Klassifizierung hat. Für den Naturfreund ist die Insel mit ihren mehr als 2000 Pflanzenarten, von denen etwa 130 endemisch sind, ein Paradies, in das er sich mit der Betrachtung und Untersuchung der verschiedenen Spezies soweit versenken kann, dass er darüber alles andere vergessen könnte.

Kreta ist die einzige griechische Insel, die so hohe Berge hat, dass alle vier Habitat-Typen vertreten sind: Küste, kultivierte Ebenen, Hügelland und Gebirge. In den unteren Bereichen verdorrt ein Großteil der Vegetation während der brennenden Hitze von Mitte Juli bis Ende September, die Berge bleiben jedoch immer etwas grün. Im Herbst kommt es zu einem zweiten Frühling, und viele Pflanzen blühen zwischen Oktober und Dezember.

Die Verehrung von Blumen geht bis auf das minoische Altertum zurück, in dessen Kunst sich die Vielfalt der Flora widerspiegelt; die meisten jener Pflanzen kann man auch heute noch auf Kreta finden. Tongefäße, Zeichnungen und Fresken des minoischen Kreta zeigen blühende Pflanzen, wie die kretische Schwertlilie – eine Irisart, die leuchtend blau blüht und ein weißes Inneres und gelbe Streifen hat –, die weiß, rosa oder gelben Turban-Butterblumen, Krokusse, Lilien, hellgelbe Sternbergias und Büschel von Meeres-Sternhyazinthen. Die Pflanzen Kretas werden vielfach mit mythischen und heilenden Kräften in Verbindung gebracht. Dabei sticht besonders die Madonnen-Lilie hervor, einen Meter hoch mit einigen großen, trichterförmigen weißen Blüten, die das häufigste Motiv der minoischen Darstellungen ist. Sie symbolisiert Anmut und Reinheit, und sowohl die Griechen als auch die Römer flochten Kränze aus Lilien und Getreide für die Köpfe von Brautpaaren.

Auf Kreta bringt man mit der weißen Lilie die „süße Jungfrau" Britomartis in Verbindung, die von Minos verfolgt wurde. Sie sprang ins Meer, und ein Fischer rettete sie mit seinen Netzen. Später wurde sie sowohl unter dem Namen Diktynna, Mutter der Netze, als auch als Mutter-Göttin verehrt.

Bei den späteren Griechen war die Lilie die Blume der Hera, der Göttin von Ehe und Geburt. Die Blume sollte mit magischen Kräften vor Hexen und anderem Übel schützen. Der Saft und die Salbe, die man aus der Zwiebel gewinnen kann, lindern Hautleiden. Pulverisiert und mit Honig vermischt kann man aus der Pflanze eine ausgezeichnete Gesichtsmaske gegen Falten herstellen. Die Lilie ist von Mai bis Juli auf trockenen, steinigen Abhängen zu finden. Die scharlachrote Chalcedonicum-Lilie ist von Juni bis August in den Bergen, und dort vor allem auf Waldlichtungen zu finden.

Einige Pflanzen muss man essen, damit sie ihre Kräfte entfalten können. Die Meeres-Sternhyazinthe wurde beispielsweise als Allheilmittel angesehen, wie bereits ihr griechischer Name (*pan* = alles, *cratium* = Kraft) deutlich zum Aus-

FAUNA UND FLORA

druck bringt. Dioskurides beschreibt ihre essbare Zwiebel als Heilmittel für verschiedene Krankheiten, von Husten über Herzbeschwerden bis hin zu aufgesprungenen Füßen. Sie blüht im Küstensand von Juli bis September.

Eine der seltsamsten essbaren Pflanzen ist die Alraunwurzel. Beeinflusst von Mythos und Magie, wurde in ihrer Form oft eine Menschengestalt gesehen und auf Bildern wurde sie mit einem Menschenkopf dargestellt. Die Pflanze hat eine betäubende Wirkung, und man sagt, sie stoße beim Ausgraben einen Schrei aus, der für Menschen schädlich sei. Man ließ sie deshalb von Hunden aus dem Boden reißen. Außer für die Zauberkunst wurde sie als Betäubungsmittel bei Operationen, gegen Gicht, Schlaflosigkeit und als Aphrodisiakum verwendet. Sie blüht auf Feldern und steinigem Untergrund sowohl im Frühjahr als auch im Herbst.

Auch die weiße oder rosa Pfingstrose, die von April bis Mai auf steinigen Abhängen blüht, soll heilende und magische Kräfte haben. Nach Theophrast und Plinius sollte man die Wurzel, die gegen Krämpfe, Epilepsie und Wahnsinn gut sein soll, nur bei Nacht ausgraben, denn wenn man es bei Tag tue, laufe man Gefahr, sein Augenlicht zu verlieren.

Die Zistrose ist ein von Mai bis Juni rosa oder weiß blühender Busch, der auf steinigem Boden wächst. Die Pflanze produziert Harz, das man sammelt, indem man zur heißesten Tageszeit mit einem Stock, an dem ein Lederriemen befestigt ist, durch die Büsche fährt; man kann es jedoch auch von den Bärten und Beinen der hier weidenden Ziegen ablösen. Das Harz wird auch heute noch für Heilverbände oder Parfüm verwendet, und aus den Blättern kann man Tee machen.

Auch wenn Kultivierung und Entwicklung das natürliche Habitat der Wildblumen eingeschränkt hat, gibt es auf Kreta immer noch mehr Arten als

Oben: Im Juni schmücken die Zistrosen auch steiniges Gelände. Rechts: Die auffällige Blüte des giftigen Aronstabs verbreitet einen üblen Aasgeruch.

FAUNA UND FLORA

z. B. in ganz England. Dem, der Interesse an einem ausführlichen und wissenschaftlichen Handbuch hat, kann man Huxley und Taylors *Flowers of Crete* empfehlen.

Da bergiges und steiniges Gelände schwierig zu bestellen ist, ist es besonders reichhaltig an Wildblumen. Man kann die Suche nach Wildblumen gut mit einem Besuch antiker Stätten verbinden, denn die Landnutzung hat sich meist seit der Antike wenig verändert, obwohl Pestizide einige Blumenarten vernichtet oder dezimiert haben, besonders die empfindlichen Orchideen.

Polyrrhénia, einige Kilometer südlich von Kastélli Kissámou, ist relativ unbekannt, aber es verfügt über Funde aus der minoischen bis zur byzantinischen Zeit. Man hat von dort einen atemberaubenden Ausblick auf die Küstenebene und das glitzernde Meer.

Die Hügel oberhalb der weißen Häuser des Dorfes sind von März bis Juni von Baum-Wolfsmilch-Büschen mit ihren leuchtend gelben Blüten übersät. Mitten in Festungen, verfallenen Türmen oder alten Mauern wachsen Mohn, Gladiolen, Kronen-Gänseblümchen, Venusspiegel, wilder Lauch und weiße Narzissen mit gefiederten Blättern.

Das Pflaster der antiken Stadt **Gourniá** in Ostkreta, über der Bucht von Mirabéllo gelegen, ist im Frühling mit Anemonen, Turban-Butterblumen, Milchsternen und Witwen-Iris bedeckt, und außerhalb der Stadtmauern wachsen beeindruckende Riesen-Orchideen.

Südlich von **Festós** findet man Anemonen, Alraunwurzeln und Orchideen. Von dort kommt man nach einem schönen Spaziergang nach **Agía Triáda**, einer kleineren Fundstätte mit einem noch größeren Spektrum von Orchideen, Kretischem Elfenbein und Anemonen.

In Festós selber findet man das gesamte breite Spektrum der einheimischen Pflanzenwelt; Anemonen, Iris, Orchideen (bis hin zu der Insekten imitierenden Ragwurzart Ophrys cretica)

Foto: Rainer Hackenberg

sowie der hellblau blühende Schwarzkümmel, *nigella*.

Von der ursprünglichen dorischen Siedlung **Lató** in der Nähe von Agios Nikólaos hat man einen herrlichen Blick über Oliven- und Mandelhaine bis zum Meer. Die schönsten Blumen hier sind eine gelb leuchtende Art der Turban-Butterblume und Alyssoides cretica, eine ganzjährige Pflanze mit vielen Zweigen und goldenen Blüten.

Bei **Agía Galíni** geht man auf dem Weg nach Westen zu den Klippen durch die auf Kalkstein wachsende typische Phrygana-Vegetation aus vereinzelten niederen Büschen, zwischen denen man Traubenhyazinthen, Jerusalem-Salbei sowie den bis über zwei Meter hohen Riesenfenchel findet. Auch der blau gemusterte Spinnenragwurz blüht hier.

Auf den Hügeln um das **Préveli-Kloster** blühen Frühlingsblumen und wohlriechende Kräuter (Salbei, Rosmarin und Lavendel) und der kretische Diptam, ein weißer wolliger Busch mit rosa Blüten.

HÖHLEN

HÖHLEN

Höhlenforscher haben auf der karstigen Insel über 3000 Grotten und Höhlen gezählt, von denen viele noch weitgehend unerforscht sind. Nur wenige von ihnen sind zu Schauhöhlen ausgebaut und somit auch von jedem Urlauber problemlos zu besichtigen. Einige weitere kann man mit einer starken Taschenlampe und festem Schuhwerk zumindest ansatzweise gefahrlos auf eigene Faust erkunden. Die meisten aber bleiben gut ausgerüsteten Speläologen vorbehalten. Eine exzellente Informationsquelle ist die deutschsprachige Homepage der Naturwissenschaftlichen Arbeitsgemeinschaft Obertshausen-Mosbach e.V., www.kreta-umweltforum.de. Auf ihr kann man ausführliche Merkblätter zu fast 50 kretischen Höhlen kostenlos abrufen. Sehr viel dürftiger ist die Homepage des Hellenic Speleological & Exploration Club, www.spileo.gr, die auf Griechisch, Englisch und Französisch Informationen zu einigen wenigen Höhlen auf Kreta und anderswo in Griechenland gibt. In allen Höhlen gilt der dreiteilige Grundsatz: Nimm nichts mit! Beschädige nichts! Lass nichts zurück!

Die geologisch eindrucksvollste und am bequemsten zugängliche Schauhöhle ist die **Sfendóni-Tropfsteinhöhle** beim Dorf Zonianá (S. 141) am Hang des Psilorítis, durch die man zumeist von Männern und Frauen aus dem Dorf geführt wird, die schon in ihrer Jugend in der damals noch nicht elektrisch beleuchteten Höhle gespielt haben.

Die meistbesuchte Höhle ist die ebenfalls elektrifizierte **Diktäische Höhle von Psychró** (S. 207), täglich Ziel zahlreicher Ausflugsbusse aus ganz Kreta. In ihr wurde der Legende nach Göttervater Zeus geboren. Das von ihm kreierte Gebot der Gastfreundschaft wird in der Umgebung seiner Geburtshöhle leider angesichts der Besuchermassen häufig missachtet, viele Preise hier sind überhöht.

Höhlen waren ebenso wie Berggipfel in der minoischen Zeit und in der Epoche der griechischen Antike häufig auch Kultstätten. Davon zeugen die umfangreichen archäologischen Funde in der nicht für Besichtigungen freigegebenen **Höhle Ideon Andron** (S. 143) nahe dem Gipfel des Psiloritis ebenso wie die herrliche Keramik, die schon Ende des 19. Jh. in der **Kamares-Höhle** (S. 188) am Südhang des Psilorítis entdeckt wurde und heute zu den Höhepunkten minoischer Kunst zählt. Die in 1525 m Höhe gelegene Höhle ist nur auf wenigen Metern zugänglich, danach versperrt Geröll den Weg.

In der Zeit der osmanischen Fremdherrschaft waren Grotten und Höhlen immer wieder auch Zufluchtsorte für die christlichen Bewohner in Zeiten der Verfolgung. Jeder Kreter kennt die (inzwischen elektrifizierte) **Höhle von Melidóni** (S. 141), in der mehrere hundert kretische Männer, Frauen und Kinder von türkischen Soldaten erstickt wurden. Hier geht man nur wenige Meter in die Erde hinein, außergewöhnliche Tropfsteingebilde gibt es nicht. Von der Höhle aus genießt man einen prächtigen Blick ins Tal und auf den Psilorítis. Verwandte der Höhlenverwalter betreiben am Dorfrand von Melidóni eine Olivenölpresse, die besichtigt werden kann.

Leicht zugänglich ist auch die **Milatos Cave** (S. 204) an der Nordküste zwischen Mália und Ágios Nikólaos. Sie war 1823 Ort eines furchtbaren Geschehens. 3700 griechische Kinder, Frauen und alte Männer wurden – wenn man mündlich überlieferten Berichten glauben kann – in der Höhle von 16 000 Soldaten des osmanischen Sultans belagert. Schließlich ergaben sich den Besatzern. Die alten Männer wurden umgebracht, Frauen und Kinder in die Sklaverei verkauft.

Rechts: Die Diktäische Höhle von Psychró, in der – der Legende nach – Rhea den Göttervater Zeus geboren haben soll.

HÖHLEN

Andere Höhlen sind mit christlichen Legenden verknüpft. Zwei davon findet man auf der Akrotíri-Halbinsel nahe Haniá, unterhalb des **Klosters Gouvernéto** (S. 93). Von dort führt ein Weg mit vielen Stufen zu den Ruinen älterer Gebäude, hinter denen der Eingang zur **Bärenhöhle** liegt. In der Antike wurde hier wohl die jungfräuliche Jagdgöttin Artemis verehrt, in frühchristlicher Zeit dann die Jungfrau Maria. Ihr als „Panagía Arkouditíssa", also als „Allheilige von den Bären", ist denn auch die kleine Kirche im Höhleneingang geweiht. In der Mitte der mit Taschenlampen gut begehbaren Tropfsteingrotte steht ein Stalagmit, dessen Form mit viel Fantasie der eines Bären gleicht.

Von der Bärenhöhle kann man in etwa 20 Minuten zum ehemaligen Kloster Katholikó weiter gehen. Kurz bevor man es erreicht, liegt links am Weg der Eingang zur etwa 150 m langen und 20 m hohen **Höhle des Eremiten Johannes**. Hier soll im Mittelalter ein frommer Mann ein asketisches Leben geführt haben. Durch Hungern stark geschwächt, kroch er meist auf allen Vieren, gegen die Kälte hüllte er sich im Winter in Tierfelle. Eines Tages „erlegte" ihn ein Jäger, weil er den Heiligen für Wild hielt.

Als sie davon hörten, hungerten sich daraufhin 98 andere Heilige in der **Höhle der 99 heiligen Väter, Spileo ton Agíon Paterón**, bei **Azógires**, an der Südküste nordöstlich von Paleohora (S. 110), zu Tode. Sie waren mit Johannes zusammen aus Zypern nach Kreta übersiedelt. Alle hatten sich geschworen, nur solange zu leben, bis der erste von ihnen sterben würde. Ein Besuch dieser Höhle gestaltet sich besonders für Familien mit größeren Kindern als erlebnisreich. Von der Hauptstraße fährt oder wandert man zunächst über eine nur anfangs asphaltierte, danach sehr raue Piste teilweise steil bergan. An einem Hinweisschild beginnt nach 2300 m ein Pfad, der in einen Felsenkessel hineinführt. Hier liegt der Einstieg in die Höhle, in Form von drei rostigen Eisenleitern, denen einige Sprossen fehlen. Mit Hilfe von Taschenlampen kann man etwa 70 m weit eindringen.

KÜCHE

KÜCHE

KULINARISCHE VIELFALT

Die traditionelle kretische Küche hat vieles mit der des griechischen Festlands gemein, unterscheidet sich aber auch von ihr. „Neugriechische" kulinarische Errungenschaften wie *souvláki*, *Féta-Käse*, *Pastítsio* oder *gíros* kamen erst später auf die Insel. Kretisches Kochen ist das Ergebnis griechischer, römischer, byzantinischer und türkischer Traditionen, die sich in einem relativ isolierten Raum in über 2000 Jahren gemischt haben. In dieser Zeit haben Araber, Slawen, anatolische Griechen, Venezianer und Türken jeweils für eine gewisse Zeit auf der Insel gelebt.

Käse

Käse aus Kreta war im Mittelalter bis nach Mitteleuropa berühmt. Die wichtigsten Käsesorten, die auf der Insel hergestellt werden, sind *graviéra*, *mizíthra*, *stáka*, *malaká* und *ladotíri*. Graviera ist ein milder, wenig gereifter Frischkäse, der breite Verwendung findet. Eine etwas gereiftere und gesalzene Variante davon ist *kephalotíri*. Beide Käsesorten gibt es auch auf dem Festland. *Stáka* wird aus dem Fett gewonnen, das sich bei der Käseherstellung absetzt, und gilt als Delikatesse, genau wie die *mizíthra*, die aus frischer Schafsmilch gemacht wird. *Ladotíri* ist fast immer hausgemacht und wird aus der anfallenden Molke bereitet. Er wird in Öl *(ládi)* aufbewahrt, woraus sich sein Name ableitet.

Gemüse und Salate

Auf Kreta isst man gerne frisches Gemüse, und das gibt es im Überfluss im Frühling und sogar mitten im Winter. Einige Arten werden gekocht, andere werden speziell für Fleischgerichte oder Pasteten vorbereitet, wobei letztere

Foto: Klaus Thiele

Links: Sonnengereiftes Obst aus Kreta – präsentiert in einem Hotel bei Eloúnda. Oben: Oktopus, zum Trocknen aufgehängt.

immer auch Käse enthalten – *graviéra*, *mizíthra* und/oder *malaká*. Gängige Gemüse sind Sau-, Brech- und weiße Bohnen, Okra-Schoten, Auberginen, Zucchini, Artischocken, Wildkraut *(chórta)* und Fenchel. Artischocken und diverse Wildkräuter werden auch roh oder als Salat serviert, neben den üblichen Tomaten, Gurken, Lattich und Weißkohl. Der berühmte griechische Salat aus Gurken- und Tomatenscheiben, Oliven und Zwiebelringen wird mit einer Scheibe Schafskäse obenauf serviert.

Pasteten

Die traditionellen Steinöfen wurden in Kreta für die Zubereitung verschiedener Speisen verwendet: Zuerst kam das Brot, dann das Fleisch, schließlich die Pasteten. Letztere pflegt man, je nach Art der Füllung, aus unterschiedlichen Teigarten zu fertigen. Bei Fleischfüllungen werden Brühe und Öl mit eingeknetet, und bei Pasteten mit Käse- oder Gemüsefüllung wird gelegentlich *rakí* in den Teig getan, der einheimische

KÜCHE

Trester-Schnaps, der aus den Resten von Trauben oder Maulbeeren destilliert wird. Süße Pasteten oder Teigwaren enthalten neben *rakí* auch Orangen- oder Zitronensaft.

Bereits als man noch die *kri-kri* genannten Bergziegen aus sportlichen und Ernährungsgründen jagte, wurde in der Gegend um Sfakiá aus den Zicklein eine sehr schmackhafte Mahlzeit bereitet. Sie wurden mit *mizíthra, stáka,* Dill und diversen Kräutern und Gemüse gefüllt, stark gepfeffert, mit einem Teigmantel umhüllt und in einem Tongefäß im Ofen gebacken. Manchmal gibt es noch eine moderne Variante dieser Speise mit einem Zicklein oder einem Lamm.

Eintöpfe sind beliebt und es gibt die verschiedensten Arten. Einige, wie das Frikassée, werden mit Zitronensoße und Gemüse verfeinert. Fleischeintöpfe werden oft mit Sellerieknollen gemacht, und aus fein geschnittenen Majoran-Blättern mit Tomaten macht man Soßen, in denen Fisch oder Fleisch gekocht wird. Artischocken gibt es im Frühjahr in großen Mengen, wobei die kretische Sorte besonders gesund sein soll. Sie werden mit (oder ohne) Zitronen- oder Eiersoße und Fleisch gekocht.

Fleischgerichte

Traditionell isst man in Kreta Lamm, Zicklein, Hasen oder Kaninchen – und im Winter Schwein. Heute gibt es auch Huhn, was früher als Arme-Leute-Essen galt. Lamm wird besonders delikat zubereitet, indem man es über Nacht in Zitronensaft mariniert und es dann stark gepfeffert auf einer Lage von Thymian- und/oder Oreganozweigen langsam im Ofen bäckt. Hasen oder Kaninchen werden meist gebuttert gebraten. Man isst sie auch in Eintöpfen mit Zwiebeln *(stifádo),* die mit Orangensaft (oder geriebener Orangenschale), Lorbeerblättern, Zimt und Nelken abgeschmeckt werden. Schnecken werden in Eintöp-

Oben: Zu Ostern wird traditionell Lamm am Spieß gegrillt. Rechts: Köstliches aus dem Meer verlockend angerichtet.

KÜCHE

fen mit Tomaten, Kartoffeln und Zwiebeln gemischt (*hohlioús stifádo*) oder auch in Tomatensoße gebacken und meist mit Orangensaft abgeschmeckt.

Meerestiere

Meerestiere sind an der gesamten Küste Kretas beliebt und werden gegrillt, in Eintöpfen bereitet, gebacken oder sogar roh gegessen.

Die Vielzahl der Fische, die einstmals im Meer um Kreta schwammen, ist durch Wasserverschmutzung und das Fischen mit Dynamit stark reduziert worden. Es gibt graue und rote Brassen, Meerbarben und größere Fische, wie den Schwertfisch. Oktopus ist beliebt und wird, wie auch Tintenfisch, entweder auf Holzkohle gegrillt, in Eintöpfen gegessen oder sogar als *chtapódi-saláta*; letztere wird auch mit Teigwaren zu einem ganz speziellen kretischen Gericht zubereitet. *Kalamária* werden meist in Teig getunkt und in heißem Öl ausgebacken. Im Winter gibt es oft importierten Stockfisch (*bakaliáros*).

Gewürze

Gewürze werden in Kreta besonders in der städtischen Küche verwendet. Haniá und Réthimno waren immer für ihre schmackhaften und erlesenen Gerichte bekannt, in denen alle Gewürze zum Einsatz kamen, die der Markt anbot. Besonders unter den Osmanen war Kreta eine wichtige Zwischenstation für den Transport von und den lukrativen Handel mit orientalischen Gewürzen aus Alexandria und anderen nordafrikanischen Häfen.

In vielen Fleischgerichten, Soßen und Süßspeisen verwendet man Zimt und Nelken. Für die Füllung kleiner Käsepasteten, *skaltsoúnia*, nimmt man Chilischoten, die auf der Insel wachsen und auch an Salate oder Eintöpfe getan werden. Kümmel und Koriander benutzt man häufiger als auf dem Festland, gelegentlich streut man sie über gegrillten Fisch oder in Soßen. Minze, Dill und Petersilie werden in unzähligen Rezepten verwendet, Rosmarin dagegen vor allem bei der Zubereitung von Fisch.

RESTAURANTS / NACHTLEBEN

ESSEN UND TRINKEN VON FRÜH BIS SPÄT

Kretische Marktbeschicker beginnen den Tag gern mit einer kräftigen Suppe wie der Fleischbrühe *kreatósupa* oder der Kuttelsuppe *patsá*. Deswegen sind in der Umgebung der kretischen Märkte immer schon einige Tavernen am ganz frühen Morgen geöffnet.

Urlauber, die es vorziehen, auf ihre Art zu frühstücken, haben nur in guten Hotels ein leichtes Leben. Die Kreter selbst legen meist keinen Wert auf ein Frühstück gleich nach dem Aufstehen. Meist trinkt man nur einen starken griechischen Kaffee, einen Salbeitee oder (auf dem Lande) ein Glas warme Ziegenmilch, isst dazu einen harten Zwieback, ein paar Oliven und Gurken. Kein Wunder also, dass in kleineren kretischen Hotels meist kein ordentliches Frühstück serviert wird.

Dafür hat man aber die Möglichkeit, in ein Café oder in eines der schon ab 9 oder 10 Uhr geöffneten Restaurants zu gehen und dort à la carte zu frühstücken. Da stehen dann auch Spiegeleier und Omelette, Jogurt mit Honig und der köstliche Reispudding *risógalo* zur Auswahl.

Viele Griechen frühstücken erst, wenn die erste Arbeitsstunde hinter ihnen liegt. Dann kann das Frühstück z. B. aus *loukoumádes* bestehen (Teigkrapfen mit Honig und Sesam) oder aus einem *galaktoboúreko* (Blätterteigtasche mit Griesfüllung). Beliebt sind auch alle Arten von *pítta*, gefüllten Blätterteigteilchen. Es gibt sie z. B. als *spanakópitta* (mit Spinat gefüllt), *loukanikópitta* (mit einem Wiener Würstchen als Füllung) oder als *tirópitta* (mit Käsefüllung).

Mittags essen die Griechen erst spät, etwa zwischen 14 und 16 Uhr. Restaurants und Tavernen sind aber schon spätestens ab 12 Uhr geöffnet. Nach dem Mittagessen ist dann, wenn mög-

Oben: Einladende Tavernen im Badeort Paleohora (im Südwesten). Rechts: Während das Kafeníon in den Dörfern noch traditionell der Treffpunkt für ältere Männer ist, treffen sich in den Bars der Städte junge Leute beiderlei Geschlechts.

RESTAURANTS / NACHTLEBEN

lich, eine Siesta angesagt. Sie kann bis 17 oder 18 Uhr dauern. Hat man danach nicht mehr zu arbeiten, setzen sich die Männer auf dem Land ins Kaffeehaus, diskutieren, spielen Karten oder das Brettspiel Távli. In den Städten begibt man sich zur *Vólta*, flaniert auf den Hauptplätzen und Straßen; Jugendliche sieht man oft in großen Gruppen. Man trifft Bekannte und Freunde, bleibt häufiger stehen oder lässt sich gemeinsam auf einen Oúzo, einen Kaffee oder ein Bier nieder.

Die Zeit bis etwa 20 Uhr gilt unter Griechen noch als *apógevma*, also als Nachmittag. Zum Abendessen lässt sich ein normaler Kreter erst zwischen etwa 21 und 23 Uhr nieder. Die Wirte freut's: Die Ausländer haben dann meist schon gespeist, jetzt bringen die Einheimischen eine zweite Umsatzrunde. Nur selten gehen Kreter allein oder in trauter Zweisamkeit zum Abendessen: Man schätzt die *paréa*, die gute Tischgemeinschaft, und trifft sich deshalb mit Freunden und Verwandten zum ausgiebigen Mahl.

Normalerweise bestellt in einer solchen *paréa* nicht jeder für sic, sondern ordert viele verschiedene Gerichte für alle gemeinsam. Zunächst kommen die unterschiedlichsten Vorspeisen und Salate, dann gegrilltes Fleisch und Fisch, Schnecken, Scampi und/oder Kalamares. Jeder nimmt, wovon und wieviel er mag. So hat man mehr Spaß am Essen und kann ganz unterschiedliche Köstlichkeiten genießen.

Die Rechnung bezahlt meist einer für alle – man sieht sich ja wieder, das nächste Mal ist ein anderer dran. Ausländer sollten in untouristischen Lokalen deswegen dem Kellner immer schon bei der Bestellung mitteilen, wenn sie getrennte Rechnungen wünschen.

Nach dem Essen gehen die Kreter meist direkt nach Hause. Die Jugend aber trifft sich mit den Urlaubern ab Mitternacht in Musik-Bars und Diskotheken. Dort tagt man dann fröhlich weiter – bis in den frühen Morgen. Wer zu viel getrunken hat, kehrt abschließend noch in einem der Suppenlokale an den kretischen Märkten ein.

TRAUBEN UND OLIVEN

TRAUBEN UND OLIVEN

Nur ein paar Steinwürfe entfernt vom Sandstrand und den Hotels in der Nähe von Iráklio, grüßt den Besucher eine Szenerie, die direkt aus Kazantzákis' *Aléxis Sorbás* zu stammen scheint. Mit dem 16. August, nach dem Marienfest, wird hier unter der gnadenlos herunterbrennenden Sonne mit der Weinlese begonnen. Genau wie in Kazantzákis' Roman sieht man kräftige Männer und Frauen bei der Arbeit und bei fröhlichen gemeinsamen Mahlzeiten. Es kostet viel Schweiß und Mühe, bis die Trauben gepflückt sind, die dann als Tafeltrauben, Wein oder Rosinen auf die Reise gehen.

Die Erntebräuche haben sich seit den Zeiten wenig geändert, in denen getrocknete Rosinen in unförmige Tonamphoren eingesiegelt und auf schnittigen Segelbooten über das ganze Mittelmeer transportiert wurden. Heute werden die Rosinen durchgesiebt, in Jutesäcke verpackt und in neuen japanischen 4-Rad-Antrieb-Wagen fortgeschafft, um schließlich von der EU gekauft zu werden. Der Eintritt in die EU hat vielen Bauern buchstäblich das Leben gerettet, da sie nun ihre kretischen Qualitätsrosinen zu besseren Konditionen verkaufen können.

Der Weinbau ist ein arbeitsintensiver Prozess. Im Januar während der Vegetationsruhe werden die Reben beschnitten und die toten Zweige gekappt. Im Frühjahr muss der Wein gegen Mehltau und andere Pilze und Schädlinge gespritzt werden, die die Ernte eines ganzen Jahrgangs gefährden.

Die Schädlingsbekämpfung wird bis zum Erntemonat August fortgesetzt, wenn mitten in der Sommerhitze mit der Lese begonnen wird. Alle müssen mit anpacken: Kinder, Großeltern, im fernen Athen lebende Familienangehörige und sogar viele Saisonarbeiter aus dem Ausland. Innerhalb von 10 bis 20 Tagen sind die Tafeltrauben geerntet und zum Markt verschickt, während die Rosinentrauben auf Folien in der Sonne zum Trocknen ausgebreitet werden.

Die Herstellung von Rosinen oder besser: Sultaninen (aus der kleinen, kernlosen *soultanína*-Traube) ist ein langwieriger Prozess. Zunächst werden die Trauben für zumindest zwei Wochen an Trockengestelle gehängt oder auf die Erde gebreitet, um in der Sonne zu dörren. Dabei sind plötzliche Regenfälle gefürchtet, die die Qualität mindern oder gar eine ganze Ernte verderben können. Die getrockneten Beeren werden von den Traubenstrünken befreit, gesiebt, gesäubert und eingesackt. In den irakliotischen Rosinenfabriken werden sie dann wieder gereinigt, ofengetrocknet, geschwefelt, geölt, nach Qualitäten sortiert, handverlesen und für den Export verpackt.

Oliven

Es ist nicht genau bekannt, wo der Ölbaum ursprünglich herstammt, aber man vermutet aus dem östlichen Mittelmeerraum. In Kreta wird er seit vielen tausend Jahren kultiviert und man schätzt, dass hier über zehn Millionen Ölbäume stehen. Der Ölbaum war der Göttin Athene heilig, und die Gewinner der olympischen Spiele wurden mit einem Ölzweig bekränzt. Für Juden und Christen war er ein Symbol des Friedens. Die Phönizier handelten mit Olivenöl und trugen dazu bei, den Baum zu verbreiten.

Für die Kreter ist der Ölbaum mit seinen Produkten nicht wegzudenken. Jede Familie besitzt mindestens einen oder mehrere Olivenhaine. Das Öl wird hauptsächlich zum Kochen verwendet, früher nahm man es auch für Lampen. Altöl wird gereinigt und zu Seife verarbeitet. Die Oliven bilden eines der wichtigsten Lebensmittel der Kreter. Früher bestand eine Mahlzeit zu Hause oder auf dem Feld oft nur aus „Brot, Oliven und Wein". Das Holz des Ölbaums ist

Rechts: Die kernlosen weißen Trauben werden in der Sonne zu Rosinen getrocknet.

TRAUBEN UND OLIVEN

besonders hart und ergibt einen guten und dauerhaften Brennstoff für den Winter.

Ölbäume können bis zu 1000 Jahre alt und 10-16 m hoch werden. Man sieht sie in erstaunlich verdrehten und verwachsenen Formen. Die Oliven reifen zwischen Dezember und Februar. In dieser Zeit findet man ganze Dörfer verlassen von Menschen, die alle auf den Feldern sind. Wenige Dutzend Ölbäume reichen aus, um einen wochenlang von morgens bis abends zu beschäftigen. Für die Ernte wird ein feinmaschiges Netz um den Baum herum ausgelegt, und man schlägt mit einem langen Stab auf die Äste des Baumes. Die Arbeit ist mühselig, besonders wenn die Bäume an Abhängen stehen. Die schweren Säcke werden von Eseln fortgetragen. Einige der besonders schwer zugänglichen Bäume werden wegen der großen Mühe oft gar nicht mehr abgeerntet.

In den letzten Jahrzehnten konnten mit schweren Maschinen Terrassen auf den Berghängen angelegt werden. Man pflanzt eine neue italienische Hybridsorte, die kleiner ist und bereits nach fünf Jahren Früchte trägt. Für das Abernten der alten Bäume wurde ein Verfahren entwickelt, bei dem die Oliven mit Pressluft von den Zweigen geblasen werden.

Das beste Olivenöl stammt aus der ersten Kaltpressung. Weitere Pressungen produzieren Speiseöle geringerer Qualität und Seifen-Öl. Die trockenen Rückstände dienen als Heizmaterial.

Wer jemals frische Oliven probiert hat, weiß, dass sie vor Bitterkeit ungenießbar sind. Um sie essbar zu machen, müssen sie zuerst mehrere Wochen lang in Wasser liegen, das täglich gewechselt werden muss. Um den Prozess zu beschleunigen, bricht man die Oliven mit einem Stein auf oder kerbt sie ein. Wenn die Bitterkeit vergangen ist, werden sie zur Konservierung entweder eingelegt oder eingesalzen. Die Speiseoliven sind in der Regel größer und enthalten weniger Öl. Die berühmtesten sind die Kalamáta-Oliven; sie werden von Hand gepflückt, damit die Früchte unverletzt bleiben.

MINOISCHE KUNST

MINOISCHE KUNST

Die Kunst der kretischen Bronzezeit muss man im Kontext mit dem ganzen östlichen Mittelmeer in dieser Epoche betrachten. Fast alle Techniken und auch viele der Materialien wurden von Ägypten, dem Nahen Osten und Mesopotamien entlehnt und importiert, aber das Resultat war immer eindeutig minoisch.

Als in der frühen minoischen Epoche aus den ersten frühen Familiensiedlungen Dörfer entstanden und die Metall- und Steinbearbeitung, die Töpferei und die Wandbemalung technische Fertigkeiten über die Kenntnisse eines normalen Bauern hinaus erforderten, entwickelte sich in der Gesellschaft das Bedürfnis nach spezialisierten Handwerkern. Diese hatten die Aufgabe, Artikel für den alltäglichen Gebrauch des Dorfes herzustellen und sollten sich gleichzeitig mit den technischen Errungenschaften aus dem Osten auf dem Laufenden halten. Als die Paläste in Knossós, Festós und Mália kurz nach 1900 v. Chr. geschaffen wurden, rief man die besten Handwerker, um an diesen ersten großen Monumenten Kretas zu arbeiten, und dies war der Anfang der minoischen Kunst.

Der moderne Betrachter muss sich immer vor Augen halten, dass die minoischen Kunstwerke nur für religiöse Zwecke geschaffen wurden. Es gibt keine Szenen aus dem Alltagsleben. Auch all die wundervollen Wandgemälde mit den zierlichen und lebensnahen Darstellungen von Blumen und Vögeln sollten wohl einen Eindruck von der Jahreszeit vermitteln, in der ein bestimmtes Fest oder ein Ritus stattfand. Die Arbeiten sind nicht signiert oder bestimmten Künstlern zuzuordnen. Der einzige Künstlername, der in der griechischen Mythologie überdauert hat, ist der von Dädalos, dem Architekten des Palastes von Knossós.

Die bedeutendsten Kunstwerke der Alten Paläste sind die vielfarbigen Tongefäße, die Kamáres-Keramik, benannt nach der Kamáres-Höhle, wo sie zuerst gefunden wurden. Mit der Einführung der Töpferscheibe um 1900 v. Chr. und der Errichtung von Brennöfen, die auf über 1000 °C erhitzt werden konnten, waren die Töpfer Zentralkretas in der Lage, den Ton zu verwenden, der an den unteren Abhängen des Berges Joúchtas, südlich von Knossós, in großen Mengen vorhanden war. Sie verwendeten Muster, die aus der Natur abgeleitet waren, und indem sie Farbpigmente auf einen dunklen Untergrund auftrugen, schufen sie Meisterwerke in einheitlichem Stil. Die Lebendigkeit und Schönheit der Kamáres-Keramik gefiel offenbar auch den Zeitgenossen, denn sie war über ganz Griechenland, die Levante und Ägypten verstreut zu finden. Aber die Kamáresgefäße machten nur einen kleinen Teil der gesamten Haus- und Nutzkeramik dieser Zeit aus. Einige Fachleute sind der Meinung, dass sie, schon wegen ihrer Zerbrechlichkeit nur für zeremonielle Zwecke und nicht für den Alltagsgebrauch gedacht waren. Die größten Kunstwerke der ägäischen Bronzezeit sind in der Neuen Palastperiode (1700-1400 v. Chr.) geschaffen worden. Am kunstvollsten sind die Wandgemälde, die den Palast von Knossós und die umliegenden Häuser schmückten. Es handelt sich nicht um echte Fresken, denn die Malereien wurden auf trockenen Kalkputz (und nicht auf feuchten) aufgetragen. Gemalt wurde zunächst die Landschaft oder ein Bauwerk – normalerweise aus der Vogelperspektive –, dann ergänzte man die wichtigsten Figuren und Naturelemente.

Experten vermuten, dass es sich bei den Knossós-Wandmalereien um die Darstellung von Festlichkeiten handelt, die zu verschiedenen Jahreszeiten stattfanden.

Links: Replika eines minoischen Vorratsgefäßes (Pithos) mit Schnurösen im Stil des 15. Jh. v. Chr. in Knossos.

MINOISCHE MENSCHENOPFER

MINOISCHE MENSCHENOPFER

Zwei wenig voneinander entfernte Ausgrabungen im Sommer 1979 brachten erste archäologische Beweise dafür, dass es auch eine düstere Seite der so friedvollen minoischen Kultur gegeben haben kann. Es handelt sich um die griechischen Ausgrabungen unter Giánnis und Efi Sakellarákis in Anemospília nahe Arhánes, und die britischen unter Peter Warren in Knossós.

In Anemospília am Nordhang des Berg Ioúhtas wurden die Überreste eines kleinen Gebäudes aufgedeckt, das durch ein Erdbeben am Ende der Alten Palastzeit ca. 1700 v. Chr. zerstört worden war und bei dem vier Personen offenbar bei einer rituellen Opferhandlung überrascht wurden, bei der allerdings nicht etwa ein Stier oder eine Ziege, sondern ein junger Mann geopfert wurde. Diese beklemmende Szene hatte im westlichsten der drei Räume stattgefunden, die durch einen langen Gang mit dem Hauseingang im Osten verbunden waren.

Die eingestürzten Balken lagen auf drei Skeletten: einer Frau Ende 20, einem Mann Ende 30, d. h. schon jenseits der im prähistorischen Kreta durchschnittlichen Lebenserwartung, und einem jungen Mann von etwa 18 Jahren. Der junge Mann war auf einem erhöhten Stein oder Altar festgebunden. Man vermutet, dass er gerade von dem älteren Mann getötet worden war, der ihm den Hals mit einem bronzenen Jagdmesser durchschnitten hatte, das an dieser Stelle gefunden wurde. Die Frau könnte eine Priesterin gewesen sein, und ein viertes Skelett, das im Flur neben einem mit einem Stier verzierten Gefäß gefunden wurde, war vielleicht ein Tempeldiener, der dabei war, das Blut des Opfers dem Gott als Opfergabe zu bringen.

Dazu ist es jedoch nie gekommen. Die Wucht des Erdbebens riss den klei-

Oben: Dr. Sakellarákis in Anemospília zur Zeit seiner Ausgrabungen dort. Rechts: Bringen die neuen Forschungen über Menschenopfer der Minoer Licht ins Dunkel?

MINOISCHE MENSCHENOPFER

nen, entlegenen Tempel ein und erfasste seine Insassen bei einer Szene, die viel Unruhe unter die Archäologen brachte, die bis dato geglaubt hatten, dass die Minoer ein friedliebendes Volk gewesen seien.

In Knossós brachten Ausgrabungen hinter dem Stratigrafischen Museum ein Gebäude zum Vorschein, das in der Neuen Palastzeit um 1500 v. Chr. durch Feuer zerstört wurde. Der Fund von rituellen Trankopfer-Gefäßen weckte bei dem Team den Gedanken, dass es sich um einen Schrein handeln könnte, bereitete es jedoch nicht auf die makabereren Funde vor, die unter einer dicken Schicht von Schutt lagen: Im Westraum des Gebäudes fand man die Knochen von zwei Kindern, acht und elf Jahre alt, die offenbar zum Zeitpunkt ihres Todes gesund waren. An den Knochen waren Schnittspuren, die zeigten, dass die Kinder auf ähnliche Weise umgebracht worden waren, wie die Minoer Tiere schlachteten. Feine Schnitte an Armen, Beinen und Schlüsselbeinen, wohl mit Obsidian-Klingen ausgeführt, beweisen, dass das Fleisch von den Knochen abgelöst wurde. Als einzige Erklärung dafür bleibt, dass es gegessen werden sollte.

Beide Ausgrabungen haben die Archäologen gezwungen, die religiösen Praktiken der Minoer neu zu überdenken und sich mehr mit den primitiven Aspekten der griechischen Mythologie zu beschäftigen. Wir wissen von der minoischen Ikonografie, dass regelmäßig Stiere – und unter extremen Umständen auch Menschen – den Göttern geopfert wurden. Dies mag auch Bestandteil eines Ritus gewesen sein, wie die späteren dionysischen Riten, die vermutlich ihren Ursprung im kretischen Zeus-Kult hatten. Die Mythologie überliefert, dass der junge Zeus von den Titanen festgehalten wurde, die ihn von den Kureten mit Spielzeug fortgelockt hatten. Sie rissen ihn in Stücke und verschlangen ihn. Gelehrte haben schon seit langem vermutet, dass dieser griechische Mythos in Kreta entstanden ist, und die Funde von Anemospília und Knossós scheinen diese Theorie zu bestätigen.

BYZANTINISCHE KIRCHEN

BYZANTINISCHE KIRCHEN

Auf Kreta gibt es schätzungsweise 600 mit Fresken ausgemalte byzantinische Kirchen. Bei einer Reise über die Insel kann es ein faszinierendes Vorhaben sein, solche Kirchen aufzuspüren, jedoch sind sie nicht immer leicht zu finden. Viele von ihnen sind an unzugänglichen Stellen versteckt, die abseits vom Weg, am Ortsrand, in Feldern oder Olivenhainen liegen.

Die Innenräume vieler dieser Kirchen sind nie restauriert worden. Sie sind stets verschlossen, und man muss den Schlüssel bei den Dorfbewohnern erfragen. Durch schmale Fensterschlitze dringt nur wenig Licht, und ein rußiger Schleier von Kerzen, Öl und Weihrauch verdunkelt die Bilder oder verdeckt sie ganz. Man tut gut daran, eine starke Taschenlampe mit einem breiten Lichtkegel bei sich zu führen, wenn man diese Kirchen ausgiebig besichtigen will.

Oben: Die Panagía i Kerá bei Kritsá. Rechts: Wandmalerei im Kircheninneren.

Die kretischen Kirchen kann man grob in vier architektonische Kategorien einteilen. Zur ersten zählen große, dreischiffige Basiliken, die einen starken Einfluss des syro-palästinischen Baustils zeigen. Über 40 solcher Basiliken sind zumindest teilweise erhalten, manche haben Kuppeln und Mosaikböden erhalten, die aus der Zeit vor dem 9. Jh. stammen, als 824 die Insel arabischer Besitz wurde. Man sollte annehmen, dass die meisten Kirchen während der arabischen Besetzung zerstört wurden. Doch die Reste der Basiliken von **Soúgia**, **Hersónissos** und **Pánormos** (ca. 18 km östlich von Réthimno an der Küste) stammen aus dem 5. Jh. und zeigen schöne Mosaikböden. In **Gortys** geben die verbliebenen oberen Säulenarkaden der **Agios-Títos-Basilika** einen Eindruck von der einstigen Würde dieser Gebäude wider.

Bei der zweiten Kategorie handelt es sich um ein-, zwei- oder dreischiffige Langhäuser mit überhöhtem Mitteljoch, das mit Mosaiken ausgekleidet ist. Dieser Kirchentyp ist bei weitem der häufigste. Einige Kirchen besitzen Kuppeln, wie die von **Kritsá**, bei der über hohem Zentralgewölbe auf verblendeten Gurtbögen die Kuppel ruht. Fast alle diese Kirchen sind ausgemalt und sie finden sich überall auf der Insel. Sie sind alle in die Zeit nach dem 10. Jh. zu datieren, als Kreta von Byzanz zurückerobert wurde. Ein besonders schönes Beispiel (kürzlich gesäubert und restauriert) gibt die Kirche der Panagía im Dorf **Kournás** mit ihren Fresken vom Ende des 11. oder Anfang des 12. Jh.

Kreuzkuppelkirchen machen den dritten Typ aus und stammen normalerweise aus dem 14. Jh. oder später. Bei diesen Kirchen erhebt sich über der Vierung zweier unterschiedlich langer, in einzelnen Fällen auch symmetrischer Schiffe ein zentrales Kuppelgewölbe. Die Gurtbögen dieser Kuppeln sind gewöhnlich sehr hoch – typisch für die Form der byzantinischen Architektur, die sich im 13. und 14. Jh. in Mazedoni-

BYZANTINISCHE KIRCHEN

en und auf dem südlichen Balkan vollendete. Die Panagía-Kirche in **Lambiní** nahe Mírthios über der Südküste (um 1350) und die Panagía Gouvernitíssa in **Potamiés**, bei Kastélli Pediádas, ebenfalls aus dem 14. Jh., sind gute Beispiele für diesen Typ.

Schließlich gibt es die Kirchen, die ein höheres Querschiff als Hauptschiff haben und die damit dem Gebäude entweder von außen oder von innen eine Kreuzform verleihen. Auch sie stammen aus dem 14. Jh. Schöne Beispiele dafür sind Agios Nikólaos in **Máles** (im Díkti-Gebirge 20 km nordwestlich Ierápetra) und die Erlöserkirche in **Stamní** (5 km landeinwärts von Amnisós an der Küste bei Iráklio).

Die Innendekoration der byzantinischen Kirchen folgt alten Traditionen, die, dem orthodoxen Glauben entsprechend, einheitlich befolgt wurden. Variationen ergeben sich lediglich aus architektonischen Abweichungen. Die Kuppel ist stets der Bereich, der für ein Bild von Christus als Pantokrator reserviert ist. In der Apsis mit ihrer Halbkuppel erscheint immer das Bild der heiligen Jungfrau als Theotokos (d. h. Gottesgebärerin). Alle Gewölbeflächen sind mit Szenen des *dodekaortón* (die zwölf Feiern) verziert, also mit Szenen, die das Drama der Erlösungsgeschichte darstellen.

Wenn eine Kirche keine Kuppel hat, so findet sich das Bild des Pantokrator in der Apsis-Kuppel, und die Theotokos-Darstellung wird als zweitbedeutendste an anderer Stelle gezeigt. Im unteren Teil der Apsis sind fast immer die großen Kirchenväter dargestellt. Zumindest drei sieht man immer wieder: Ag. Ioánnis Hrisóstomos, Ag. Vasílios und Ag. Grigórios, den Theologen. Eine vierte Abbildung zeigt Ag. Nikólaos.

Falls Sie nur wenig Zeit haben, sollten Sie zumindest eine Kirche besuchen, in der verschiedene Malerschulen und Techniken zu unterscheiden sind. Die Marienkirche in **Kritsá** (14. bis 15. Jh.) ist sehr gut restauriert und die Fresken sind gesäubert worden. Sie ist eine der schönsten und charakteristischsten Kirchen der Insel.

SORBÁS' TANZ

Foto: Michele Macrakis

Oben: Die líra, beliebtestes kretisches Volksinstrument. Rechts: Ein Flötenspieler in Festós.

SORBÁS' TANZ

Als damals mein Kind starb, stand ich auf und tanzte. Die anderen sagten: „Sorbás ist verrückt geworden", aber ich wusste, dass ich verrückt werden würde, wenn ich in diesem Augenblick nicht tanzte.

Aléxis Sorbás von N. Kazantzákis

Das Tanzen wird in Kreta keinesfalls als Frauensache betrachtet. Im Gegenteil, wie Aléxis Sorbás beweist, muss ein „richtiger Mann" auch gut tanzen können. Viele kretische Tänze sind lebendig und kompliziert und der Vortänzer muss fast athletische Sprünge ausführen.

Das wichtigste Instrument der kretischen Musik ist seit osmanischen Zeiten die *líra*, die aus Maulbeer- oder manchmal auch aus Walnussholz geschnitzt und mit drei Metallsaiten bespannt wird. Die líra wird mit dem Bogen gespielt, an dem manchmal *gerakokoúdouna* (Glöckchen) hängen, und der Musiker hält sie auf dem Schoß, nicht, wie eine Geige, an der Schulter. Die Töne auf den Saiten werden nicht mit den Fingerkuppen, sondern mit den Fingernägeln gegriffen.

Der Klang der *líra* hat etwas gespenstisch Primitives und wird gewöhnlich von ein oder zwei *laoúta* (Lauten) begleitet, die größer sind und tiefer gestimmt. In Ostkreta herrschte früher die Geige vor, aber die Beliebtheit der líra breitete sich von Réthimno her aus und verdrängte sie zumeist. Ironischerweise ist es heute schwierig, in Réthimno líra-Musik zu finden.

Weitere Begleitinstrumente der líra können sein: die *askomandoúra* (Ziegenhaut-Dudelsack), Gitarre, *bouzoúki* und *dioúli* (kleine Handtrommel).

Der griechisch-amerikanische Film, *Aléxis Sorbás*, bewirkte, dass Tausende von Touristen kamen, angezogen von der Landschaft und von Sorbás' Tanz. Der Tanz ist jedoch gar kein kretischer (Sorbás war Makedone), noch überhaupt ein griechischer Volkstanz: dieser

SORBÁS' TANZ

„sirtáki" ist nur eine Kino-Choreografie, die sich an den Tanz der Metzger *hasápikos* anlehnt.

Kretas drei Gebirgsketten teilen die Insel in vier Teile, von denen jeder seine eigenen Tänze entwickelte. Heute werden sie alle in ganz Kreta getanzt. Der stolze Reihentanz *haniótis* stammt aus Haniá, der hüpfende *pidiktós* aus Iráklio und Sitía, während der *pentozális* und der Paartanz *soústa* aus Réthimno kommen.

Viele der besten *líra*-Spieler Kretas spielen im Sommer in und um Iráklio und im Winter in den Nachtlokalen (*kéntra*) von Athen. In dem 35 km südlich von Iráklio gelegenen Ort Anógia sind einige der berühmtesten *líra*-Spieler zu Hause, wie die weithin bekannte Xiloúris-Familie. Der Ort hat eine ganze Reihe von Tavernen, in denen kretische Livemusik und gute Küche geboten werden, und im August wird hier ein Festival mit *líra*-Wettbewerben veranstaltet.

Die *líra*-Spieler Antónis Peristéris und sein Sohn Manólis spielen im Sommer im *Adelfí Tzibló Stefanáki* in ihrem Heimatort Gérgeri, in den Bergen südlich von Iráklio. Ein sehr guter Musiker im selbst gewählten Exil ist auch der Ire Ross Daley, seit langem ein Bewohner von Haniá. Daley spielt eine ganze Reihe von Instrumenten, einschließlich der *líra*, und ist häufig auf Konzerten in Athen oder bei Festivals auf der Insel zu hören. Als bekennender Traditionalist ist er ein strikter Gegner elektronisch verstärkter Musik.

Die Elektrifizierung der Musik ist so beliebt, dass es inzwischen in Lokalen so gut wie unmöglich ist, ohne Verstärker Musik zu hören. Für einen wirklich authentischen Eindruck von kretischen Musik- und Tanztraditionen müsste man eigentlich bei Feiern an Festtagen, besonders Ostern, und bei Dorfhochzeiten, Taufen und Namenstagen dabei sein.

Eine weitere kretische Tradition ist das Singen von *mandinádes*, gereimten Zweizeilern, zumeist über die Liebe, mit Gleichnissen aus dem bäuerlichen Leben, die ursprünglich der Angebeteten in den frühen Morgenstunden unter dem Fenster dargebracht wurden. Bei lokalen Festen kann man sie manchmal noch gesungen hören.

Die meisten heute gesungenen *mandinádes* sind mündlich überliefert worden, einige noch in einem kretischem Dialekt aus dem Mittelalter, und oft werden sie begleitet von Tänzern, die die kretische Version des *sta tría* tanzen, den würdigen *siganós*. Das romantische Epos *Erotókritos*, das um 1645 von Vintséntzos Kornáros aus Sitía geschrieben wurde, ist über 10 000 Verse lang und bildet bis zum heutigen Tag eine unerschöpfliche Quelle für *mandinádes*.

Heutzutage hört man nur noch selten improvisierte *mandinádes*, die interessanteste Form. Von viel Wein oder *rakí* inspiriert, wurde früher oft geradezu ein Wettbewerb zwischen den Sängern daraus, geistreiche Antworten auf vielfach sehr witzige oder freche Verse zu finden.

WAFFEN

DIE LIEBE ZU DEN WAFFEN

„Es gibt Menschen, die rufen Gott durch Gebete und Tränen an, andere mit Geduld und Resignation und wieder andere, indem sie Ihn lästern. Die Kreter sprechen zu Ihm mit Gewehren."
  Freiheit oder Tod von N. Kazantzákis

Die Kreter sind Krieger – und horten ungefähr 500 000 unregistrierte Feuerwaffen. Vielleicht ist das in Iráklio, Réthimno oder Haniá nicht so offensichtlich, wo westliche Kleidung längst die kretische Tracht abgelöst hat. Aber wenn man ins Landesinnere kommt – in Bergdörfer wie das für Drogenhandel und illegalen Waffenbesitz bekannte Zoniana, wo 2010 Hirten bei einem Grundbesitzstreit aufeinander schossen – sieht man noch Kreter in der traditionellen, martialischen Männertracht: in Pluderhosen, hohen Stiefeln, *stivánia* genannt, Leibgurt, Weste und schwarzer Kopfbinde mit kleinen Troddeln. Kopftuch und Hemd sind schwarz, als Zeichen der Trauer, und der breite Gürtel hält ein Messer. Diese Tracht war eigentlich ursprünglich eine Kriegsbekleidung, dient aber heutzutage auch als Outfit für die (illegale) Wildziegenjagd.

Messer und Gewehre

Die Kreter lieben ihre Waffen. Sie werden mit großer Sorgfalt behandelt und von Generation zu Generation weitergegeben, genau wie der Familienname oder die Aussteuer der heiratsfähigen Mädchen. Nach der deutschen Besetzung sollten die Kreter alle Waffen abgeben, aber kaum einer tat dies. Heute findet man in vielen Haushalten mindestens ein gutes Gewehr. Es wird gerne für Zielübungen auf Ortsschilder und für die Jagd in den Bergen benutzt, aber, wenn nötig, auch bei einer Auseinandersetzung.

Rechts: Die traditionellen Handfeuerwaffen der Kreter sind mehr als nur Souvenir.

Vielleicht hat in Kreta nicht jeder Mann ein Gewehr, aber zumindest ein Messer. Neben der Metallwasserflasche mit dem Lederband, dem Fernglas, den Stiefeln und dem Jagdgewehr, all den Dingen, die ein Mann offenbar braucht, um in den Bergen zu leben, hat das Messer seinen besonderen Platz: Das kretische Messer mit seinem Griff in Ziegenbein-Form und Klappklinge ist ein unabdingbarer Teil der männlichen Tracht; es wurde unter dem Gürtelband getragen, der Griff rechts, die Klinge nach links. Der Schaft sollte gekonnt graviert sein. Solche handgefertigten Messer gibt es z. B. noch bei Stilianós Bonátos in der Vasiléas-Georgíou-Straße in Haniá zu kaufen.

Pallikári und Filótimo

Die Tradition der *kapetanéï* und *pallikária* entstammt den Jahrhunderten der Aufstände gegen die Osmanen. Der *kapetanéï* war der beste Kämpfer, von den anderen Dorfbewohnern gewählt und dazu ausersehen, sie im Kampf anzuführen. Der *pallikári* ist ein Held, der bereit ist, im Kampf für die Freiheit der Insel den Tod herauszufordern.

Der französische Schriftsteller und Griechenland-Spezialist Jacques Lacarrière zeigt auf, dass in vielen Worten der kretischen Sprache die Verherrlichung des Kampfes ausgedrückt wird. *Pallikári* bedeutet Schönheit und Kühnheit, sowohl physisch als auch moralisch. *Filótimo* ist die uneingeschränkte Treue zu sich selbst, den anderen, der Familie oder dem Stamm. Zwei heldenhafte Episoden aus der kretischen Geschichte beweisen dies.

Die erste erzählt die Eroberung des Klosters Arkádi, in dem sich die kretischen Widerstandskämpfer gegen die türkischen Besatzer verschanzt hatten. Die türkische Armee brauchte zwei Tage, um in das Kloster einzudringen, und daraufhin steckten die Besiegten das Pulvermagazin in Brand und jagten sich selber – 967 griechisch-orthodoxe

Männer, Frauen und Kinder – und ihre muslimischen Feinde in die Luft.

Die zweite Episode erzählt von der Schlacht um Kreta nach der ersten großangelegten Fallschirminvasion der Geschichte. Am 20. Mai 1941 überfiel die Siebte Deutsche Luftlande-Division den Flugplatz von Máleme unter dem Codenamen „Merkur", Hitlers Befehl befolgend. Der heldenhafte kretische Widerstand überraschte die Deutschen. Max Schmeling, Weltmeister im Schwergewichtsboxen, berichtete im Reichssender nach seiner Landung als Fallschirmspringer: „Der Kampf war hart, und wenn der Feind irgendwelche schweren Waffen gehabt hätte, hätten wir ihn nicht schlagen können."

Ehre, Gewalt und Blutrache

Die Kreter gelten in Griechenland als die mutigsten Soldaten und werden oft für Eliteeinheiten ausgewählt. Ein problematischer Aspekt des die kretische Geschichte prägenden Kampfes um Freiheit und Ehre ist die Blutrache: Manche Kreter haben wenig Vertrauen in die staatliche Rechtsprechung und nehmen, wie auf Korsika oder Sizilien, persönlich Rache für eine Ehrverletzung oder an einem Familienmitglied begangenes Verbrechen. Manchmal kann man in abgelegenen Bergdörfern an einem Haus, in dem jemand umgebracht worden ist, ein Kreuz mit dem Blut des Opfers sehen. Einige Familien sollen das blutgetränkte Hemd eines Opfers wie einen Schatz aufbewahren und es vom Vater an den Sohn weiterreichen, bis das Verbrechen gesühnt ist. Oft vergehen viele Jahre und man meint, die Angelegenheit sei vergessen, bis die andere Seite unerwartet zurückschlägt. In den 1950ern eskalierte eine alte Fehde in Aradena bei Hora Sfakion so sehr, dass das Dorf letztendlich ganz aufgegeben wurde; die Ruinen der Häuser der verfeindeten Familien sieht man heute noch. 2009 waren ein paar verbrannte Zweige Anlass genug für eine Blutfehde mit Schusswaffen nahe Kissamos, die dann im Krankenhaus von Hania mit Messern fortgesetzt wurde.

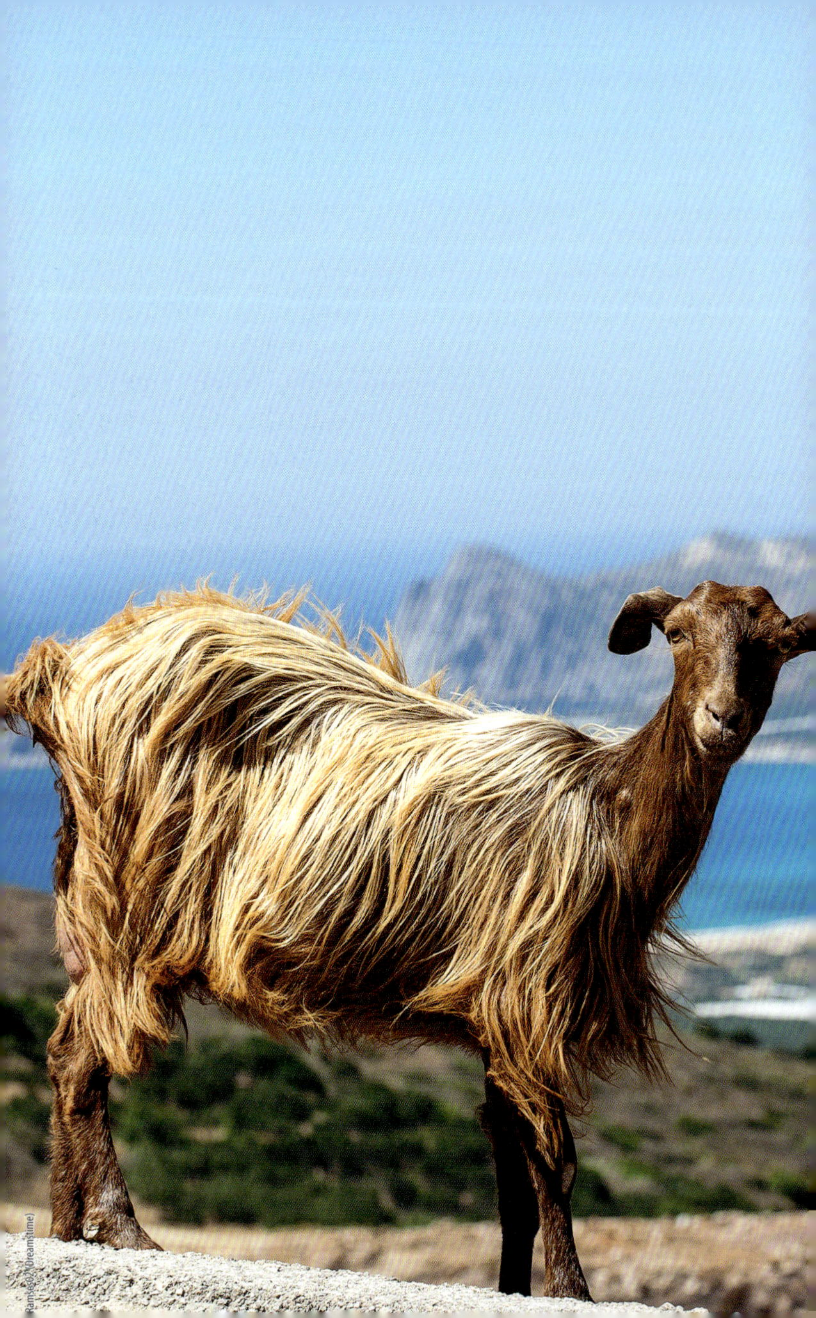

Kretische Bergziege (Kri-kri) mit Winterfell in Phalasarna/Westküste

GESCHICHTE UND KULTUR

GESCHICHTE UND KULTUR KRETAS

„Auf Kreta gibt es eine Art Flamme – man könnte es „Seele" nennen – die mächtiger ist als Leben und Tod. Es gibt Stolz, Eigensinn, Hochachtung und mit alledem zusammen etwas Unaussprechliches, Unwägbares, etwas, das dich froh macht, ein Mensch zu sein und dich doch gleichzeitig erschüttert."

Níkos Kazantzákis

Viel ist über Kreta, die Insel der Minoer und über die Kreter im Lauf der Jahrtausende gesagt und geschrieben worden: Kreta sei die ursprünglichste aller griechischen Inseln, heißt es; sie sei der sechste Kontinent der Erde; die Kreter seien Lügner (meinte der Apostel Paulus), faule Bäuche, böse Tiere; Vorkämpfer menschlicher Freiheit, sagt man, seien sie, stünden gegen jede Unterdrückung auf in anarchischem Überschwang... Jedenfalls, es ist etwas Eigenes, Besonderes, an diesem Land, an seinen Leuten. Und ganz offensichtlich lässt sich Kreta nicht mit irgendeiner der anderen griechischen Inseln vergleichen. Inmitten des Mittelmeeres gelegen und auf halbem Weg zwischen Europa, Asien und Afrika hielt man Kreta in früheren Zeiten für den Mittelpunkt der gesamten Welt. Während es sich den Einwirkungen von Osten und Westen offenhielt, entwickelte es doch seine ganz eigene Kultur. Die Einflüsse von außen wurden in einer einzigartigen Art und Weise so angepasst und abgewandelt, dass sie den besonderen kretischen Bedingungen entsprachen. Die Eigenarten Kretas – seine exponierte geografische Lage, die Abfolge von Fremdherrschaften und von Aufständen – ließen eine eigene Dynamik entstehen, die auf keiner anderen Insel im Mittelmeer zu finden ist. Obwohl sein Klima, seine Bevölkerung und seine Lebensweisen je mit denen des ägäischen Inselreichs, Griechenlands und des Nahen Ostens verbunden sind, stehen Kretas weit zurück reichende Geschichte und alte Kultur doch einzigartig dar.

Die Bevölkerung Kretas ist im Lauf der Jahrtausende aus allen Himmelsrichtungen zugewandert, auf eine Insel zwischen dem südlichsten Vorgebirge des Peloponnes und dem Südwestkap Kleinasiens. Sie wird im Norden von den Inseln Kíthira, Kárpathos und Rhódos umrahmt und bildet den südlichsten Brückenkopf der Ägäis zwischen Griechenland und Anatolien, ein Bindeglied zwischen dem griechischen Festland und Asien. „Kreta ist wie ein Leviathan, der durch aufeinander folgende Eruptionen aufgeworfen wurde," schreibt Lawrence Durell. „Es ist wie die Schnalle eines schmalen Inselgürtels, der die inneren Kykladen vor den Gewalten des weiten Meeres schützt ... "

Kreta durchlebte dieselben Wirren der Geschichte wie Griechenland selbst und unterlag denselben Völkerzuwanderungen, während es gleichzeitig als Verbindungsglied zwischen dem Nahen Osten und Griechenland diente. Es beeinflusste die mykenische Zivilisation und war während der klassischen Periode Ursprungsort vieler Mythen. Die Kreter ließen sich von den Sommerwinden nach Ägypten, Anatolien und Syrien tragen und kehrten mit wertvollen Kunstschätzen aus Elfenbein, Steatit, Halbedelsteinen und lebensnotwendigen Nahrungsmitteln zurück; gleichzeitig führten sie ihre eigenen Kunstwerke in andere Länder aus. Als es Kreta schließlich gelungen war, eine Formel für das Überleben zwischen Orient, Ägypten und Griechenland zu finden, spielte die Insel in verschiedenen Perioden ihre eigene Rolle im Kreis der Mittelmeerländer.

Trotz all der vielen aufeinander folgenden Fremdherrschaften hat sich Kretas eigenständiger Charakter im

Links: In den Bergdörfern sieht man sie noch – Männer, die sich durch ihre Kleidung als stolze, freiheitsliebende Kreter outen.

GESCHICHTE UND KULTUR

Lauf der Geschichte wohl kaum verändert. Über 4000 Jahre lang konnte sich die Insel allen Invasoren und Freibeuterzügen zum Trotz ihre Einzigartigkeit und Besonderheit erhalten. Hoch in den Weißen Bergen sind noch archaische Gebräuche und das Festhalten am Althergebrachten zu finden. Hier trifft man manchmal sogar auf blauäugige, blonde Menschen. Sie ähneln den „goldblonden Dorern". Wie in der Mani im Süden Griechenlands überlebten auf Kreta neben einem außerordentlichen Traditionsreichtum und der einzigartigen Gastfreundschaft im homerischen Sinn ein ganz eigener Sinn für Humor sowie eine fortdauernde Freiheitsliebe; diese Eigenschaften sind in beiden Regionen sehr ähnlich.

Kreta hat viel erlebt; den Untergang des Minoer-Reiches, die Eroberung durch Venedig, die Islamisierung durch die Türken, die Brutalität der Nazis (und, wie die Bürger von Maliá sagen, die

Oben: Wanderer in der Samariá-Schlucht. Rechts: Das Hochgebirge Kretas erreicht 2456 Meter ü. M.

Invasion junger britischer Pauschalurlauber) – nichts blieb der Insel erspart. Unter der Herrschaft der Römer, Venezianer und Türken zettelten die Kreter Aufstände an, geführt von ihren Oberhäuptern, den berühmten *kapetaneï*. In den Anfangsphasen des Zweiten Weltkriegs wurde kaum irgendwo so erbittert gekämpft wie auf Kreta.

Die traditionellen kretischen Lebensformen haben sich fast nur noch in den kleinen Dörfern erhalten können. Dort sieht man noch alte Frauen weben; Männer aller Altersklassen, gekleidet in den althergebrachten hohen Stiefeln, schwarzen Hemden und weiten Hosen, arbeiten schweigend auf den Feldern. Man spürt, dass dieses Volk auf eine weit zurückreichende Vergangenheit unbekannten Ursprungs zurückblickt. Vieles hat sich auf dem Weg in die Moderne verändert. Doch dieser Hintergrund hilft uns, das Land und seine Bewohner zu verstehen.

Mythische Berge

Kreta, „die Große Insel", wie sie auch heißt, erscheint durch seine erhabenen Berge und tiefeinschneidenden Täler, die die Landschaft charakterisieren, größer als es ist.

In den vergangenen Jahrhunderten verewigten Sänger und Dichter die Berge in ihren ergreifenden kretischen Liedern – *mandinádes* und *rizitíka* – die vom Widerstand gegen das türkische Joch erzählen. Die Berge inspirierten auch Reisende, wie vor fast 150 Jahren den Engländer Spratt, die versuchten, das Schimmern der Berge in der Morgensonne oder das helle Farbenspiel nach Sonnenuntergang einzufangen: „Ich saß und beobachtete mit größter Bewunderung und Entzücken das Spiel der rosa, purpurroten und goldenen Schatten, die den Berggipfeln und den darunter liegenden Landschaften eine eigentümliche Farbe gaben. Dann verschwanden diese hellen Farben – und alles war in Grau getaucht."

GESCHICHTE UND KULTUR

Die Berge prägen nicht nur das Relief, sondern auch die Geschichte und Kunst der Insel. „Die Berge von Lasíthi und die Felsen von Sfakiá – zwischen ihnen Psilorítis, der größte von allen, einem gewaltigen Patriarchen gleich – verbergen in ihren eingekerbten Hängen, ihren Ebenen, Gipfeln und dichtbewaldeten Hängen eine lange Geschichte von Schicksalsschlägen, Lehren und Berichten über das Los der Menschheit", schrieb der griechische Dichter Kostís Palamás.

Die Einsamkeit und Abgeschiedenheit dieser unzugänglichen Berge und Täler ließ die Kreter zu einem eigenständigen, stolzen Volk werden. In dieser außergewöhnlichen Landschaft mit nur wenigen sanften Anhöhen und der karg bemessenen Ackerfläche, aber im Bannkreis reicher Traditionen, fühlen sich die Menschen seit jeher zuerst als Kreter und dann erst als Griechen.

Gleich Spratt wird sich auch heute kaum jemand dem Eindruck kretischer Gebirge entziehen können: „Ich war gefangen genommen von der schillernden Wirkung und malte den Ausblick auf den Hügel und das Tal, die Küste und die Buchten... Mein Blick konnte ungehindert aus der luftigen Höhe des Ida umherstreifen..."

Die Berge erheben sich „an der Südküste zerklüftet aus dem tiefen Meer und bilden eine gewaltige Mauer, gegen die die Wogen des Meeres donnern." In den meisten Bergen sind tiefe Höhlen verborgen. Die Höhle am Ida soll die Geburtsstätte von Zeus sein, in der Díktäischen Höhle von Psychró wurde der Gott vor seinem Vater versteckt und als Kind gepflegt. Und natürlich spielt das Meer eine ebenso bedeutende Rolle in der Entwicklung Kretas und seiner Bewohner wie die schroffen Berge. Die schmale Insel liegt mitten im Mittelmeer, umspült vom Kretischen Meer im Norden und dem Libyschen Meer im Süden, zwischen Europa, Asien und Afrika.

Die Küste Kretas ist sehr unregelmäßig geformt. Vom Westen zum Osten schneiden sich eine Reihe Buchten in das Land, so bei Kastélli, Haniá, Alimi-

GESCHICHTE UND KULTUR

roú, Mirabéllo, Sitía, die sich mit lang gestreckten Stränden ablösen. Im Süden prägen die einzigartige Bucht von Messará und drei Kaps die Küste: Kriós, Líthino und Goúdouras. Tief einschneidende Buchten liegen im Norden, kleine Strände im Süden. Herausragend ist die Bucht von Soúda, die größte natürliche Bucht des Mittelmeeres, deren atemberaubende Schönheit Spratt gefangen nahm durch „die Intensität des tiefen Blau, die das Azur des Firmaments mit den blauen Farben vereint, die sich aus der kristallklaren Tiefe des Meeres erheben."

Bei einer solchen Vielfalt natürlicher Buchten und Häfen nimmt es nicht Wunder, dass die Kreter seit Anbeginn der Geschichte als ausgezeichnete Seefahrer bekannt waren, die sich durch das Ägäische Meer Richtung Norden, nach Sizilien im Westen und nach Ägypten im Süden aufmachten und in einem äußerst regen kulturellen Austausch mit dem gesamten Mittelmeerraum standen.

Ein Ausflug in die Vergangenheit

Kreta brachte die erste europäische Zivilisation hervor, die – fast gleichzeitig mit den Flussansiedlungen in dem Land zwischen Euphrat und Tigris – vor über 3500 Jahren ihre Blütezeit erleben sollte. Archäologen drängten um die Wende vom 19. zum 20. Jh. nach Kreta, um die mysteriösen Ursprünge dieses Volkes aufzudecken. Erst kam Heinrich Schliemann, der Entdecker Trojas und Mykenes, nach Knossós – und musste nach Querelen mit Landbesitzern aufgeben. Ihm folgte Arthur Evans, der der staunenden Welt eine versunkene Zeit wiedergab.

Evans wandte sich erst in seiner zweiten Lebenshälfte nach einer erfolgreichen Karriere als Journalist, Kurator und Altertumsforscher der Archäologie zu. Seine Leidenschaft gehörte der

Oben: Bruchstückhafte Vergangenheit – der Archäologe Sinclair Hood bei der Arbeit. Rechts: Kopie einer Wandmalerei aus Knossós mit der Darstellung des Stiersprungs.

GESCHICHTE UND KULTUR

Geschichte der Balkanhalbinsel, besonders allerdings faszinierte ihn Kreta. Er war sich sicher, dass er hier die Ursprünge der von Homer beschriebenen herrlichen, vorgeschichtlichen Zivilisation finden würde: „Im dunklen Blau des Meeres liegt ein Land, Kreta genannt, ein reiches und liebliches Land, von den Wogen des Meeres auf beiden Seiten umspült, dicht bevölkert, sich neunzig Städten rühmend ... Eine der neunzig Städte ist eine große Stadt, Knossós genannt, und hier war es, wo König Minos neun Jahre lang herrschte und die Freundschaft des allmächtigen Zeus genoss."

Arthur Evans waren die Legenden um Kreta vertraut. Er wusste, wie Rhea, die Mutter des Zeus und Gattin des Kronos, ihren Sohn vor dem mordlustigen Vater in einer Höhle auf Kreta versteckt hatte, wo er dann unter Korybanten und Kureten aufwuchs. Letztere waren die Herren des Feuers und die ersten, die sich darauf verstanden, bronzene Waffen zu schmieden. Der Antikenforscher hatte außerdem seinen Appolodor gelesen und kannte die Geschichte des Theseus und des Minotaurus.

Als Herrscher der Ägäis verlangte König Minos vom Staat Athen einen Tribut. Alle neun Jahre wurden je sieben adlige Jünglinge und Jungfrauen als Opfer für den Minotaurus verlangt, den monströsen Abkömmling seiner Gattin Pasiphae aus ihrer – von Poseidon geweckten – Leidenschaft zu einem Stier. Der Stier-Mensch hauste im „Labyrinth" (zu den in volkstümlicher Überlieferung der verwinkelte, riesige Palast von Knossós das Modell geliefert haben mag). Theseus, Sohn des Ägeus, des Königs von Athen, entschloss sich, Athen von diesem schweren Los zu befreien. Er segelte nach Kreta, wo sich Ariadne, die Tochter König Minos', in ihn verliebte. Sie übergab ihm eine Spule, deren Faden er auf seinem Weg durch das Labyrinth abrollte, um so wieder ins Freie zu finden, nachdem er den Minotaurus erlegt hatte. Von Freude übermächtigt segelte er gen Athen und vergaß, das verabredete Zeichen des Sieges zu setzen: ein weißes Segel anstelle seines schwarzen.

GESCHICHTE UND KULTUR

Sein Vater Ägeus, der am Kap Soúnion die Ankunft seines Sohnes erwartete, stürzte sich daraufhin aus Verzweiflung ins Meer und gab ihm so seinen Namen: Ägäisches Meer.

Im März 1900 begann Evans, auf Kreta zu graben und legte „das Labyrinth" von Knossós frei. So war wieder einmal mehr bewiesen, dass Mythen sich aus dem Fundus realer Geschichte bedienen. Man fand einen Palast von gewaltiger Größe mit einem riesigen Innenhof in der Mitte, einem Thronsaal, langen Fluren, von denen viele in Lagerräume mit gewaltigen Tongefäßen *(pithoi)* für Öl und andere landwirtschaftliche Erzeugnisse führten, mit Empfangsräumen, Privatgemächern des Königs und seiner Familie, Bädern, farbenprächtigen Wandmalereien in Blau- und Rottönen mit jungen Prinzen, stolzen Frauen von klassischer Schönheit, Delfinen, Vögeln, Priestern, Stieren, Doppeläxten und Siegeln. Sehr bemerkenswert waren Tontafeln, deren geheimnisvolle hieroglyphische Inschriften Evans zu entziffern hoffte.

Wer war dieses Volk, das solch bewunderswerte Kunst und Architektur zurückgelassen hatte? Wie sah sein Leben aus? Wann hatte es gelebt? Das Geheimnis lüftet sich allmählich, doch bleiben immer noch viele Fragen unbeantwortet.

Die Minoer

Die „minoische" Geschichte Kretas beginnt kurz nach 3000 v. Chr., als das Kupfer den Stein ersetzte. Jedoch wurden an anderen Stellen auch frühere neolithische Ansiedlungen entdeckt, die bedeutendsten in Knossós, Festós und Agía Triáda, wo in den nachfolgenden Jahrhunderten große Paläste entstehen sollten. Die ersten Siedler brachten zwischen 6000 und 5000 v. Chr. den Ackerbau nach Kreta, indem sie Getreide, Oliven und Trauben anbauten und Tiere züchteten. Sie machten die Insel auch mit dem Kult der Fruchtbarkeitsgöttin bekannt, die mit ihren großen Brüsten und breiten Hüften an eine afrikanische Gottheit erinnert. Die neolithische Kultur Kretas ähnelt der des griechischen Festlandes, und aus dieser Zeit blieben uns einige geritzte Töpferwaren und Tierfiguren aus Ton erhalten. Der wichtigste Zeitabschnitt sollte jedoch erst folgen.

Um 2600 v. Chr. erreichte eine weitere Einwanderungswelle die Insel. Die neuen Siedler auf Kreta (und auf dem Festland Griechenlands) kamen aus dem Westen Anatoliens. Sie konnten Kupfer und später auch Bronze verarbeiten. Die Neuankömmlinge ließen die bereits bestehende Kultur unangetastet. Auf der Basis des vorhandenen Kulturgutes schufen sie die so genannte „minoische" Zivilisation, die ihren Namen von ihrem Entdecker Arthur Evans nach dem legendären Herrscher Kretas,

Oben: Stierspringer aus Elfenbein (Archäologisches Museum Iráklio). Rechts: Teilrekonstruktion des Palasts von Knossós.

GESCHICHTE UND KULTUR

König Minos, erhielt. Evans unterschied drei – jeweils wieder dreifach unterteilte – Perioden der Minoischen Epoche: Frühminoisch (2500-2100 v. Chr.), Mittelminoisch (1950-1750 v. Chr.) und Spätminoisch (1550-nach 1400 v. Chr.). Inzwischen gliedert die Wissenschaft nach einem erweiterten System die Zeit von 2600-1150 v. Chr. vierfach in Vor-, Alte, Neue und Nach-Palastzeit (oder Prä-, Proto-, Neo- und Postpalatikum) und schließt mit der Subminoischen Zeit (1150-1100 v. Chr.) ab.

Mehr als 1000 Jahre lang lebten die Minoer in Frieden, nur wenige Waffen und keinerlei Befestigungsanlagen sind zu finden. Die Menschen verschrieben sich der Seefahrt und dem Handel mit Metallarbeiten und landwirtschaftlichen Produkten. Die Zentren des Handels mit Kleinasien lagen in den Häfen von Káto Zákros und Palékastro im Osten und auf den kleinen Inseln Móhlos und Psíra im Norden. Kreta hieß die Kunst Anatoliens vom Beginn der Frühminoischen Zeit III (2100 v. Chr.) an mit offenen Armen willkommen; sie breitete sich später vom Osten der Insel zur Mitte hin aus, nach Knossós und Festós und schließlich über eine neue, von Osten nach Westen laufende Straße bis Kératos im Westen.

Zu Beginn des zweiten Jahrtausends v. Chr. vollzog sich ein tiefgreifender Wandel – in den archäologischen Funden abzulesen an der Entstehung eines neuen Töpferstils. Die berühmten Kamáres-Vasen entstanden zu jener Zeit. Zur gleichen Zeit knüpfte Kreta direkte Handelsbeziehungen zu Ägypten. In der Mittelminoischen Periode (also nach 2000 v. Chr.) entstanden auch die komplexen Palastanlagen in Knossós, Mália, Festós und Agía Triáda. Gleichzeitig wurden Königsresidenzen und große Städte angelegt. Die Paläste wurden zwar während der Mittelminoischen Zeit III, gegen 1700 v. Chr., durch ein schweres Erdbeben zerstört, doch bald darauf wieder aufgebaut. Das Leben in diesen Palästen schien sich angenehm und sorglos zu gestalten, die herrschende Schicht kannte keine Armut, die Monarchie war gesicherte Institution –

GESCHICHTE UND KULTUR

eine zentrale Regierung konnte sich auf einen weitreichenden Beamtenapparat in einer straff organisierten Gesellschaft stützen.

Nach 1700 v. Chr. entstanden auf den Ruinen der alten Paläste größere Gebäude, die bisher unbekannte architektonische Elemente wie Säulen aus Zypressenholz oder Lichthöfe mit Dachfenstern aufwiesen. Zum Ende der Mittelminoischen Zeit III (gegen 1600 v. Chr.; um 1628 richtete der Vulkanausbruch von Thira / Santorin auf Kreta schwere Schäden an) schwanden die orientalischen Einflüsse und Kretas Architektur erlebte ihre höchste Blüte. Die Flotte beherrschte die Ägäis, die kretische Seeherrschaft, die „Thalassokratie", war unantastbar.

„Minos" (worunter ein Titel wie „Pharao" zu verstehen ist) herrschte unangefochten. „Minos," schreibt der Historiker Thukydides im 5. Jh. v. Chr., „ist der erste uns bekannte Herrscher, der die Macht über eine Flotte und das Meer besaß, das wir heute das Hellenische nennen. Seine Macht reichte bis zu den Kykladen und anderen Inseln, die er lange Zeit verwaltete und auf denen er seine Söhne als Regenten bestimmte. Er säuberte die See von Piraten so gut er konnte, offensichtlich, um sich die Abgaben dieser Inseln nicht entgehen zu lassen."

Der Name Minos taucht überall auf, in Gegenden Lakoniens, auf Sizilien, in Syrien, Arabien und auf den Kykladen. Aber um 1450 v. Chr. fielen die Paläste von Festós, Agía Triáda und Tílissos dem Feuer zum Opfer. Wer legte dieses Feuer? Rivalen von König Minos' oder Feinde von außerhalb? Und warum überlebt Knossós weitere fünfzig Jahre? Hatten die Mykener, die Homer „Achäer" nannte, Knossós eingenommen und waren sie es, die neue Formen der Architektur, neue Waffen, einen neuen Pantheon der Götter, neue soziale und politische Strukturen, einen neuen Kalender einführten und die kretische Schrift ihrer eigenen Sprache und ihren Bedürfnis-

Oben: Innenseite einer etruskischen Schale, die Pasiphaë mit dem Minotaurus zeigt. Rechts: Goldmünze aus der Zeit des hellenistischen Knossós.

GESCHICHTE UND KULTUR

sen entsprechend umgestalteten? Es scheint so. Doch 1400 v. Chr. wird auch Knossós durch Feuer und Plünderung zerstört. Wieder ein Erdbeben oder Krieg, interne Auseinandersetzungen, achaischer Einfluss? Forscher geben unterschiedliche Antworten auf diese Fragen. Sicher ist nur, dass dies das Ende der minoischen Hochkultur bedeutete und die Mykener nun auch auf Kreta die Macht innehatten – bis zum Einmarsch der Dorer, der „Menschen aus dem Norden".

Die Klassische Periode

Die minoische Kultur ging jedoch nicht völlig unter. Ein Teil der Bevölkerung zog sich in den unwegsamen Osten zurück und wurde später „Eteokreter" – echte Kreter – genannt. Die übrigen sanken zu Sklaven der ab 1200 v. Chr. einfallenden griechischen Dorer herab. Zu Beginn der Klassischen Periode war Kreta daher gänzlich griechisch geprägt. Trotz der wiederkehrenden Kriege, Fremdherrschaften und der erzwungenen Isolation vom Festland sollte sich Kreta seinen griechischen Charakter seither erhalten. Das Bewahren mancher Ortsnamen über lange Perioden geschichtlichen Wandels hinweg ist bemerkenswert und verglichen mit anderen Gebieten durchaus ungewöhnlich. Vielerorts haben neben altgriechischen sogar prähellenische Ortsbezeichnungen – wenn auch oft in Abwandlung – überdauert. Manche allerdings sind auch nach der Heimkehr Kretas in den Schoß des griechischen Mutterlands künstlich historisierend wieder eingeführt worden – jedenfalls ist Kreta eine Schatzkammer auch für die Erforschung „sprachlicher Altertümer".

Pax Romana

In den Zeiten der Römer spielte Kreta als Zwischenstopp auf dem Weg nach Asien eine gewisse Rolle: noch wohlhabend zwar, aber politisch bedeutungslos. Nach erbitterten Kämpfen war es den Römern 67 v. Chr. gelungen, Kreta

GESCHICHTE UND KULTUR

als letzte Provinz Griechenlands zu unterwerfen. Die Zeit der römischen Besatzung brachte Frieden und machte den Vernichtungskriegen zwischen den Städten auf der Insel ein Ende. Wie in anderen römischen Provinzen, so wurden auch auf Kreta Straßen, Brücken und Aquädukte gebaut. Das Christentum erlebte früh seinen Siegeszug über das Heidentum. Der Apostel Paulus soll auf einer Reise um 59 n. Chr. die Insel besucht und in Kalí Liménes („schöne Häfen") Halt gemacht haben. Er bestimmte Titus zum Bischof von Gortys (Górtina) mit dem Auftrag, das Missionswerk auf Kreta fortzuführen. Außer der Kirche in Gortys sind viele andere Kirchen Titus geweiht.

Kreta und Byzanz

Als Teil des Oströmischen Reiches war Kreta eine der Eparchien (Verwaltungsbezirke) im Imperium von Byzanz, das aus der Herrschaftsteilung Roms (395 n. Chr.) als europäisch-asiatische Weltmacht hervorgegangen war. Aus dunklen Jahrhunderten tritt Kreta erst wieder mit dem Jahr 824 hervor, als eine Flotte arabischer Seeräuber mit vierzig Schiffen Górtina eroberte. Die Araber setzten sich schließlich in einem Fort an der Stelle des heutigen Iráklio fest, das sie Rabd-el-Kandak nannten.

Obwohl sich die Araber 137 Jahre lang auf der Insel aufhielten, hinterließen sie kein nennenswertes Erbe. Dem byzantinischen Feldherrn Nikifóros Fokás – dem späteren Kaiser Nikifóros II. – gelang es 963 n. Chr., die Insel in einem brillanten Feldzug zurückzuerobern und die Besatzer hinauszuwerfen. Bis 1204 unterstand Kreta nun byzantinischer Herrschaft. Auf der gänzlich verheerten, von Menschen weithin verlassenen Insel wurden Kolonisten aus allen Teilen des Reiches angesiedelt: Slawen, Armenier (Dorfnamen wie Sklaverohóri oder Arméni erinnern daran) und Griechen – unter ihnen, zur Sicherung der

Oben: Kapelle aus byzantinischer Zeit in der Kourtaliótiko-Schlucht. Rechts: Kreta unter venezianischer Herrschaft.

GESCHICHTE UND KULTUR

Herrschaft, zwölf adlige Familien aus Konstantinopel. Als die zwölf *arhontópoúla* (Fürstenkinder) leben sie in den Volksliedern weiter.

Kreta und Venedig

Bald jedoch brach Unheil über das Byzantinische Reich herein: Der 4. Kreuzzug fiel über die reiche Stadt Konstantinopel her, die im Jahr 1204 erobert wurde. Zur Beute der lateinischen Christen gehörte Kreta, „wie ein Diamant eingebettet im Mittelmeer", das Verbindungsglied in der Handelskette zwischen dem Nahen Osten und Europa. Die Venezianer erkauften sich schließlich Kreta als unentbehrlichen Stützpunkt ihres ertragreichen Orienthandels. So wurde Kreta von 1210 ab für die folgenden 450 Jahre Bestandteil der Venezianischen Republik. Der Reisende, der sich Kreta vom Meer her nähert, wird sogleich der venezianischen Vergangenheit gewahr, besonders, wenn er im Hafen von Iráklio landet: Von den Mauern der Festung grüßt der Löwe von San Marco, wie an so vielen Küstenorten in der Adria und der Ägäis. Doch der eher romantische Anblick heutiger Tage täuscht: Die Kreter fochten unentwegt und erbittert gegen diese neuen Eindringlinge. Während der folgenden Jahrhunderte wehrten sie sich immer wieder mit heftigen, blutigen, jedoch erfolglosen Aufständen vor allem gegen den exklusiven Anspruch der lateinisch-römischen Kirche, um sich ihren griechisch-byzantinischen Glauben zu erhalten. Man erzählt sich, dass während der nicht enden wollenden Kämpfe ein Mann aus jeder Generation heiratete, einen Sohn zeugte, um die kretische Nachkommenschaft zu sichern, und dann wieder zum Kampf in die Berge zog.

Mit der Unterwerfung Konstantinopels durch die Türken 1453 erstarb auch die Hoffnung auf Freiheit. Der Not gehorchend, begannen sich die beiden Elemente, die orthodoxen Kreter und die katholischen Venezianer, langsam aber sicher miteinander zu versöhnen. Besonders ausgeprägt fand diese An-

GESCHICHTE UND KULTUR

näherung in den Mittelschichten der größeren Städte statt.

Das 16. Jh. brachte ein Klima der Veränderungen und verband die Gebildeten Kretas zur kulturellen Homogenität. Das Resultat war eine Renaissance der Künste und Literatur Kretas, in der sich griechisch-byzantinische Elemente mit westeuropäischen verbanden. Da das Festland schon lange osmanisch besetzt war, ist Kreta tatsächlich im Raum des heutigen Griechenland für eine kurze Blüte im 15. und 16 Jh. der erste Ort gewesen, der nach langer Absonderung Anschluss – auf eigenen Wegen – an die geistige Entwicklung Westeuropas gefunden hatte.

Während dieser Zeit wurden auf Kreta bedeutende Persönlichkeiten geboren wie Doménikos Theotokópoulos, in Spanien El Greco (der Grieche) genannt; Geórgios Hortátzis, der bemerkenswerte Bühnendichtungen verfasste – eine im griechischen Sprachraum zuvor völlig unbekannte literarische Gattung; und Vitséntzos Kornáros, der das Meisterwerk der kretischen Renaissance schrieb, den *Erotókritos*. 200 Jahre lang war dieser Roman, der aus dem Italienischen in ein Epos kretischen Dialekts übertragen wurde, das beliebteste Buch griechischer Literatur. Die Hirten auf Kreta können heute noch Teile auswendig rezitieren. Der starke venezianische Einfluss auf die Kunst und Architektur Kretas ist in Iráklio an Kunstwerken wie der Agios-Márkos-Kirche zu bewundern, der venezianischen Loggia gegenüber dem Morosini-Brunnen und der anmutigen Steinfassade der Agios-Títos-Kirche. Die Befestigungsanlagen um die Stadt und der Hafen Iráklios mit ihren dicken Mauern, den Zinnen und den immer wiederkehrenden Löwen wirken dagegen eher furchteinflößend.

Obwohl die venezianische Herrschaft systematische wirtschaftliche Ausbeutung bedeutete, die Hierarchie der griechisch-orthodoxen Kirche missachtete, sich diktatorisch im Umgang mit der Bevölkerung zeigte und auf brutale Weise Steuern eintrieb, bescherte sie der Kunst und den Geisteswissenschaften auf der Insel einen gewaltigen Aufschwung.

Kreta und die Türken

Der Einfall der osmanischen Türken im Jahr 1641 brachten dieser Ära ein jähes Ende. Auf ihrem angeblichen Weg nach Malta änderte die türkische Flotte plötzlich ihren Kurs und fiel in die Außenbezirke Haniás ein. Die Venezianer wurden Opfer eines Überraschungsangriffs. Zu dieser Zeit hatten die Osmanen bereits weite Teile Griechenlands besetzt. Nach 21 Jahren erbitterter Kämpfe gegen die großen Städte Kretas gelang ihnen 1669 schließlich die Eroberung der Hauptfestung Candia (Iráklio). Die 21 Jahre dauernde Belagerung Candias, eine der längsten militä-

Oben und rechts: Die dicken Mauern der Hafenfestung Koulés und die eleganten Bögen der Loggia (1628) in Iráklio sind Zeugen jahrhundertelanger venezianischer Herrschaft auf Kreta.

GESCHICHTE UND KULTUR

rischen Operationen dieser Art in der Geschichte, hat später nicht nur ihren Niederschlag in der volkstümlichen Literatur gefunden, sondern sie ist auch zum Gegenstand eingehender historischer Forschung geworden. Denn sie war nicht allein ein lokales Ereignis; die Interessen aller Mächte der Zeit am Mittelmeer waren betroffen: neben Venedig und dem Osmanischen Reich selbst waren auch Genua, der Heilige Stuhl unter Papst Clemens IX. und vor allem das Frankreich Ludwigs XIV. engagiert. Allen diplomatischen Spielen zum Trotz, die vornehmlich das um ein Gleichgewicht mit den Osmanen zweideutig besorgte Frankreich vollführte, gab am Ende militärische Gewalt den Ausschlag. Marínos Zánes Bounialís – ein kretischer Dichter – beschreibt die Eroberung Candias in seinem ergreifenden Epos *Der Kretische Krieg*. Bounialís deutet – offensichtlich nicht ohne Grund – einen venezianischen Verräter an, den Ingenieur Andrea Barozzi, der den türkischen General Köprülü über Geheimnisse der Befestigungsanlagen und deren Schwachpunkte informierte. Barozzi traf sich vor der Festung mit den türkischen Soldaten: „Sie kamen herab, er instruierte sie, sie sahen sich um, nahmen Maß, und er zeigte dem Wesir den einfachsten Weg: Von hier aus konnten sie leicht die Festung durchdringen und ins Innere gelangen."

Tatsächlich änderten die Türken plötzlich ihre Angriffsziele: Sie stürmten das Fort an den Bastionen Sabionera nahe dem Hafen und St. Andrea, wo die Festung ans Meer grenzt. Die Besatzung kapitulierte, bald darauf verließen die venezianischen Verteidiger und ein großer Teil der städtischen Bevölkerung die Insel. Viele dieser Flüchtlinge ließen sich in den Städten Norditaliens nieder, manche leisteten dort ihren Beitrag zur Verbreitung des Wissens um die antike griechische Kultur.

Auf Kreta selbst begann eine düstere Periode, die schließlich im Niedergang endete. Die Bauern auf dem Land, die zu arm waren, um die Insel verlassen zu können, mussten das Unheil ausbaden. Sie begannen einen langen, erbitterten

GESCHICHTE UND KULTUR

Widerstandskampf gegen diese neuen Eroberer, die eine so andersartige Kultur, Religion und Lebensweise einzuführen versuchten.

Nun erlebte Kreta eine Zeit vehementer politischer, gesellschaftlicher und wirtschaftlicher Wirren, die auch das religiöse Leben erschütterten. Dem kaum verbreiteten Katholizismus folgte nun eine rasche Islamisierung, forciert durch wirtschaftliche Anreize, aber auch durch die Anwendung von Zwangsmaßnahmen. Die islamischen Kreter (200 000 von 250 000 Inselbewohnern um die Mitte des 18. Jh.) wandten sich schließlich auch vom Griechentum ab.

Unter der Herrschaft der Osmanen wurde Kreta zu einem *eyalet* (oder *vilayet*), einer Provinz, die einem *vali* oder Generalgouverneur und einem Stab aus *mufti* (Oberrichter), *reis effendi* (berichtender Sekretär), *defterdar* (Schatzmeister) und weiteren Beamten unterstand. Der *eyalet* Kreta wurde in die drei kleineren Präfekturen Haniá, Réthimno und Candia, unterteilt. Innerhalb der sozialen und wirtschaftlichen Strukturen der Gesellschaft Kretas hatte die nicht-muslimische Bevölkerung am ärgsten unter Abgaben, Tributen, Verboten und ständigen Verfolgungen zu leiden. Da die *paschas* ihre Posten meist nur für kurze Zeit innehatten, zeigten sie wenig Interesse an Reformen und gerechter Verwaltung. Wollte ein *vali* erfolgreich sein, musste er den Forderungen der ihm unterstehenden Soldaten und Beamten nachgeben, weil er von ihnen abhängig war. Die frei schaltenden Janitscharen, die Elitetruppe in der Armee des Sultans, konnten jederzeit einen höhergestellten Verwaltungsbeamten entlassen. Die Christen der Insel fristeten ein karges Dasein ohne jegliche Rechte. Alles fruchtbare Land war in osmanischer Hand. Der Steuerdruck war unermesslich: die eroberten Länder auszupressen war der Daseinszweck der türkischen Verwaltung. Doch waren die Religionsausübung und der Gebrauch ihrer Sprache den griechischen Christen gestattet, die allen Verlockungen des Islams standgehalten hatten.

Die kretischen Aufstände

Kein Wunder also, dass die Geschichte Kretas zur Zeit der *toukokratía* (der türkischen Besetzung) von Missverwaltung, brutaler Unterdrückung, andauernder Terrorisierung und häufigen Massakern geprägt war. Wiederholt erhob sich die christliche Bevölkerung gegen die muslimische Führung. Die kretischen Aufstände klingen in den Versen der Dichter, in den Romanen der Schriftsteller und in den *rizítika*-Liedern der Bewohner der Weißen Berge nach, die ihrem Wunsch nach Befreiung von den Türken in diesen allegorischen und symbolischen Volksliedern Ausdruck gaben. Das bekannteste Lied beschreibt den Aufstand von Daskalogiánnis im

Oben: Venezianischer Brunnen in Réthimno. Rechts: Agios Titós in Iraklio diente während der Türkenherrschaft ab 1669, umgebaut im osmanischen Stil, als Moschee; erst 1923 wurde sie wieder zur Kirche.

GESCHICHTE UND KULTUR

Jahr 1770 in mehr als 1000 Versen. Es handelt von dem tapferen Aufstand des Lehrers Johannes, der trotz unüberwindlicher Widerstände kämpfte und auf die Hilfe des orthodoxen Russlands hoffte. Die Hilfe blieb aus, der Aufstand schlug fehl. Johannes wurde von den Türken gefangen genommen und bei lebendigem Leib gehäutet. Das Gedicht überlieferte ein Analphabet, der Käsemacher Bárba-Pantzélios, der es 1786 einem Schreiber diktierte.

Weitere Schilderungen der kretischen Aufstände späterer Zeit sind in den romanhaften Werken Níkos Kazantzákis' und Pandelís Prevelákis' zu finden, die meisterhaft die sozialen und politischen Hintergründe dieser Revolten beschreiben. *Kapetán Mihális* von Kazantzákis (im Deutschen *Freiheit oder Tod*) ist die wahre Geschichte des eigenen Vaters, der beim Aufstand von 1889 kämpfte. Prevelákis beschreibt in seiner Trilogie *Elendes Kreta* die Aufstände von 1866 bis 1906; seine *Chronik einer Stadt* handelt von seinem Geburtsort Réthimno, dieser ruhigen, zauberhaften Stadt in der Mitte Nordkretas, die 1923 den Auszug der vielen türkischen Kreter und die darauf folgenden Veränderungen in der Bevölkerung erfahren musste.

Bis zum Ende des 19. Jh. waren alle Revolten zum Scheitern verurteilt, jedoch schrieben sie eine bittere Geschichte des Blutvergießens und der Heldentaten, von Legenden und Romanzen. Zwischen 1770 bis 1898 war die Insel ständig im Aufstand. Jede Revolte hatte ihre eigenen Hintergründe, herausragenden Persönlichkeiten und blutigen Schlachten, begleitet von der kaltberechnenden Einflussnahme der Großmächte.

Die Christen, die sich an den diskriminierenden Gesetzen und den ungerechten Lebensbedingungen unter der Herrschaft der Osmanen aufrieben, richteten Bittgesuche um Reformen an die Hohe Pforte (Regierung des osmanischen Reiches), oft auch an die Großmächte. Sie strebten vor allem Änderungen im Steuer- und Gesetzessystem an. Die eine oder andere Großmacht setzte sich ab und zu für deren Forderungen

GESCHICHTE UND KULTUR

ein, meist jedoch aus eigennützigen taktischen Überlegungen heraus – und ohne Garantien. Jedes Mal, wenn sich ein Aufstand anbahnte, zogen sich die Moslems, die auf dem Land den Christen ausgeliefert waren, in den Schutz der Mauern von Iráklio, Réthimno und Haniá zurück. Die christlichen Bewohner der Städte, die ihrerseits den Moslems ausgeliefert waren, flohen in die Berge, wo sie jedoch oft genug in die Falle gerieten und massakriert wurden.

Im Lauf der Zeit bildeten sich Volksvertretungen in den Bergdörfern heraus. Die Räte dieser Dörfer *(dimogérontes)* und gewählte Kriegsführer *(oplarhigí)* standen an der Spitze des Kampfes für die griechische Sache, der nach der Staatswerdung Griechenlands (1830) auf Kreta an Schärfe zunahm. Immer wieder stießen Freiwillige vom Festland zu den Aufständischen, stets wurden die Rebellen vom Mutterland mit Waffen versorgt. Das Hauptziel der Kreter konnte nicht sein, den Sultan militärisch zu besiegen, sondern die Aufmerksamkeit der Großmächte auf das problembeladene Kreta zu richten, sodass jene entscheidend eingreifen würden, um der Hohen Pforte weitere Zugeständnisse abzugewinnen. Als Endziel sollte Kreta mit Griechenland vereinigt werden.

Die wahrscheinlich blutigste Revolte fand 1866 statt, nachdem eine von der Pforte bestimmte Verwaltungsreform am Widerstand der lokalen *paschas* gescheitert war. Es kam zum Fanal, das ganz Europa erregen sollte: Als die Türken mit 15 000 Mann das Kloster Arkádi angriffen, legte Kostís Giamboudákos Feuer an das Pulvermagazin. Fast alle der 967 dort verschanzten Flüchtlinge – überwiegend Frauen und Kinder und etwa 300 kretische Kämpfer – endeten so im Selbstmord. Mit ihnen starb eine unbekannte Zahl türkischer Angreifer. Das Ereignis ist heute noch im Bewusstsein der Kreter lebendig und wird jedes Jahr zeremoniell gewürdigt.

Griechenland griff schließlich ein, die Kämpfe verschärften sich, schließlich führte 1868 die Intervention der Großmächte zur Anerkennung eines eigenen Verwaltungs-Status, dem Kreta unterstehen sollte. Wäre dieser Status verwirklicht worden, hätten sich die Lebensbedingungen für die Griechen wesentlich verbessert. Bis zur Unterzeichnung des Vertrages von Halépa im Jahr 1878 wurde die Neuregelung jedoch ignoriert. Erst jetzt wurde den Kretern eine begrenzte Selbstverwaltung zur Regelung ihrer inneren Belange faktisch gewährt. Der Vertrag wurde zur Magna Charta der Kreter. Auch wenn einige Paragrafen sehr zweideutig formuliert waren und mehr als eine Auslegung zuließen, hätten sich seine Bestimmungen, wäre er in gutem Glauben angewandt worden, für beide Seiten befriedigend ausgewirkt.

Der erste osmanische Insel-Gouverneur achtete noch den Geist der Vereinbarung. Unter rasch wechselnden Nachfolgern aber, im zerfallenden Reich der zentralen Kontrolle entzogen, war der Vertrag nur noch ein Stück Papier, und die Zusammenarbeit zwischen der kretischen Versammlung und der Regierung verschlechterte sich. Die Macht der Generalversammlung wurde durch die Einwände der Pforte unterminiert, sie sank schließlich zu einer lediglich beratenden, anstatt legislativen Einrichtung herab. Neue Aufstände, neue Petitionen, endlose Spannungen waren das Ergebnis. 1896 brach abermals eine Revolution aus, in die die Großmächte direkt und entscheidend eingriffen.

Kreta und die Großmächte

Wie schon vorher im Zusammenhang mit der venezianischen Besatzung erwähnt, bereitete Kreta den Großmächten bereits seit dem 17. Jh. gravierende politische Probleme. Da es in der Mitte des östlichen Mittelmeers

Rechts: Schiffe der internationalen Schutzmächte im Jahr 1897 vor der Moschee im Hafen von Haniá.

GESCHICHTE UND KULTUR

Chania. Ships of the International Forces in the medieval harbour.

liegt, auf halbem Weg zwischen Europa und Afrika und zwischen Malta und Syrien, kontrolliert Kreta den Schnittpunkt aller Wege von Nord nach Süd und von Ost nach West. Der große Anteil von Moslems an der Bevölkerung und seine emotionale Bedeutung für die Griechen spitzten das Problem international zu.

Neben Griechenland und dem Osmanischen Reich besaßen England und Russland ein direktes Interesse an Kreta. Griechenland glaubte an die „Große Idee", die Vision, alle Griechen im Raum des östlichen Mittelmeers in einem einzigen griechischen Staat zu vereinen und erwartete sehnsüchtig die Erlösung der griechischen Mehrheit auf der historisch zu Griechenland gehörenden Insel Kreta. Daher unterstützte Griechenland bedingungslos die kretische Forderung nach *énosis* („Union") mit Hellas. Auf der anderen Seite war die Pforte nicht willens, eine Besitzung abzugeben, die eine wichtige Verbindung zwischen dem europäischen Teil des Reiches und Ägypten bildete. Sie trat außerdem als Anwalt des großen moslemischen Bevölkerungsanteils auf und wollte daher Kreta als Provinz erhalten. Für England spielte Kreta, ebenso wie Gibraltar, Elba, Zypern und der Suezkanal, eine große Rolle bei der Sicherung der Seewege zu den Reichtümern Indiens. Russland benötigte diesen Stützpunkt, um sich den Zugang zum östlichen Mittelmeer zu sichern. Alle Staaten, besonders jedoch das Osmanenreich, waren sich darüber im klaren, dass Zugeständnisse an Griechenland zu Forderungen nach ähnlichen Zugeständnissen auf der ganzen Balkan-Halbinsel führen würden und damit zu einem ausgedehnten Krieg. Die anderen europäischen Staaten gestalteten ihre Politik gemäß bestehender Friedensvereinbarungen und je nach Präferenz von wechselnden machtpolitischen Gesichtspunkten. Frankreich, dessen griechenfreundliche Haltung durch eine revolutionäre und republikanische Ideologie geprägt war, unterstützte Griechenlands Ansprüche auf Kreta. Italien blieb ambivalent, da Kreta momentan nicht von Bedeutung war. Mit Hinweis auf die venezianische

GESCHICHTE UND KULTUR

Epoche Kretas und anderer Inseln der Ägäis sprach man jedoch von gewissen „geschichtlich begründeten Rechten".

Die europäischen Großmächte hatten bereits sowohl während des venezianisch-türkischen Krieges als auch während der Belagerung Candias eine Rolle gespielt. Das Interesse war also nicht neu. Frankreich hatte zur Abwehr der osmanischen Angreifer im 17. Jh. Tausende Soldaten geschickt, wie auch andere Nationen sich auf Kreta dem Kampf gegen „die ungläubigen Türken" gestellt hatten: Soldaten des Papstes, aus Italien und aus Deutschland nahmen an der 21-jährigen Verteidigung Candias teil.

Die Engländer hatten abseits gestanden, jedoch die politischen Geschehnisse aufgrund ihres wirtschaftlichen Interesses an diesem Gebiet genau verfolgt. Bereits 1520 hatte England das erste ausländische Konsulat in Haniá errichtet. 1679, zehn Jahre nach dem Fall von Candia, eröffneten auch die Franzosen ihr Konsulat hier. Der französische Handel blühte bis weit in das 18. Jh. hinein.

Russlands Entwicklung hinkte hinter der der europäischen Staaten her. Nach der Machtergreifung Peters des Großen festigte Russland zunächst seine Position innerhalb der europäischen Politik. Unter Katharina der Großen begann es schließlich, seine Fühler auf den Balkan und zum Mittelmeer hin auszustrecken. Die Einheit der Orthodoxen wurde dabei als Beweggrund angegeben. Diese Expansionsbestrebungen gipfelten im so genannten Orloff-Aufstand von 1770, bei dem sich die Griechen, von Russland angeleitet, gegen die Osmanen erhoben. Nach dem Russisch-Türkischen Krieg von 1768 bis 1774 wurde im Friedensvertrag von Küçük Kaynarca der Hohen Pforte auferlegt, die „christliche Religion und deren Kirchen zu beschützen" und Russland als Schutzmacht der orthodoxen Balkanvölker bestimmt. Nicht erst ab diesem Zeitpunkt wurde die fortschreitende Schwächung des riesenhaften, auf zahllosen Eroberungszügen zusammengerafften Osmanischen Reiches deutlich. Und die Großmächte begannen – teils offen, teils geheim – um Teile dieses Reiches zu handeln. So wurde z. B. im Frieden von Tilsit (1807) die Insel Kreta formell dem napoleonischen Frankreich zugeschrieben, und im Frieden von Wien (1809) wiederum machte England seine Ansprüche auf die Insel geltend – und auf Zypern, das es dann im Jahr 1878 tatsächlich bekam.

Der nationalgriechische Aufstand gegen die Osmanenherrschaft, der 1821 losbrach, setzte den Expansionsbestrebungen der Mächte hier gewisse Grenzen. Doch war ihr Einfluss entscheidend und entschied über die Grenzen des jungen Staates.

Denn zwar kämpften die Kreter während der Revolution ausdauernd und erbittert gegen die Türken. Die Großmächte entschieden jedoch, die Insel von dem neuen Königreich Griechenland auszuschließen. Obwohl Frankreich an einer endgültigen Vereinigung interessiert schien, war es nicht willens, entscheidende Schritte zu unternehmen. England widersetzte sich einer Vereinigung – teils, weil man fürchtete, mit Griechenland den Einfluss des orthodoxen Russlands zu stärken, mehr noch, weil England ein Eigeninteresse an der Insel besaß. Russland stützte den status quo – solange man seine Interessen anderswo nicht behinderte.

Den blutigen Auseinandersetzungen während der „Großen Revolution" von 1866-1868 folgten 1878 und 1889 weitere Aufstände gegen die Türken. Die Kreter unterlagen, da sie keiner zentralen Führung folgten und daher auf Verzweiflungstaten zurückgreifen mussten. Diese Taten verdeutlichten zwar die Dramatik ihrer Lage, änderten jedoch nichts.

Die isolierten und uneffektiven Vorstöße Kretas und Griechenlands führten

Rechts: Kretische Abgeordnete in einem Gruppenbild von 1911.

GESCHICHTE UND KULTUR

Οἱ ἐγκαθειρχθέντες εἰς τὰ Εὐρωπαϊκὰ πολεμικὰ Κρῆτες Βουλευταὶ κατὰ τὸ ἔτος 1911.

Les Deputés Crétois gardés sur les vapeurs de guerre Européens en 1911.

erst zum Ziel, als schließlich Elefthérios Venizélos – ein junger, engagierter Kreter, der in das wachsende politische Bewusstsein seiner Landsleute vertraute, die sich zunehmend an der griechischen Politik beteiligten – ihre gemeinsamen Bestrebungen unter dem Motto „Flinte und Feilschen" (*touféki ke bazári*) vereinigte.

Venizélos und Kreta

Elefthérios Venizélos betrat die politische Bühne Kretas zu einer schwierigen Zeit. Die Nach-Halépa-Zeit brachte nach langwierigen Verhandlungen und andauernden Kämpfen allmähliche Veränderungen mit sich. Vier Faktoren bestimmten wesentlich diese 20 Jahre zwischen 1878 und 1898. Erstens erwiesen sich die Osmanen als unwillig, die vereinbarte Selbstverwaltung zu gewähren; zweitens waren die Parteien der Kreter selbst zutiefst zerstritten; drittens bestimmten Regierung und Parteien Griechenlands zunehmend die inneren Angelegenheiten Kretas. Und schließlich, viertens äußerten sich die Großmächte angesichts des kretischen Problems nur hinhaltend.

Venizélos kam 1864 bei Haniá im Nordwesten Kretas zur Welt, studierte an der Universität in Athen und eröffnete bei seiner Rückkehr nach Kreta eine Rechtsanwaltskanzlei. Er war außerdem Mitherausgeber einer Zeitung. Schon mit 24 Jahren gewann er ein Mandat in der kretischen Generalversammlung. Als Anwalt bestens ausgebildet und bewandert in europäischer Literatur und Politik war ihm im Griechenland seiner Zeit eine politische Karriere vorgezeichnet. Auf den gewundenen Wegen Kretas zur Autonomie und späteren Einheit mit Griechenland spielte er eine wesentliche Rolle. Er wurde zum bedeutendsten Staatsmann des modernen Griechenlands, war vielfach Ministerpräsident zwischen 1910 und 1933 und starb 1936 in Paris im Exil.

Da sich die Reformen des Sultans als bloße Versprechungen erwiesen, machten sich Unsicherheit und sektiererische Gewalt breit. Ein Brand im christlichen

GESCHICHTE UND KULTUR

A. B. Y. Πρίγκηψ Γεώργιος
S. H. R. Le Prince Georges

Viertel Haniás im Januar 1897 löste eine erneute Revolte aus – die so genannte Akrotíri-Revolution. Die Griechen erneuerten ihre Forderung nach einer Vereinigung mit Kreta. Griechenland entsandte Truppen, doch die Admirale der europäischen Mächte, deren Schiffe in der Soúda-Bucht stationiert waren, schickten ihrerseits Truppen und beendeten die Kämpfe, indem sie Haniá besetzten und die Stellungen der Aufständischen bombardierten.

Nach einer Reihe schwieriger Verhandlungen – während derer Venizélos unschätzbare Hilfe leistete – zwangen die vier Mächte die Osmanen, Kreta unter ihr Protektorat zu stellen: alle vier teilten sich Haniá, den Briten wurde das Gebiet um Irákli zugesprochen, den Russen das um Réthimno, den Franzosen das um Sitía im Osten und den Italienern das südöstliche um Ierápetra. Sie versuchten auch, längst notwendige Reformen einzuführen. Ihr Ziel war es, eine Selbstverwaltung unter osmanischer Herrschaft auszuhandeln, doch ein Zwischenfall ließ diese Pläne scheitern. Im August 1898 wurden 14 britische Soldaten und der britische Vizekonsul von Türken in Iráklio ermordet. Diesem Massaker folgte unmittelbar die Entscheidung der Großmächte, dass die türkische Präsenz ein Ende haben müsse. Am 3. November 1898 beendete der Abzug der Sultanstruppen die 257-jährige Herrschaft der Osmanen über die Insel. Man einigte sich auf eine neue Lösung. Kreta sollte unter der nominellen Souveränität des Sultans und dem Schutz der vier Mächte Autonomie erhalten und dem Hochkommissariat des Prinzen Georg von Griechenland unterstehen.

Diese Autonomie forderte eine neue Gesetzgebung. Ein 16köpfiges Verfassungskomitee wurde bestimmt, dessen Vorsitz der Jurist Venizélos übernahm. Zur Schaffung einer neuen Gesetzgebung leistete er bedeutende Beiträge. Am 24. Januar 1899 wurde Venizélos als Abgeordneter in die Nationalversammlung Kretas gewählt, die die Verfassung des kretischen Staates *(Kritikí Politía)* verabschiedete. Im April 1899 wurde er Justizminister im ersten griechischen Kabinett unter dem Hochkommissariat des Prinzen Georg.

Zwischen dem liberalen Republikaner Venizélos und dem autoritär regierenden Königssohn kam es bald zu Auseinandersetzungen. Der Grieche Venizélos missbilligte als glühender Verfechter des Anschlusses an Griechenland vor allem das hinhaltende Lavieren des Prinzen aus dem dänisch-deutschen Hause Schleswig-Sonderburg-Glücksburg. Nach einem kurzen, jedoch bitteren Streit entließ Prinz Georg am 18. März 1901 Venizélos aus seiner Regierung.

Aus Protest gegen die Politik des Prinzen und gegen seine despotische Herrschaft auf Kreta rief Venizélos am 10. März 1905 mit einer Gruppe von

Oben: Prinz Georg von Griechenland. Rechts: Elefthérios Venizélos erreichte 1913 die Vereinigung von Kreta mit Griechenland.

GESCHICHTE UND KULTUR

Freunden in Thérissos, einem schwer zugänglichen Dorf südlich von Haniá, zur Revolution und *énosis* auf. Tatsächlich gelang es ihm, sich mit den Abgesandten der Großmächte zu treffen, um mit ihnen über die politische Zukunft Kretas zu verhandeln, und es gelang ihm, sie zu veranlassen, den Prinzen fallen zu lassen. Der Revolutionsrat wurde im November aufgelöst. 1906 ging die Verwaltung vom Prinzen auf die Großmächte über, schließlich zur gewählten Volksversammlung. Im September verließ der Prinz die Insel.

Ermutigt durch die Jungtürkische Revolution gegen das Sultanat wie durch ein weiteres Zurückweichen der osmanischen Staatsmacht auf dem Balkan, proklamierte Venizélos 1908 erneut die Einheit Kretas mit Griechenland. Wieder legten die Großmächte ihr Veto ein.

Nach den Wahlen vom 10. März 1910 wurde Venizélos Präsident und Premierminister Kretas – jedoch nur für kurze Zeit. Er wurde von der Militärliga Griechenlands, einer reformistischen Gruppe, die im August 1909 einen coup d'état gelandet hatte, nach Athen berufen. Im September gab Venizélos sein Amt in Kreta auf, um das des Premierministers von Griechenland zu übernehmen.

Am 13. Oktober 1913 schließlich wurde Kreta mit Griechenland vereint. Am 6. Dezember hisste Elefthérios Venizélos zusammen mit König Konstantin im Fort Fírkas bei Haniá die griechische Flagge über Kreta. Die kretische Periode von Venizélos hatte ihr Ende gefunden. Als politischer Führer Griechenlands erlangte er internationalen Ruhm.

Kreta und Griechenland

Die Vereinigung mit Griechenland ließ einen Traum der Inselbevölkerung Wirklichkeit werden: ein Teil des griechischen Staates zu sein. Nun waren auch die Kreter in der Lage, ihren Beitrag zum Gedeihen des jungen Staates zu leisten. Als eine der Provinzen Griechenlands erhielt Kreta nun einen Generalgouverneur, der sich der Belange der Insel annahm und für die Ressorts Landwirt-

GESCHICHTE UND KULTUR

schaft, Bildung, Verkehr und Gesetzgebung zuständig war. Die Insel wurde in vier *nomí* (Präfekturen bzw. Landkreise) unterteilt: Haniá, Iráklio, Réthimno und Lasíthi, die bis heute von je einem Präfekten verwaltet werden.

Der Niederlage der Griechen gegen die Türken im Jahr 1922 – der so genannten „Kleinasiatischen Katastrophe", die das Ende des politischen Traums von einem Groß-Griechenland bedeutete – folgte ein Bevölkerungsaustausch: Kreta musste 13 000 griechische Flüchtlinge aus Kleinasien aufnehmen, während etwa 11 000 kretische Türken (Kreter, die dem Islam angehörten) die Insel verließen. Viele ließen sich in der Gegend um Smyrná/Izmir nieder, wo ihre Nachfahren noch heute leben und dem Verlust ihrer Heimat nachtrauern.

Dieses Gefühl der verlorenen Heimat beschreibt der Autor Pandelís Prevelákis

Oben: Das Verhältnis zwischen Kretern und Festlandsgriechen war häufig von Misstrauen geprägt.
Rechts: Auf dem deutschen Soldatenfriedhof in Máleme bei Haniá.

sehr anschaulich in seinem Meisterwerk *Chronik einer Stadt*.

Die Schlacht um Kreta

Der Zweite Weltkrieg brachte den Kretern wiederum neue Besatzungstruppen: die Deutschen. Ein weiterer Kampf begann, die „Schlacht um Kreta", während der zahlreiche Menschen ihr Leben ließen und mit der ein sehr langer Guerillakrieg gegen die Deutschen begann.

Kurze Zeit schien es, als würde Kreta von der Okkupation verschont bleiben. Britische, australische und neuseeländische Truppen, die im April 1941 von den Deutschen vom griechischen Festland vertrieben worden waren, landeten auf der Insel, wo sie mit Jubel empfangen wurden. Der König und die Regierung befanden sich unter dem Schutz der Verbündeten und der tapferen Kreter! Winston Churchill rief: „Unter Einsatz unseres Lebens werden wir sowohl Kreta wie auch Tobruk bis auf den Tod verteidigen; wir denken nicht an Rückzug.

GESCHICHTE UND KULTUR

Egal wie hoch unsere Verluste sein werden." Jedoch konnten die Deutschen nach nur zwölftägigem Widerstand Kreta im Mai einnehmen. Was war geschehen?

Dem Militärhistoriker C. M. Woodhouse zufolge hatte die Generalität, die das Kommando über die alliierten Truppen auf Kreta führte, geheimdienstliche Informationen über die deutschen Pläne zur Besetzung Kretas erhalten. Sie war jedoch angehalten, diese Informationen nicht umzusetzen, um ihre Quelle nicht zu gefährden. Deshalb war der Máleme-Flughafen bei Haniá nur unzureichend gedeckt. Eine Entscheidung mit folgenschwerem, fatalem Ausgang.

Am 20. Mai 1941 griffen die Deutschen an und landeten 7000 Fallschirmspringer der 7. Luftlande-Division am Máleme-Flughafen. Die Verdunklung des Himmels mit einer Unzahl von Flugzeugen bot einen bedrohlichen Anblick. Kurz darauf bedeckten Unmengen Fallschirme das darunter liegende Gebiet. Der Bevölkerung erschien dies wie die biblische Heuschreckenplage.

Am nächsten Tag landeten weitere Fallschirmspringer an verschiedenen Punkten der Nordküste. Iráklio wurde gleichzeitig von zwei Seiten angegriffen: Im Osten näherten sich Fallschirmspringer durch die umliegenden Weinfelder, im Westen vom Flughafen her. Die britischen, australischen und neuseeländischen Truppen leisteten, von den Kretern unterstützt, tapfer Widerstand. Doch die Deutschen setzten unaufhörlich Truppen ein. Bald waren 20 000 Soldaten auf der Insel. Am 31. Mai war alles vorbei. Fast die Hälfte der britischen, australischen und neuseeländischen Soldaten waren entweder gefallen oder gefangen genommen. Die Verbündeten zählten etwa 15 000 Tote, die Zahl der deutschen Verluste variiert von Autor zu Autor – zwischen 6000 und 15 000. Einige der Alliierten konnten der Gefangenschaft entkommen und schlugen sich zur Südküste und anschließend nach Ägypten durch. Andere wurden von kretischen Kämpfern in Höhlen der Weißen Berge und des Psilorítis für den Rest des Krieges versteckt. Kretische Fa-

GESCHICHTE UND KULTUR

milien versorgten sie dort unter Einsatz ihres Lebens.

Die Briten selbst und andere haben die Kriegsführung der Alliierten auf Kreta scharfer Kritik unterzogen. Denn obwohl die Niederlage zum einen der unzureichenden Unterstützung durch Großbritanniens Luftwaffe und zum anderen dem Einsatz von 1200 deutschen Fliegern zugeschrieben werden kann, bleiben Fragen. Warum wurde der Verteidigung Kretas nicht verstärkt? Weshalb waren die Truppen so schlecht ausgerüstet, da doch die Kreter selbst überhaupt keine schweren Waffen besäßen? Unverzeihliche Fehler? Oder schlicht Unterschätzung? Nichtsdestotrotz wird spekuliert, dass Kretas zäher Partisanen-Widerstand Hitlers Einmarsch in Russland verzögerte.

Bald flogen die Deutschen das benötigte militärische Material ein (Panzer, Lastwagen, Artillerie), um die Besetzung und Verteidigung der Insel aufrechtzuerhalten. Bereits am ersten Tag der Besatzung begann die Organisation des Widerstandes. Die kretischen Kämpfer erhielten Unterstützung durch die Briten, die außerdem von Ägypten aus Offiziere und Agenten entsandten. Doch die Situation auf der Insel war elendig: Mangel an Lebensmitteln, Zwangsarbeit, Überfälle und Hinrichtungen durch die Deutschen und die Italiener.

Jedoch sind genug Berichte über Heldenmut bekannt, sowohl der Kreter als auch der Verbündeten. Das beste Beispiel gibt die Entführung des deutschen Kommandeurs General Karl von Kreipe, der von seinem Hauptquartier, der berühmten Villa Ariadne (von hier aus leitete Evans seine Ausgrabungen in Knossós) in die Berge Kretas entführt, von britischen Agenten nach Ägypten verschifft und von Verbündeten nach London geflogen wurde. Oftmals unterstützten kretische Melder die Aktionen der Verbündeten. Einer dieser Melder war George Psychoundakis, der seine Memoiren in dem faszinierenden Buch *Der Läufer von Kreta* festhielt. Oft konnte die Guerilla die deutschen Truppen in den Bergen festhalten und so weitere Angriffe verzögern.

Am 23. Mai 1945, fast vier Jahre nach der Besetzung, verließen die letzten deutschen Soldaten Haniá. Die Bestandsaufnahme war entsetzlich: Jedes sechste Dorf war zerstört, die größeren Städte hatten mehr als ein Drittel ihrer Bevölkerung verloren, die Wirtschaft des Landes war zerstört.

Kreta heute

Heute erinnert nur noch wenig an jene bitteren Jahre. Die zerstörten Städte sind längst wieder aufgebaut, viele ausgelöschte Dörfer wie Anógia und Kándanos größer neu erstanden. In jedem kretischen Dorf gibt es – zumeist auf der Platía – ein Gefallenendenkmal. Auch in freier Landschaft stehen Gedenkstätten für Partisanenkämpfe, an den Orten von Erschießungen sind Gedenktafeln angebracht. In Chaniá hat man sogar ein Siegesdenkmal der deutsch-österreichischen Besatzer samt Original-Inschriften stehen lassen, in Kándanos wurde die Nazi-Inschrift ins Opferdenkmal integriert. Ein deutscher Soldatenfriedhof bei Máleme in West-Kreta und ein Commonwealth-Soldatenfriedhof bei Haniá an der Soúda Bay erinnern an die zumeist blutjungen auf Kreta gefallenen ausländischen Soldaten. Im Kloster Préveli haben sich die australischen und neuseeländischen Veteranen mit einem Denkmal für die Unterstützung durch die Mönche des Klosters auf ihrer Flucht bedankt.

Fast nichts erinnert an die Jahre des griechischen Bürgerkriegs, der kurz nach der deutschen Kapitulation begann und erst 1949 endete. Hier kämpften Griechen gegen Griechen. Die Briten jagten nun die von ihnen zuvor so hofierten linken Partisanen. Wer von

Rechts: Altstadtbummel in Réthimno, am Petichaki-Platz..

GESCHICHTE UND KULTUR

denen überlebte, ging ins Exil in die Sowjetunion und andere osteuropäische Länder. Die Rückkehr wurde linken Ex-Partisanen erst nach dem Sturz der Junta 1974 erlaubt; manche von ihnen erhielten sogar eine kleine griechische Staatsrente.

Kretas Aufschwung begann mit dem massenhaften Exodus in die Staaten des Kriegsgegners zu Beginn der 1960er Jahre – nach Deutschland und Österreich. Dort konnten sich viele kretische Familien das Kapital erarbeiten, das sie nach ihrer Rückkehr in Pensionen, Hotels, Geschäfte, Werkstätten und landwirtschaftliche Betriebe investierten. Der Tourismus hatte während der Zeit der Militärdiktatur verstärkt eingesetzt. Viele große Strandhotels entstanden, der Bau der für den Fremdenverkehr so wichtigen Schnellstraße entlang der Nordküste wurde in Angriff genommen. Erst mit dem Ende der Militärdiktatur haben auf Kreta friedliche Zeiten begonnen. Seit Mitte der 70er Jahre boomt der Tourismus. Seine Keimzelle war die Region zwischen Iráklio und Ágios Nikólaos. In einer zweiten Phase wurde die Region Réthimno entwickelt. Georgioúpoli und die Orte westlich von Haniá änderten als nächstes ihr Gesicht. Seit 2007 plant man die touristische Erschließung des äußersten Nordostens beim Kloster Toploú: Dort sollen 7000 Fremdenbetten und drei Golfplätze in absoluter Einöde entstehen. Weil die beiden kretischen Flughäfen, Iráklio und Haniá, längst zu klein für den Charterflugverkehr geworden sind, plant man einen neuen Großflughafen an der Stelle eines Militärflugplatzes bei Kastélli nordwestlich von Iráklio.

Eine moderne Entwicklung im Tourismus bereitet jetzt vielen Kretern Schwierigkeiten: Der starke Trend zum All-inclusive-Urlaub. Dort, wo er Überhand nimmt, werden die Besitzer von Cafés, Bars und Tavernen in den Ruin getrieben, ändert sich die touristische Infrastruktur ganzer Ortschaften. Hingegen profitieren stilvolle oder auch einfach nur originelle Unterkünfte in den Städten und in den Gebirgen von einem zweiten Trend: Immer mehr

GESCHICHTE UND KULTUR

Kreter aus den Großstädten machen mehrmals jährlich Kurzurlaub auf der eigenen Insel und bevorzugen dafür die Altstadtviertel von Réthimno und Haniá sowie ländliche Gegenden. Während an den Küsten im Winterhalbjahr fast alle Großhotels schließen, boomt der Wochenend-Tourismus in den Binnendörfern in der kalten Jahreszeit.

Der Tourismus ist das wichtigere, aber nicht das einzige Standbein der kretischen Wirtschaft. Von großer Bedeutung ist auch die Landwirtschaft. Durch geschicktes Marketing haben kretische Oliven und kretisches Olivenöl eine führende Rolle auf Europas Märkten erobert. Die traditionellen Winzergenossenschaften stehen in erfolgreichem Wettbewerb mit immer mehr kleinen, exklusiven Kellereien und panhellenischen Weinfirmen wie Boutári. Längst zählen kretische Labels

Oben: Tourismus – hier am Strand von Bali, östlich von Réthimno – ist zum wichtigsten Wirtschaftsfaktor geworden. Rechts: Kreta produziert in großen Mengen Obst und Gemüse für die EU.

zu den gefragtesten unter griechischen Weinkennern. Andere landwirtschaftliche Produkte werden zwar nie Kultstatus erlangen, lassen sich aber äußerst erfolgreich nach Europa verkaufen: Frühgemüse und Tomaten aus den zahllosen, allein von der Sonne beheizten Gewächshäusern, oder Sultaninen, von denen Kreta jährlich über 100 000 Tonnen produziert. Auf dem griechischen Markt sind zudem kretisches Fleisch von Ziegen und Schafen sowie die Käsesorten der Inseln gefragt.

Die kretische Landwirtschaft, aber auch die vielen touristischen Betriebe könnten ohne ausländische Arbeitskräfte kaum mehr funktionieren. In der personalintensiven Olivenernte und Weinlese sind heute v.a. Albaner tätig, im Baugewerbe auch viele Polen, in Hotels oftmals Osteuropäerinnen.

Tourismus und Landwirtschaft verbrauchen viel Wasser, und Klimaanlagen benötigen viel Energie. Wasser gibt es auf der Insel genug, für die vielen Gewächshäuser, insbesondere in der Region Ierápetra, ist ein Stausee ent-

GESCHICHTE UND KULTUR

standen. Strom wird überwiegend aus Erdöl gewonnen. Mit Unterstützung der EU nimmt jedoch die Zahl großer Windenergieparks zu, vor allem in Ost-Kreta.

EU-Fördermittel haben auch dafür gesorgt, dass Kretas Straßennetz immer besser wird. Zahlreiche ehemalige Staubpisten, die kaum befahren werden, sind jetzt asphaltiert, der Bau der Küstenautobahn zwischen Mália und Sitía geht voran. Großes ist in Zusammenarbeit mit chinesischen Investoren an der Südküste geplant. Dort soll bei Timbáki ein riesiger Container-Hafen entstehen, ein Knotenpunkt und Umschlagplatz für Fracht im Verkehr zwischen Europa und Ostasien.

Die nach 1974 vorsichtig einsetzende Dezentralisierung des griechischen Staates hat Kreta auch kulturell vorangebracht. Die Insel besitzt ihre eigene Universität, aufgeteilt auf die Standorte Haniá, Réthimno und Iráklio. Vor allem im Sommerhalbjahr finden überall auf der Insel Kultur-Festivals statt, in deren Rahmen viele ausländische Orchester, Interpreten und Theaterensembles Gastspiele geben. Jede Stadt besitzt zumindest ein Freilufttheater, oft werden auch historische Stätten wie die Ausgrabungen von Lató oder die mittelalterliche Festung von Haniá ins Festspielprogramm einbezogen. Galerien präsentieren regionale Künstler, und die alte kretische Volksmusik hat auch unter der Jugend zahllose Anhänger, die ihr in immer mehr schicken Musiklokalen frönen.

Das Archäologische Museum in Iráklio mit seinen einzigartigen Schätzen minoischer Kunst hat 2014 einen Anbau bekommen und kann nun seine Sammlung viel attraktiver präsentieren. 2016 fand auf Kreta das erste Panorthodoxe Konzil seit 787 statt, ein Großereignis für die unterschiedlichen orthodoxen Kirchen dieser Welt.

Nach wie vor leidet Griechenland an seiner Staatsschuldenkrise und Sparauflagen der Geldgeber. Der Flüchtlings- und Migrantenstrom aus dem Orient und Afrika hat die Urlaubsinsel Kreta, anders als Lesbos oder Kos, nicht erreicht.

Am Abend sind die Restaurants am Venezianischen Hafen von Haniá bestens besucht.

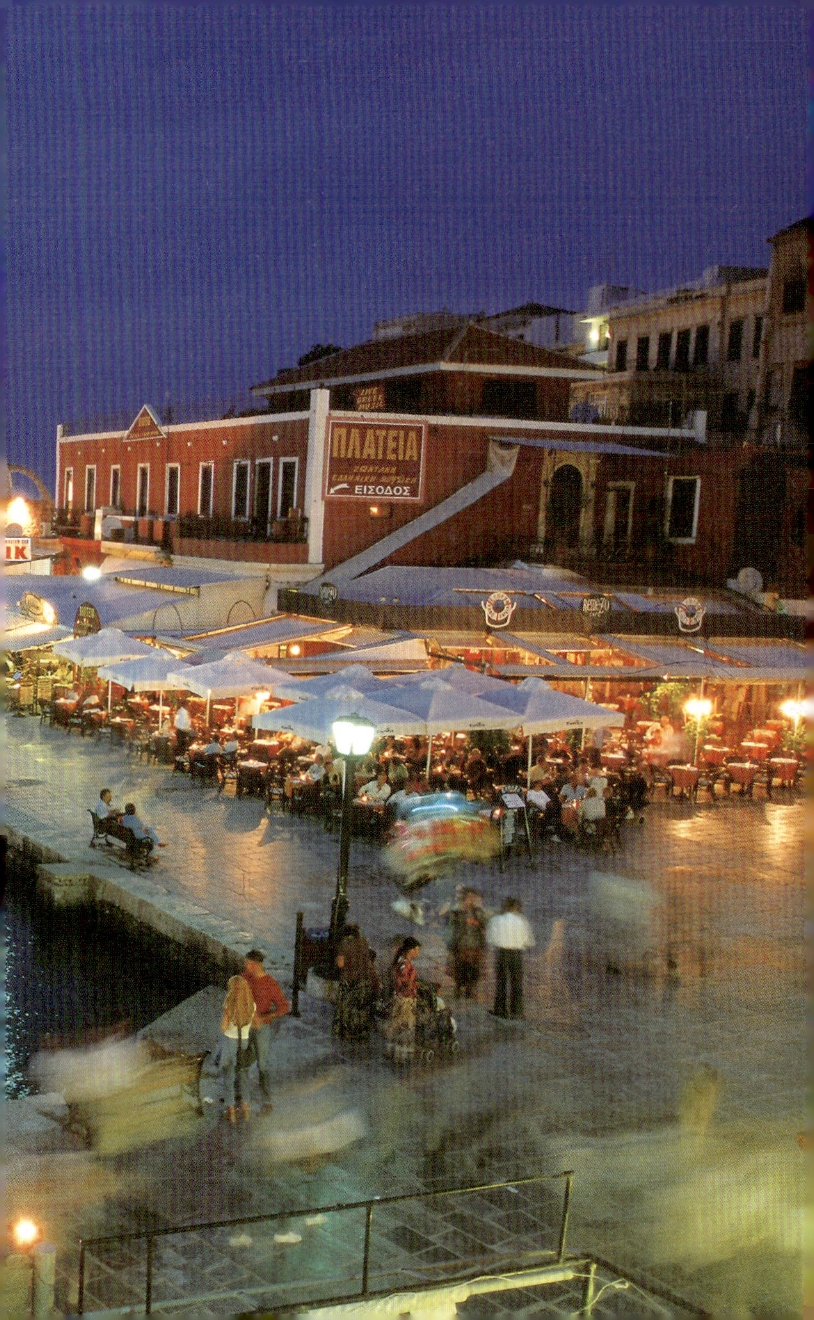
ΠΛΑΤΕΙΑ
ΕΙΣΟΔΟΣ

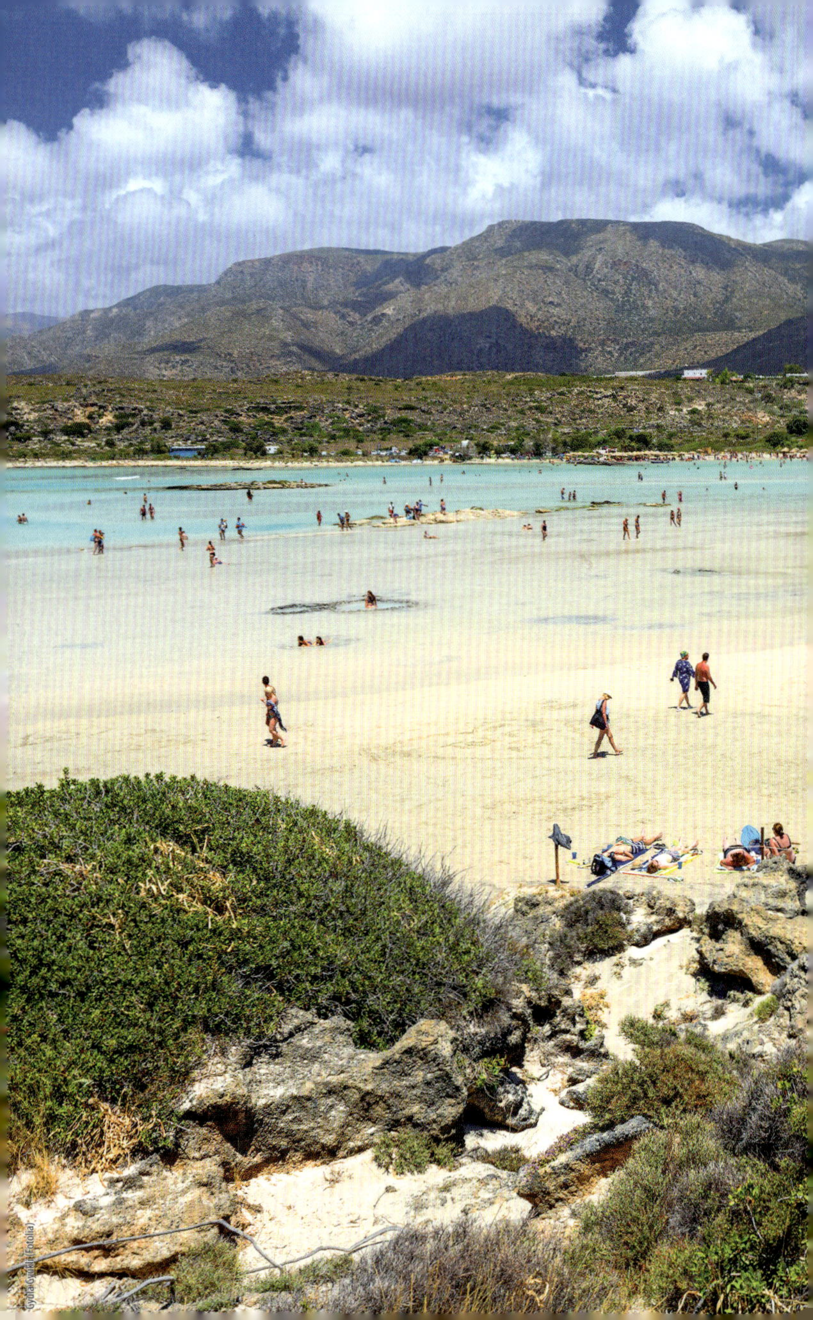
Gyula Gyukli (Fotolia)

Der herrliche Sandstrand von Elafonísi ist das beliebteste Ausflugsziel im Südwesten.

PRÄFEKTUR HANIÁ

PRÄFEKTUR HANIÁ

HANIÁ-STADT
AKROTÍRI
OMALÓS / SAMARIÁ
HÓRA SFAKÍON / GÁVDOS
SOÚGIA / PALEOHÓRA
KASTÉLLI KISSÁMOU
GRAMVOÚSA
WESTKÜSTE

Der westliche Teil Kretas ist durch die Lefká Ori, die "Weißen Berge", vom mittleren und östlichen Teil getrennt. Der Tourismus begann sich in diesem Teil Kretas später zu entwickeln als im Osten. An den Sandstränden westlich von Haniá gibt es zwar einige größere Badehotels, von Hotelburgen ist die vielerorts noch ursprüngliche, bergige Landschaft aber bisher verschont geblieben. Besonders die kleinen Strandorte im Südwesten eignen sich noch immer sehr gut für Individualreisende.

Die "Weißen Berge" fallen im Süden steil zum Libyschen Meer hin ab. Die oft bis Mai schneebedeckten Berge bilden hier einen reizvollen Kontrast zu wunderschönen Stränden, felsigen Buchten und abgelegenen Dörfern.

Die Nordküste besticht durch drei weit ins Meer vorragende Kaps. Die Akrotíri-Halbinsel schließt die Soúda-Bucht, den größten natürlichen Mittelmeerhafen, nach Norden hin ab. Die Halbinseln Rodopoú und Gramvoúsa bilden die Bucht von Haniá und den Golf von Kíssamos.

Eine Reihe schwer zugänglicher Täler und Schluchten verbindet die nördliche und südliche Küste miteinander. Die Durchwanderung der Samariá-Schlucht, die als die schönste Wander-

Links: Das Bergdorf Lakki vor der Kulisse der Weißen Berge.

schlucht Europas gilt, gehört zu den Höhepunkten einer Kreta-Reise. Es verwundert nicht, dass sich das *kri-kri*, die Wildziege (die nicht von ungefähr die Unabhängigkeit und Starrköpfigkeit der Kreter symbolisiert) in diese entlegenen Gebiete der Insel zurückgezogen hat.

Trotz des abweisenden Berglands ist das Gebiet um Haniá doch reich an Landwirtschaft. Gut bewässert wird diese Region sowohl vom Winterregen als auch aus unzähligen Quellen. Die Täler sind übersät von sattgrünen Orangen-, Zitronen- und Pampelmusengärten, die in höhergelegenen Gebieten Walnussbäumen weichen. Olivenbäume bringen nicht selten reiche Ernte. Der Wein dieser Gegend ist von allerbester Qualität und die Käsesorten sind weithin bekannt.

Die Präfektur (Landkreis) Haniá besitzt nur wenige Ausgrabungsstätten mit gut erhaltenen Ruinen. Bisher wurde im Westen der Insel noch kein minoischer Palast gefunden, aber reichlich Spuren von Minoersiedlungen. Beispiele für archäologisch interessante Fundstätten sind Aptera, Pergamon (Platanías) – die Stadt, die die Trojaner laut Vergils *Äneis* gründeten, nachdem Troja gefallen war – oder Diktyna auf der Rodopoú-Halbinsel. Viele der Ruinen liegen weit verstreut in Tälern und Feldern.

» Karte S. 93, Info S. 115-117

PRÄFEKTUR HANIÁ

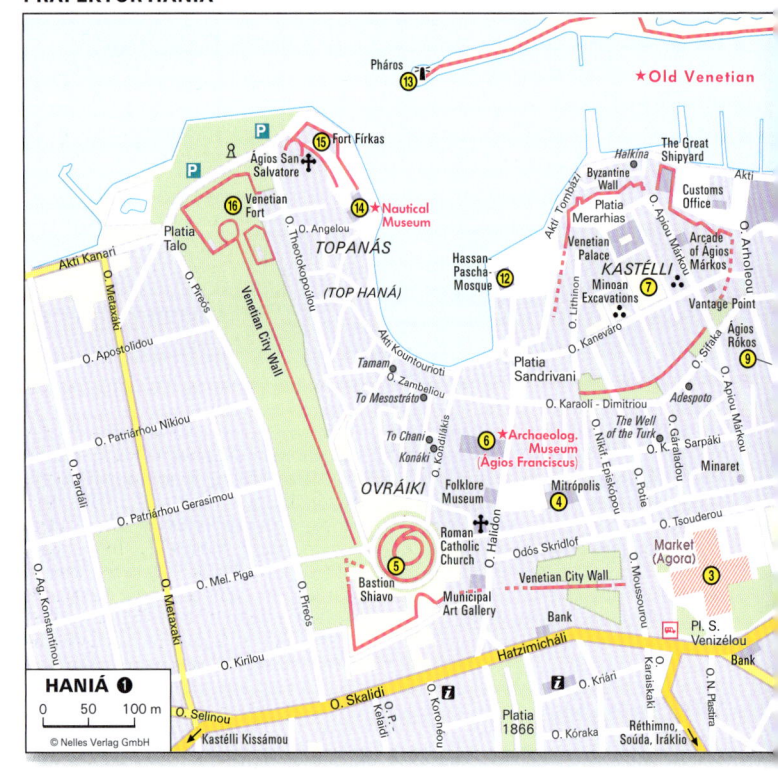

★★HANIÁ-STADT

★★**Haniá** ❶ (Chania; 53 400 Ew.), die Stadt der Minarette, venezianischen Bürgerhäuser und engen Gassen, ist ausgesprochen charmant. Die allgegenwärtigen Berge und das weite Kretische Meer prägen die Kulisse der Stadt. Die heißen Südwinde, die aus Afrika heraufkommen, stoßen hin und wieder auf kühlere Luftmassen aus dem Norden. Im Winter ist das Leben in Haniá eher eintönig, im Sommer dagegen erfüllt eine fast sinnliche Atmosphäre die Stadt.

Im Altertum war Haniá als *Kydonía* bekannt. Auf dem Kastélli-Hügel am Hafen wurden umfangreiche minoische Funde, so die Reste eines Palastes, entdeckt. Unter der Herrschaft der Römer avancierte Kydonía neben Knossós und Górtina zu einer der wichtigsten Verwaltungsstädte. Dieser blühenden Epoche setzten die Araber im Jahr 824 ein jähes Ende. Sie eroberten die Insel, zerstörten die Stadt und bauten sie schließlich wieder auf, um ihr dann den Namen *al-Hannim* zu verleihen. Die Byzantiner, die 961 die Stadt besetzten, übernahmen diesen Namen.

Als sich im 13. Jh. die Venezianer Haniá einverleibten, wurde die Stadt unter dem Namen *Canea* Verwaltungszentrum des Westteils der Insel. Die Akropolis erhielt zusätzliche Befestigungsanlagen. Im Hafen entstanden Waffenlager

PRÄFEKTUR HANIÁ

Häuser bot ideale räumliche Voraussetzungen zur Schaffung der Harems und Gärten. Haniás orientalisches Fluidum hat sich bis heute erhalten.

Die Aufstände der Kreter gegen die Osmanen im 19. Jh. gipfelten zunächst in der Autonomie Kretas, schließlich 1913 in der Aufnahme der Insel ins griechische Mutterland. Seitdem erlebte Haniá wechselhafte Zeiten. Die meisten der eindrucksvollen venezianischen Mauern, die einst die alte Stadt umgaben, fielen dem Wachstum Haniás zum Opfer. Die Stadt breitete sich in alle Richtungen aus, inzwischen ist sie Zentrum des wirtschaftlichen Lebens im westlichen Teil der Insel.

Während des 2. Weltkriegs erlitt Haniá schwerste Bombardierungen; der Altstadt wurden kurz vor der Landung der Deutschen vernichtende Schäden zugefügt. Kastélli mit seinen alten Palästen bestand fast nur noch aus Ruinen. Nichtsdestotrotz zieht das historische Altstadt von Haniá mit ihren gewundenen Gassen und Pfaden, türkischen Gittern und venezianischen Fassaden die Besucher in ihren Bann.

Auf Entdeckungstour

Die Neustadt von Haniá bietet keine großen Sehenswürdigkeiten. Erwähnenswert sind bestenfalls der **Stadtpark** ① mit großem Kaffeehaus, Freiluftkino und kleinem Zoo, in dem man auch einmal ein paar kretische Wildziegen aus der Nähe betrachten kann. Unweit davon erinnert das **Historische Museum** ② vor allem an den großen kretischen und griechischen Politiker Eleftherios Venizélos.

Die ★★**Altstadt** von Haniá ist hingegen so groß und interessant, dass man ihr mehrere Tage widmen könnte. Eine Besichtigung beginnt am besten an der kreuzförmigen **Markthalle** ③, einer der schönsten ganz Griechenlands. Sie wurde kurz nach der Vereinigung Kretas mit Griechenland im Jahr 1913 nach dem Vorbild der Marseiller Markthallen

und Verwaltungsgebäude. Doch den kühnen Seeattacken des osmanischen Korsaren Barbarossa hielten diese Anlagen nicht stand. Nach seinem Überfall im 16. Jh. wurde Haniá vollkommen neu aufgebaut und erweitert. Ein neuer, äußerer Hafen und wuchtige Mauern bildeten die Grenzen der neuen Stadt.

Doch auch diese Maßnahmen konnten den Überfall der Osmanen Anfang des 17. Jh. und die endgültige Unterwerfung nicht verhindern. Den Türken gefiel die Stadt so sehr, dass sie sie gleich ihren Vorstellungen entsprechend umgestalteten: Belebte Straßen mussten ruhigen Wegen mit Brunnen weichen, die zu den Moscheen führten, und die Ruhe der alten venezianischen

» Stadtplan S. 86-87, Info S. 115-117

PRÄFEKTUR HANIÁ

erbaut. Obwohl hier inzwischen auch immer mehr touristische Angebote Einzug halten, erfüllt sie weiterhin ihre Funktion als Markt für Obst, Gemüse, Fleisch, Fisch, Nüsse und Oliven. Auch essen und trinken kann man hier.

Bis Ende des 19. Jh. hielten sich östlich des Marktes in einem ständigen Lager Bengasi-Araber auf, die aus unerfindlichen Gründen nach Kreta ins Exil geschickt worden waren. Alte Drucke zeigen dieses Lager mit Zelten und Palmen, zwischen denen Kamele und Ziegen festgebunden waren. Auf dem alten Markt (an dieser Stelle befand sich bereits ein Handelszentrum, lange bevor die jetzige Halle entstand) waren auch viele abessinische *hamal* (Träger) zu finden; das Minarett ihrer Moschee ragt noch heute im Südosten der Markthalle auf.

Von der Markthalle startet man seine Altstadt-Erkundung am besten durch die **Odós Skridlóf** – eine der geschäf-

Oben: Droschke am Hafen. Rechts: Die Theotokopoulou-Gasse führt durch die Altstadt zum Meer.

tigsten Gassen Haniás. Hier reihen sich die Lederhändler aneinander. Manche verkaufen nur griechische Ware, andere auch schicke italienische Produkte.

Am westlichen Ende der „Ledergasse" biegt man nach rechts in die **Odós Halidón** ein, die Haupteinkaufsader der Altstadt. Sie führt direkt zum Hafen.

An eine platzartige Erweiterung der Odós Halidón grenzt dann rechter Hand die orthodoxe Bischofskirche, die Maria geweihte **Mitrópolis** ④. Angeblich trug ein Muslim im 19. Jh. erheblich zu den Baukosten bei, weil Maria seinen schwerkranken Sohn auf wundersame Weise heilte. Linkerhand führt eine (ausgeschilderte) Passage auf einen kleinen Innenhof. An ihm liegen die noch immer römisch-katholisch genutzte, tagsüber stets geöffnete **Kapuziner-Kirche** und ein privates **Volkskundemuseum**. Es ist liebevoll gestaltet, Wachsfiguren beleben nachgestellte traditionelle Werkstätten und Wohnräume. Die beiden Kuratorinnen widmen sich als Meisterinnen ihres Fachs im Museum kunstvollen traditionellen Stickarbeiten, die auch gekauft werden können.

Von der nahen **Shiávo-Bastion** ⑤ der venezianischen Stadtmauer genießt man einen schönen **Altstadtblick**.

Interessant ist das ★**Archäologische Museum** ⑥ in der ehemaligen venezianischen **Kirche San Francesco**, einer gotischen Pfeilerbasilika, weiter in Richtung Hafen auf der Odós Halidón. Ihr wichtigstes Ausstellungsobjekt ist ein **Siegel** aus dem 15. Jh. v. Chr.: es zeigt das minoische Haniá – ein vielgeschossiges, palastähnliches Gebäude mit zwei Toren auf einem Felshügel, das von kultischen Stierhörnern bekrönt wird. Besonders schön sind auch die römischen **Bodenmosaiken** aus dem 3. Jh. n. Chr., mit Szenen aus der antiken Mythologie. Ein Bildfeld zeigt den Gott des Weins und des Theaters, Dionysos, zusammen mit dem Hirtengott Pan. Ein anderes zeigt Dionysos, wie er die von Theseus verlassene Ariadne auf Náxos findet. Zu sehen sind außerdem der

PRÄFEKTUR HANIÁ

Meeresgott Poseidon und seine Geliebte, Amymone, sowie Personifikationen der vier Jahreszeiten.

Die Odós Halidón mündet in die Platía Sandrivani und damit in den Hafenbezirk. Zur rechten erhebt sich **Kastélli** ⑦, der älteste Teil der Stadt mit einer **Minoischen Ausgrabung**. Links erstreckt sich ein neueres Viertel, das im 16. Jh. entstand. Von der Ostseite des Platzes führt die Kanevárou-Straße zum Kastélli. Hier sind heute nur noch die Narben der Verwüstungen des Zweiten Weltkriegs zu sehen. Lediglich an wenigen bereinigten Stellen sind die Grundmauern minoischer Häuser und Straßendecken zu erkennen, die Haniás altehrwürdige Vergangenheit enthüllen.

Im weiteren Verlauf führt diese Straße in einen Stadtteil vollkommen anderen Charakters: nach **Splántzia** (auch *Hiónes* oder *Koum Kapi* genannt). Dieses Viertel wird überragt von dem Minarett der alten Ibrahim-Sultan-Moschee, die heute wieder (wie bereits vor der türkischen Besetzung) **Agios-Nikólaos-Kirche** ⑧ heißt. Das Minarett wurde restauriert; es flankiert jetzt einträchtig mit einem Glockenturm die Fassade, so dass diese Kirche wohl Europas einziges Gotteshaus mit Kirchturm und Minarett zugleich sein dürfte. Den Platz säumt die kleine, grazile, aber verlassene **San-Rocco-Kirche** ⑨ von 1630.

Die Splántzia ist von unzähligen winzigen Straßen und Sackgassen durchzogen, die zu Spaziergängen voller Überraschungen laden. Fast alle Straßen Richtung Norden führen zu dem inneren, dem ★**Venezianischen Hafen**. Entlang der Kais errichteten die Venezianer **Arsenale** ⑩. In den Hallen wurden früher Schiffe gebaut und repariert, heute werden sie als Lagerhallen, Werkstätten und für Kunstausstellungen genutzt. In den östlichen Arsenal-Hallen präsentiert das Nautische Museum sein rekonstruiertes ★**Minoisches Schiff** ⑪, und der Segelclub betreibt dort ein schickes **Lounge Café**.

An den inneren Teil des Hafens schließen sich der äußere Hafen und der „jüngere" Teil der Altstadt an. Venezianisch-

» Stadtplan S. 86-87, Info S. 115-117

PRÄFEKTUR HANIÁ

türkische Häuser mit **Restaurants** prägen die zum Flanieren einladende ★**Hafenpromenade**, an der **Pferdekutschen** auf Kundschaft warten. In den Abendstunden gleichen die Straßen in Hafennähe einem Bienenstock. Sie bilden den Hauptanziehungspunkt für Urlauber. In den Häusern wurden Pensionen, Diskotheken, Bars und Hotels eröffnet; es lohnt sich, auch die Seitenstraßen zu erkunden. Im Hafenviertel herrscht in der Saison lautes Treiben. Nichts erinnert mehr an die ihm eigene Atmosphäre vergangener Tage. Das Viertel hinter dem Hafen hieß früher **Colómbo**, und manch ein Haniote spricht heute noch den Dialekt, der einst typisch für diesen Stadtteil war.

Zwei Wahrzeichen charakterisieren dies Hafengegend: die **Hassan-Pascha-Moschee** ⑫ nach den osmanischen Elitetruppen auch **Janitscharen-Moschee** genannt, mit ihrer knolligen Kuppel (heute für Ausstellungen genutzt); und der Pháros, der Leuchtturm. Die Moschee wurde 1669 auf den Grundmauern einer alten venezianischen *dogana* (Zollstation) errichtet. Der **Pháros** ⑬ erhebt sich am Ende der schützenden **Mole**. Er wurde ebenfalls auf alten venezianischen Grundmauern errichtet: 1830 von Ägyptens Vizekönig Ali Pascha. Ein Morgenspaziergang zum Pháros hinaus eröffnet einen wunderbaren Blick auf die Altstadt, die sich vor der majestätischen Kulisse der Weißen Berge in romantischen Pastelltönen präsentiert.

Der Colombo war früher in zwei Viertel aufgeteilt: den **Ovraïki** und den **Top Haná** – Namen aus der venezianisch-osmanischen Zeit. Ovraïki, der ältere Teil, wird von der Halídon-, Zambelíou- und der Kondilákis-Straße begrenzt. Im Mittelalter war dies das Jüdische Viertel Haniás. Die alte **Etz-Hayyim-Synagoge** am Párodos Kondiláki beherbergte im 15. Jh. die venezianische **Santa-Catharina-Kirche**. Sie ist heute Andachtsstätte und Jüdisches Museum.

Oben: Am Venezianischen Hafen von Haniá. Rechts: Das verlassene Kloster Katholikó auf der Halbinsel Akrotíri.

PRÄFEKTUR HANIÁ

Top Haná war bis ins 19. Jh. das bedeutendste moslemische Viertel Haniás. Vor dieser Zeit wohnten hier wohlhabende Venezianer. Ihre hoch aufragenden Häuser säumen auch heute noch die engen Straßen. Zeichen der ehemaligen türkischen Herren sind der alte *hamam* (Türkisches Bad) an der Zambelíou-Straße, in dem heute das Restaurant Tamam untergebracht ist und etwas weiter östlich ein Eckhaus mit dem Fundament eines Minaretts und einem Brunnen, der es als ehemalige Moschee ausweist. Wie viele Gotteshäuser auf Kreta diente auch dieses Gebäude den Venezianern vor der Islamisierung der Insel als Kapelle.

Am Tordurchgang zur Firkas-Festung Bastion liegt der Eingang zum sehr sehenswerten ★**Nautischen Museum** ⑭. Es präsentiert u.a. Modelle venezianischer Galeeren und der venezianischen Arsenale am Hafen, erläutert bedeutende Seeschlachten der griechischen Geschichte seit dem Kampf gegen die Perser bei Sálamis 490 v. Chr. und erinnert auch an die deutsche Besetzung der Insel im Zweiten Weltkrieg.

Die alte Osmanenfestung **Fírkas** ⑮ am Ende des äußeren Hafens gegenüber dem Leuchtturm entstand auf den Ruinen einer venezianischen Bastion. In der nördlichen Ecke befindet sich die alte venezianische **San-Salvadore-Kirche**. In ihrem Innenraum sind feingerippte Kreuzgänge zu bewundern. Der Boden besteht aus Steinplatten, die einst die Gräber venezianischer Edelleute bedeckten. Die osmanischen Herrscher verwandelten das Gebäude in eine Moschee. Während der Renovierung wurde in den venezianischen Anbauten eine vermutlich byzantinische Apsis freigelegt.

Die **Venezianische Festung** ⑯ zur linken bildet den Abschluss der Stadtmauern entlang des Hafens. Die Straße, die diese Befestigungsanlagen heute in zwei Teile schneidet, wird Theotokopoúlou (El Greco) genannt. Sie bildet die Hauptachse des Top Haná-Viertels.

Gleich an ihrem ufernahen Ansatz birgt eine ehemalige Franziskanerkirche die **Byzantinische Sammlung** der Stadt. Gezeigt werden Ikonen, Mosaiken und Fresken.

Die **Odós Theotokopoúlou** führt nun in ein altes **Venezianisch-türkisches Viertel**. Besonders bemerkenswert ist die Holzkonstruktion des Hauses links gleich am Beginn der Straße. Obwohl das Haus nicht sehr alt ist (Mitte des 19. Jh.), ist es ein gutes Beispiel für typisch osmanische Häuser, wie sie früher in Teilen der Altstadt Haniás vorherrschten.

Die Straße, die am Meer entlang und unterhalb der Festung nach Westen verläuft, führt zum **Sandstrand**. Einige der besten **Fischrestaurants** Haniás und der kleine Strand locken hier während der Sommermonate nicht nur unzählige Touristen, sondern auch viele Einheimische an.

Weiter westlich von Haniá dehnen sich mehrere **Strände** aus, die von der Straße Richtung Kastelli erreichbar sind: **Ágii Apóstoli**, **Gláros**, **Oasis**, **Kato Ga-**

PRÄFEKTUR HANIÁ

Oben: Von Bergen geschützt – das Kloster Gouvernéto.

latas, **Kato Stalós**, **Agía Marína** und **Plataniás**. Sie sind oft sehr voll; Restaurants, Spielplätze, Hotels liegen in der Nähe. Dagegen findet man östlich von Haniá auf der Halbinsel Akrotíri entlang der Zufahrtsstraße nach Stavrós mehrere nicht überlaufene Strände, vor allem in der Bucht von Kalathas und in Stavrós.

DIE AKROTÍRI-HALBINSEL

(Wenn nicht anders vermerkt, gelten Entfernungsangaben von Haniá aus.)

Die **Akrotíri-Halbinsel** beginnt am östlichen Stadtrand von Haniá, man erreicht sie über die Odós El. Venizélou, die Richtung Flughafen oder Kounoupidianá führt. An der ersten Abzweigung nach der Steigung weist nach links ein Schild den Weg zum **Grab von Elefthérios Venizélos**, dem großen Staatsmann des modernen Kreta und ganz Griechenlands. Von hier genießt man den besten Ausblick auf die Stadt Haniá und die Küstenlinie.

Der **Strand** von **Stavrós** ❷ im Norden erlangte Weltruhm, da sich hier neben anderen auch die letzte Szene des Films *Aléxis Sorbás* abspielte, in der sich der Engländer in sein Schicksal fügt und mit Sorbás zu tanzen beginnt. Die halbrunde Bucht mit ihrem flachen, von einem beeindruckenden Bergmassiv überragten Strand eignet sich vorzüglich für Kinder. In jüngster Zeit entstehen auf Akrotíri immer mehr Einrichtungen für Touristen. Auch der Strand von **Kalathás** an der Westküste und die wunderschöne kleine Strandbucht ★**Seitan Limania** an der Ostküste laden zum Baden ein.

Das jahrhundertealte Dorf **Stérnes** ❸ lohnt einen Abstecher. Am Dorfeingang rechts sind die Ruinen eines venezianischen Landhauses zu sehen und gleich daneben der Unterbau einer byzantinischen Zentralkuppel-Kirche aus dem 6. Jh.

Von Stérnes fährt man am (auch militärisch genutzten) **Flughafen** vorbei und zuletzt durch eine prächtige Zypressenallee zum Mönchskloster **Agía Triáda** ❹ (16 km) mit imposanter Kirche aus dem 17. Jh. im Stil der Renaissance. Die Klostergüter produzieren ein hervorragendes **Olivenöl**, das unter dem Klosternamen in der ganzen Region und auch im Ausland erhältlich ist.

4 km von diesem in schönstes Grün eingebettetem Kloster entfernt erhebt sich am Ende einer kleinen Schlucht das noch von Mönchen bewohnte **Gouvernéto-Kloster** ❺ wie eine Festung in der Steinwüste. Auch seine kleine Kirche ist vom Stil der Renaissance geprägt. Ein Spaziergang führt von hier aus in 45 Minuten hinab zum verlassenen **Kloster Katholikó** und zur **Höhle der Panagía Arkoudítissa**, die der Jungfrau Maria geweiht ist. Funde aus früherer Zeit weisen darauf hin, dass die Stelle im Altertum der Jagdgöttin Artemis gewidmet war. In den Felsen auf der anderen Seite der Schlucht bewohnte der berühmte kretische Heilige Johannes der Einsiedler eine weitere Höhle. Auf halbem Weg zum Kloster passiert man die kaum weniger interessante **Bärenhöhle**, eine Tropfsteingrotte mit einer kleinen Marienkapelle am Eingang. Die Höhle verdankt ihren Namen einem Stalagmiten, in dem man mit viel Fantasie einen Bären sehen kann. Folgt man der Schlucht nach Norden, erreicht man nach 20 Minuten die Küste, wo man an einer steinigen Bucht baden kann.

VON HANIÁ NACH OMALÓS

Eine gut ausgebaute, serpentinenreiche Straße führt hinauf in das Massiv der „Weißen Berge" und endet auf 1300 m Höhe am südlichen Rand der Omalós-Hochebene (42 km). Hier beginnt der Abstieg in die Samariá-Schlucht. Mehrmals täglich fahren Busse von Haniá hierher. Organisierte Wanderungen mit anschließender Schifffahrt und Rückfahrt per Bus werden von den meisten Reiseveranstaltern angeboten.

Die Straße nach Omalós verlässt Haniá im Westen und durchquert wasserreiches und fruchtbares Hügelland mit Zitrusbäumen, Wein und Oliven. In

PRÄFEKTUR HANIÁ

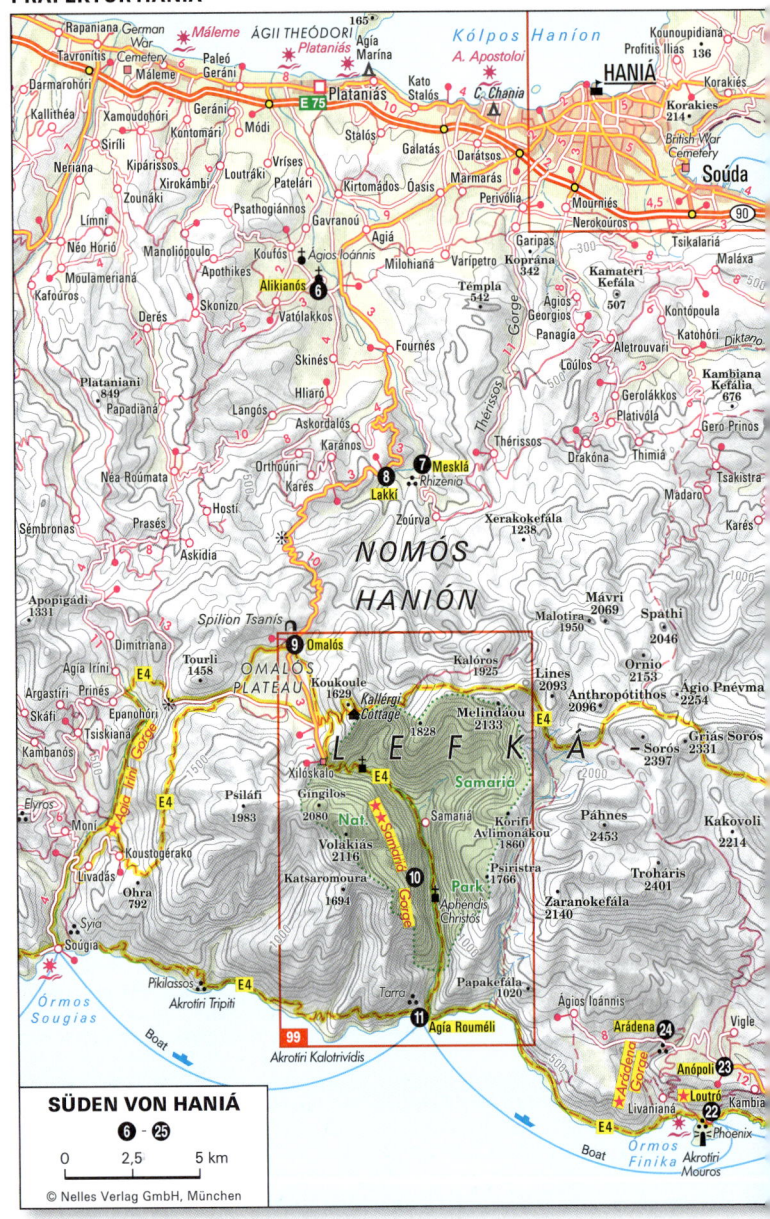

SÜDEN VON HANIÁ
6 - **25**

0   2,5   5 km

© Nelles Verlag GmbH, München

94

PRÄFEKTUR HANIÁ

Alikianós ❻ (nach 11 km) sollte man der **Agios-Geórgios-Kirche** aus dem 13. Jh. einen Besuch abstatten, um sich die bezaubernden Fresken anzusehen und die Überreste eines alten venezianischen Landhauses besichtigen. 1 km außerhalb des Dorfes liegt mitten im Grünen die schöne Kreuzkuppelkirche Agios Ioánnis (14. Jh.), leider in weniger gutem Zustand.

Im nahen **Foúrnes** zweigt eine Straße links ab, die sich durch Orangenhaine hinauf zu dem Bergdorf **Mesklá ❼** (21 km von Haniá) windet. Die beiden kleinen **Kirchen** im Ort zählen zu den bedeutendsten Kretas – die Kirche der Verklärung und die Erlöser-Kirche.

Von Mesklá aus kann man ins südlich gelegene **Zoúrva** fahren. Dieses winzige, vom Tourismus unberührte Bergdorf bietet einen wunderschönen Blick auf die „Weißen Berge" und hinüber nach Lákki sowie eine kleine Taverne. Eine Piste führt weiter nach **Thérissos**, von wo man über eine landschaftlich schöne, asphaltierte Strecke durch eine Schlucht zurück nach Haniá gelangt. Wer mag, kann von Mesklá über Zoúrva durch beeindruckende Berglandschaft mit herrlichen Ausblicken in 3 Stunden bis Thérissos wandern.

Folgt man von Foúrnes der Strecke nach Omalós, lohnt sich ein kurzer Halt in **Lakki ❽** (24 km), und sei es auch nur, um angesichts des überwältigenden Panoramas der „Weißen Berge" eine Weile zu rasten. Lákki kann man auch direkt von Mesklá auf einer knapp 2-stündigen Wanderung erreichen. Der lohnende Weg kann auch per Mountainbike oder Motorrad zurückgelegt werden. Hinter Lakki geht es aufwärts durch die wilden, kahlen Berge, bis nach einem Pass die Omalós-Hochebene erreicht ist.

Jahrhunderte lang lieferte diese Ebene Nahrung für die tiefergelegenen Dörfer, und in den umliegenden Bergen weideten Ziegenherden im rauen Weideland. Hier entflammten im vergangenen Jahrhundert auch die ersten

» Karte S. 94–95, Info S. 115–117

PRÄFEKTUR HANIÁ

Funken der kretischen Aufstände gegen die osmanischen Herrscher. Einer ihrer größten Anführer, Hatzí-Mihális Giánnaris, ruht hier.

In der Omalós-Ebene herrscht eine unheimliche, wüstenhaft anmutende Stimmung; zumeist halten sich hier auch nur wenige menschliche Bewohner auf. Wenn sich in den Sommermonaten Unmengen von Touristen in der Samariá-Schlucht drängen, weichen die Hirten und vereinzelten Bauern in die höhergelegenen Gebiete aus.

Der Ort **Omalós** ❾ (36 km von Haniá) liegt auf 1080 m Höhe, umgeben von einer beeindruckenden Bergkulisse. Das kleine Dorf wartet mit Tavernen, Zimmerangeboten und dem ganzjährig geöffneten Hotel Omalós auf Gäste, die in aller Ruhe die Samariá-Schlucht und die umliegenden Berge erforschen wollen. Campieren ist in der Samariá-Schlucht, im Nationalparkgebiet, verboten. Der Bergsteigerverband (EOS) betreibt die modernisierte **Kallérgi-Hütte** (1680 m ü.M., 50 Betten, Blick über die Schlucht), die in 1,5 Stunden **Wanderung** vom Parkplatz **Xilóskalo** (1260 m ü.M., ★**Aussichtsrestaurant**) oder mit Geländewagen von Omalós erreichbar ist. Von April bis Oktober ist die Hütte bewirtschaftet, Speisen und Getränke werden angeboten; für Übernachtungen empfiehlt sich telefonische Voranmeldung (Tel. 6976585849). Großartig ist die **Aussicht** auf die Weißen Berge und bis hin zur Küste.

Der **Gíngilos** (2080 m), der sich westlich der Samariá-Schlucht erhebt, ist der attraktivste Gipfel für Wanderer. Vom Parkplatz in **Xilóskalo** (1300 m ü. M.) führt ein anfangs gut begehbarer, anspruchsvoller, schmaler Weg über den steilen Höhenrücken hinauf, quert eine Schlucht und gelangt an einer Quelle vorbei auf einen Sattel mit schönem Südküstenblick. Ab hier geht es in steilem, felsigen Gelände nur für Geübte in 1,5 Std. zum Gipfel (selber Rückweg).

Oben: Wanderung von Xilóskalo zur Kallérgi-Hütte (1680 m ü.M.). Rechts: Der Aufstieg zum Gipfel des Gíngilos ist nur geübten Bergwanderern zu empfehlen.

PRÄFEKTUR HANIÁ

★★SAMARIÁ-SCHLUCHT

Die Wanderung durch die berühmte ★★**Samariá-Schlucht** ❿ ist einer der Höhepunkte einer Kretareise. Wer diesen Ausflug auch wirklich genießen möchte, sollte sich nicht mit schwerem Gepäck belasten, feste Wanderschuhe tragen und auf jeden Fall Proviant, Trinkwasser (es gibt auch einige Quellen), Sonnenschutz (Kopfbedeckung und Sonnencreme) und für den Beginn der Tour einen Pullover mitnehmen. Für eine angenehme Wanderung durch die Schlucht (12,8 km) bis hinab zur Südküste (1200 m Höhenunterschied, 16 km) müssen ca. 6 Stunden eingeplant werden. Kleinere Unfälle mit Verletzungen treten meist im ersten Abschnitt auf, weil immer wieder Touristen mit ungeeignetem Schuhwerk auf dem glatten und steilen Weg ausrutschen.

Die Busse, die am frühen Morgen von Haniá und anderen Orten aus eintreffen, kommen gerade so rechtzeitig in Omalós an, dass die Wanderer spätestens um 8 Uhr starten können. Dieser frühe Aufbruch lässt genügend Zeit, zwischendurch beispielsweise ein Picknick oder ein Sonnenbad auf einem Felsen einzulegen, und dennoch das letzte Boot in Agía Rouméli am Ende der Wanderung zu erreichen.

Die Samariá-Schlucht liegt eingebettet im Herzen der majestätischen „Weißen Berge", südlich der Omalós-Hochebene. Der Abstieg beginnt in **Xilóskalo** (1260 m ü.M.) auf einem durch Holzbalken abgestuften Schotterweg. Auf dieser Strecke, die auf den ersten wenigen Kilometern über 1000 Meter abfällt, wird einem leicht schwindelig. Der breite Weg ist durch ein Handgeländer abgesichert. Im Sommer bewegen sich täglich mehrere tausend Besucher durch die Schlucht, deren engster, nur wenige Meter breite Abschnitt rund 50 Meter lang ist. Die Schlucht ist von Mai bis Oktober von 6-16 Uhr geöffnet und gebührenpflichtig (Die Tickets werden am Schluchtausgang wieder eingesammelt). Zwischen 16 Uhr und Sonnenuntergang darf man nur noch 2 km in die Schlucht hineinlaufen.

» **Karte S. 94-95, Plan S. 99, Info S. 115-117**

PRÄFEKTUR HANIÁ

PRÄFEKTUR HANIÁ

Agios Nikólaos 1 ist eine weißgetünchte Kapelle, die sich etwa 2 km hinter dem Schluchteingang auf einer Lichtung zwischen gewaltige Zypressen duckt. Kräuter wie Salbei und Thymian gedeihen hier ebenso wie seltene Orchideenarten, Iris und Peonien. Einige der Pflanzen sind geschützte Exemplare. Im Unterholz huschen unzählige Echsen und gelegentlich Schlangen vor den Wanderern davon. Die kretische Wildziege oder *kri-kri* ist sehr scheu und zeigt sich höchst selten, aber manchmal zieht der Bartgeier seine luftigen Kreise.

Kurz vor dem 7-km-Schild erreicht man über eine Brücke das verlassene Dorf **Samariá** 2. Ein Hinweis zu den Schildern: Sie zeigen die Kilometer zwischen den einzelnen Markierungspunkten an! Am Markierungspunkt 0 sind deshalb noch einige Kilometer bis zum Ende des Weges zurückzulegen.

Das Dorf Samariá, das verfällt, wurde einst von der Viglis-Familie bewohnt, Abkömmlinge einer der zwölf byzantinischen Adelsfamilien. Als dieses Gebiet 1962 zum Nationalpark umgewandelt wurde, mussten die einstigen Bewohner an andere Orte der Insel umsiedeln. Die **Ossia-María-Kirche** am Ortsrand wurde 1397 von den Venezianern erbaut und der Heiligen Maria von Ägypten geweiht. Aus ihrem italienischen Namen „Santa Maria" wurde schließlich „Samariá" als Bezeichnung für den Weiler, der schließlich der ganzen Schlucht ihren Namen gab. Das interessanteste Kunstwerk in der Kapelle war eine Ikone der Ossia María (nun auf dem Berg Athos), die einen Klauenhammer schwingt, um ein schreckliches Untier in der Samariá-Schlucht zu erschlagen. Das Lager des Monsters befand sich wahrscheinlich auf dem Berg Gíngilos. Im Volksglauben hat der Berg einen bedrohlichen Ruf: Er soll der Aufenthaltsort des Satans und vieler anderer Dämonen einschließlich der Vampire sein.

Links: In der der Samariá-Schlucht.

Nach dem Dorf wird die Schlucht enger, die Steilwände recken sich noch höher empor. Kurz vor den *pórtes*, den „Pforten", liegt die kleine **Aphéndis-Christós-Kirche** 3, die sfakiotische Bergsteiger als ihr Heiligtum errichteten. Stolz erzählen die Sfakioten, dass es den Türken während ihrer mehr als 150 Jahre dauernden Besatzungszeit niemals gelang, jenseits der „Eisernen Pforten" vorzudringen. Der einzige Versuch seitens der Osmanen wurde während der Aufstände im Jahr 1770 von 200 sfakiotischen Soldaten unter der Führung von Giánnis Bonátos niedergeschlagen.

Der Durchgang durch die „Eisernen Pforten" ist für die meisten Wanderer sicherlich der aufregendste Abschnitt des Marsches. Hier sind die Felswände auf beiden Seiten fast 300 m hoch und an dieser engsten Stelle der Schlucht kaum 3 m voneinander entfernt.

Nach diesem Nadelöhr öffnet sich die Schlucht in ein weites Tal (von hier noch 3200 m bis zum Meer), in dem Olivenbäume, Pinien, Eichen und Platanen gedeihen. Am Ende dieser Ebene

PRÄFEKTUR HANIÁ

liegt das verlassene **alte Agía Roúmeli**, dessen Bewohner nach der Zerstörung des Dorfes durch eine Flutwelle 1954 in andere Orte umsiedeln mussten. Ganz in der Nähe, talabwärts auf der rechten Hangkante, sind die Ruinen einer türkischen Festung und eine venezianische Kirche zu besichtigen. Die Legende erzählt, die Kirche sei auf den Mauern eines alten Apollo-Tempels errichtet worden, der zu der ehemaligen Stadt **Tarra** 4 gehört habe. Zur hellenischen Zeit verband sich Tarra mit einem halben Dutzend anderer Städte an der südlichen Küste, um damit den Kretischen Seebund zu gründen.

Von dieser Stelle aus ist es nicht mehr weit bis zu dem kleinen Hafenort **Agía Roúmeli** 11, wo Hotels, Tavernen, Supermärkte und Kioske auf zahlreiche Gäste eingestellt sind, und vor allem der ★**Kiesstrand** am Libyschen Meer zu einem erfrischenden Bad einlädt. Hier verkehren in der Saison Schiffe Richtung Westen via Soúgia nach Paleohóra, und Richtung Osten nach Hóra Sfakíon (s. S. 102); von diesen beiden Hafenorten fahren dann Busse nach Haniá.

VON HANIÁ NACH HÓRA SFAKÍON

Diese wichtige Verbindungsstraße von der Nordküste durch die Berge zur Südküste gehört mit zu den reizvollsten Strecken Westkretas.

Folgen Sie in Haniá der Straße, die in Richtung Soúda oder Réthimno ausgeschildert ist. Kurz vor Soúda können Sie sich entweder für die alte Straße entscheiden, die durch Soúda führt, oder für die neue Schnellstraße, die Soúda lediglich passiert.

Die venezianische Festung auf der kleinen **Insel Soúda** 12, im Ostteil der großen Bucht gelegen, wurde im späten 16. Jh. erbaut, konnte aber bis 1715 den Türken trotzen. Im Zweiten Weltkrieg spielte sie 1941 eine bedeutende Rolle bei der Evakuierung der alliierten Truppen. Der Ort Soúda ist mit seinem **Hafen** nicht nur der eigentliche Hafen Haniás, sondern auch bedeutender Marinestützpunkt; fotografieren ist daher aus Sicherheitsgründen verboten.

Hinter Soúda führt die Straße auf die Schnellstraße und, eingeengt vom Meer und der steilen Bergflanke, an der Küste entlang nach Osten. Um auf die Anhöhe zu gelangen und einen Ausblick auf die Soúda-Bucht und Akrotíri zu gewinnen, nehmen Sie 10 km nach Haniá die Abzweigung nach **Aptera** 13. Die **Ruinen** dieser Stadt, die im 7. Jh. v. Chr. von den Mykenern gegründet wurde, sind heute in der umliegenden Landschaft verstreut. Strategisch günstig auf einer Anhöhe gelegen, entwickelte sich Aptera unter den Dorern zu einer der wichtigsten Handelsstädte Kretas und blieb auch in griechischer und römischer Zeit eine wichtige Stadt. 828 n. Chr. wurde sie schließlich von den Arabern während ihrer Eroberungszüge zerstört. Von Aptera kann man wieder auf die alte Straße gelangen, wenn man über Stílos weiter nach Agii Pántes und dann nach Vrísses fährt.

Die alte Küstenstraße führt über **Kalámi / Kalíves** 14, wo es schöne **Strände** und mehrere Hotels, Pensionen und Tavernen gibt, weiter nach Vrísses. Von Kalíves bietet sich ein Abstecher auf die relativ ruhige und touristisch wenig erschlossene Halbinsel **Apokóronon** an, mit reizvollen Dörfern. Ein gutes **Volkskundliches Museum** steht im Dorf **Gavalochóri**, gut essen und in historischen Dorfhäusern stimmungsvoll übernachten kann man in der kleinen Bezirkshauptstadt **Vámos**. Ganz im Norden befindet sich das Dorf **Kokkino Horio** 15, ein damaliger Drehort für den Film "Aléxis Sorbás" und heute Standort einer **Glasbläserei**, in der ausschließlich Altglas wiederverarbeitet wird.

Die neue Straße führt von Kalami weiter landeinwärts durch die waldreichste Region der Nordküste nach **Vrísses** 16. Im Sommer ist Vrísses der ideale Ort um

Rechts: Ein beliebter Urlaubsort an der Nordküste mit langem Strand – Georgioúpoli.

sich auszuruhen und zu erfrischen, da er wasserreich und von großen Platanen umgeben ist. Viele schattige Cafés und Tavernen bieten eine große Auswahl an Spezialitäten, u. a. Schafsjoghurt mit Honig.

Fährt man weiter Richtung Osten, erreicht man **Georgioúpoli** ❶ (36 km von Haniá), einen stark frequentierten Touristenort, wo ein 12 km langer **Sandstrand** zum Baden einlädt. Eine besondere Attraktion dieses sanft geschwungenen Strandes sind die erfrischenden eiskalten Strömungen, die von einem in zwei Armen ins Meer mündenden, kalten Fluss verursacht werden. Ein sehr lohnender Abstecher bringt Sie nach kurzer Fahrt (3 km) von Georgioúpolis zum **Kournás-See**, dem größten Binnensee Kretas (s. S. 132).

Verlässt man Vrísses Richtung Süden, zweigt kurz nach dem Ort eine Straße zum 5 km entfernten Dorf **Emprósneros** ⓲ ab. Bekannt ist dieser Ort durch das (teilrestaurierte, ursprünglich venezianische) **Kastell** des Janitscharen Ibrahim **Alidakis**, den aufständische Sfakioten im Jahr 1774 hier umbrachten.

Zurück auf der Straße Richtung Sfakiá weist bald, an einer Abzweigung nach links, ein Schild auf die Dörfer Fílippo, Máza, Hambatha und Fonés hin, die an einem aussichtsreichen Sträßchen mit schönem Blick hinab in die Landschaft von Apokóronon liegen. 2 km später zweigt wieder nach links eine Straße zum nahen Dorf **Alíkambos** ⓳ ab. Hier befindet sich eine bekannte byzantinische **Kirche** aus dem Jahr 1323, gestaltet von dem kretischen Maler Ioánnis Pagoménos. Pagoménos stellte eine Seltenheit unter den Künstlern dieser Zeit dar, da er seine Werke signierte. Er besaß einen sehr persönlichen Stil. Da er ein geborener Kreter war, ist es hier möglich, in eine relativ unbekannte Kunstrichtung Einblick zu gewinnen, die sich unter Einflüssen aus Kleinasien und der Klostertraditionen aus Kappadokien entwickelte.

Die Straße nach Sfakiá klettert nun durch zerklüftete Berge hinauf zur **Askífou-Ebene** und nach **Karés** und **Góni**. Wer genügend Zeit hat, sollte diesen

PRÄFEKTUR HANIÁ

Dörfern einen Besuch abstatten, da sie ein gutes Beispiel für die hier heimische Architektur bieten.

In der Askífou-Ebene ist besonders das Dorf **Ammoudári** ❷⓿ mit Fremdenzimmern und Hotel am westlichen Rand der Ebene günstiger Ausgangspunkt für Wanderungen nach Goní und zu den abgelegenen Dörfern **Asfendoú** und **Kallíkratis**. Die alten Maultierwege sind längst Schotterstraßen gewichen, die zunehmend auch geteert werden. Die einsame Berggegend verlockt aber immer noch zum Wandern.

Sehr lange und anspruchsvolle Bergwanderungen in die Hochregion der **Weißen Berge** (*Lefka Ori*), v. a. zum 2218 m hohen **Kástro**, beginnen ebenfalls in Ammoudári. Für diese Bergbesteigung sollten aber neben einer guten Ausrüstung vor allem 8-10 Stunden Zeit eingeplant werden; eine sichere Wetterlage ist dafür unabdingbar.

Während der Wintermonate versinkt

Oben: Die Askífou-Hochebene im Frühling. Rechts: Rast in Loutró.

dieses sattgrüne Tal, in das die Hanioten gern zur Erholung kommen, im Schnee.

Kurz hinter Góni beginnt eine steile, kurvenreiche Strecke, die entlang der ★★**Imbros-Schlucht** und schließlich 800 Höhenmeter abwärts zur Südküste führt und in Hóra Sfakíon dann das Libysche Meer erreicht. Die tief eingeschnittene Imbros-Schlucht ist von der **Aussichtstaverne** südlich des Dorfs **Imbros** über einen einfachen, wunderschönen ★**Schluchtwanderweg** begehbar, der im 2. Weltkrieg eine wichtige Rolle spielte und in 2,5 Stunden bis zum Ort **Komitádes** nahe der Südküste führt (von dort zu Fuß oder per Taxi nach Hóra Sfakíon, siehe unten).

Von Mai bis Oktober, solange die Samariawanderer per Schiff in **Hóra Sfakíon** ❷⓵ ankommen, quillt das Dorf über von müden Wanderern, von denen viele den Bus nach Haniá nehmen. Hier gibt es Pensionen, Hotels und am Alten Hafen gute **Tavernen**. Zum Abkühlen gibt es nur zwei sehr kleine Ortsstrände, aber in der weiteren Umgebung finden sich gute **Kiesstrände**.

PRÄFEKTUR HANIÁ

Hóra Sfakíon und die umliegenden Berge sind von einer fast mythischen Atmosphäre geprägt. Man betont hier gern, dass es während all der Kriege und Aufstände nie gelungen sei, dieses Gebiet Kretas zu erobern. Wenn man über viele Serpentinen die Hochebene Askífou erreicht hat und über noch steileres Gelände und enge Kurven nach Hóra Sfakíon gelangt, beginnt man dies zu verstehen. Bis in das 19. Jh. hinein war der Hafen von Hóra Sfakíon sehr bedeutend, da zahlreiche von Nordafrika und Ägypten kommenden Schiffe hier anlegten und ihre Güter abluden, welche anschließend mit Esel- und Kamelkarawanen zu den Märkten von Haniá und Réthimno befördert wurden.

Wanderung nach Loutró

1,5 km westlich von Hóra Sfakíon, an der ersten Serpentine, beginnt ein **Wanderweg**, einer der meistbegangenen Westkretas (durchgehend markiert mit schwarz-gelben „**E 4**"-Schildern). Als schmaler Steig führt er an der Südküste entlang erst zu dem traumhaften Kiesstrand ★**Glykanera** und weiter nach ★**Loutró** ㉒ (3 Stunden), einem sonst nur per Schiff erreichbaren, hübschen kleinen Ort mit Tavernen und kleinen Hotels; vorbei an **Phoenix**, das in der Antike ein Hafen war, und weiter nach **Agía Rouméli** (⓫, weitere 5 Std.), dem Endpunkt der Samariaschlucht. Ausdauer und Trittsicherheit sind für diesen Wanderweg Voraussetzung.

★Arádenaschlucht

Nimmt man von Hóra Sfakíon die gut befahrbare, serpentinenreiche Straße Richtung Westen, erreicht man nach 12 km und tollen Ausblicken das 700 m hoch gelegene **Anópoli** ㉓. Der Ausflug in dieses ursprünglich gebliebene Bergdorf lohnt schon wegen der fantastischen Kulisse der **Weißen Berge**. Ein **Denkmal** am Dorfplatz erinnert an Daskalogiánnis, den berühmten Widerstandskämpfer der Gemeinde Sfakiá.

Der Straßenverlauf von Anópoli weiter nach Westen erschließt eine beein-

» Karte S. 94-95, Info S. 115-117

PRÄFEKTUR HANIÁ

GÁVDOS

Von Hóra Sfakíon oder Paleóhora verkehren im Hochsommer 5 mal wöchentlich größere Schiffe, im Winter nur zweimal in der Woche kleine Boote zur Insel Gávdos, etwa 50 km vor der kretischen Südküste. Im Herbst und Winter fallen die Überfahrten bei stürmischer See aus. Gávdos war im Altertum als *Clauda* bekannt. Hier soll die Kalypso den Odysseus verführt und ihn sieben Jahre als Gefangenen gehalten haben. Noch im Mittelalter, lange nachdem Kreta an Byzanz gefallen war, diente die Insel sarazenischen Piraten als Zuflucht.

Gávdos ㉕, diese felsige Insel, auf der nur im Inneren einige winzige Pinien und Büsche gedeihen, beheimatet etwa 100 Menschen – die meisten sind Fischer oder Hirten. Im Sommer kommen vereinzelte Familien aus Kreta nach Gávdos, doch sie kehren im Herbst wieder zurück, da die Insel nur wenige Arbeitsmöglichkeiten zu bieten hat. Viele Inselbewohner siedelten sich im Viertel Gavdiótika in Paleóhora an.

Während der Touristensaison kann man von Paleóhora oder Hóra Sfakíon aus Tagesausflüge nach Gávdos unternehmen. Die Überfahrt dauert etwa zwei Stunden. Urlauber, die eine Nacht auf dem Eiland verbringen möchten, können in einem der Reisebüros in Paleóhora ein Zimmer buchen und sich im Landungshafen **Karáve** ❶ oder im Hauptdorf **Kastrí** ❷ umschauen, das zu Fuß in etwa einer Stunde von Karáve aus zu erreichen ist.

Erste Zeugnisse einer ständigen Besiedlung stammen aus der post-mykenischen Periode. Die Römer nannten Gávdos *Kaudos*, was gleichfalls der Name der Insel war, an der der Heilige Paulus vorbeisegelte, bevor er schließlich bei Malta Schiffbruch erlitt.

Zur Zeit der Byzantiner, als etwa 8000 Menschen auf Gávdos lebten, war die Insel Sitz einer Diözese, der wohl auch Dörfer in der Sfakiá angehörten. Als sich während der byzantinischen Zeit

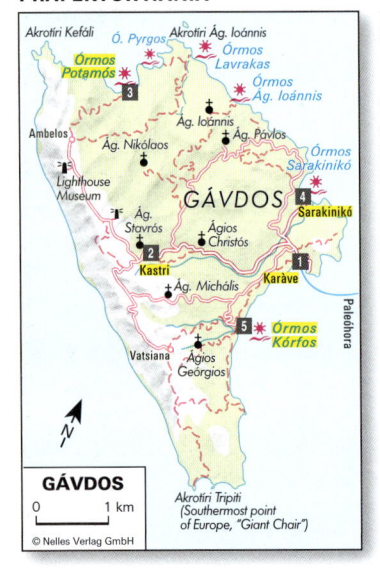

druckende Berglandschaft, mit weitem Panoramablick hinab zum Libyschen Meer. Die grandiose, schmale, aber 138 m tiefe ★**Arádenaschlucht** überspannt eine **Eisenbrücke**, von der sich im Sommer **Bungee-Springer** stürzen. Ein Halt am seit einer Blutrachefehde in den 1950er Jahren verlassenen Bergdorf **Arádena** ㉔ mit der alten byzantinischen Kirche **Agios Evstratios**, gleich nach der Brücke, lohnt sich. Ein schwieriger **Wanderweg** beginnt bei dem alten Dorf, führt durch die Arádenaschlucht in 3 Stunden hinab zum Meer, zum **Marmara-Strand**, und trifft den oben genannten Küstenwanderweg (E 4). Auf ihm erreicht man in 30 Minuten Loutro oder in 2,5 Stunden Agia Rouméli.

Agios Ioánnis, ca. 5 km westlich von Arádena, thront hoch über dem Libyschen Meer vor den sich auftürmenden Bergen, dort endet die Fahrstraße.

Rechts: Die wenigen Bewohner der Insel Gávdos leben zum Teil noch vom Fischfang.

immer mehr Piraten an der Ostküste niederließen, verließen die meisten Bewohner die Insel. Angesichts der Tatsache, dass heute nur noch sechs Familien im Hauptdorf Kastrí wohnen, erscheint es unvorstellbar, dass Gávdos einst eine quirlige Insel war.

Wer auf der Insel wild zelten möchte – was überall erlaubt ist und besonders gern bei **Agios Ioánnis** gemacht wird – sollte an Wasser und Grundnahrungsmittel denken; einen Lebensmittelladen gibt es in Sarakinikó. Generell ist Wasser auf diesem trockenen Eiland nur beschränkt vorhanden.

Mittelpunkt der Aktivitäten auf Gávdos sind tagsüber die **Sandstrände** und abends die Tavernen oder ein Lagerfeuer. An der Nord- und Ostküste fällt die Insel sanft ins Meer ab, hier sind die schönsten Sandstrände zu finden: **Potamós** 3, am „Badeort" **Sarakinikó** 4 und **Kórfos** 5. Die Süd- und die Westküste sind steil und felsig. Wildromantisch präsentiert sich das **Kap Tripiti** mit dem südlichsten Strand Europas.

Gávdos ist ein idealer Rückzugsort für diejenigen, die Ruhe suchen und das einfache Leben lieben. Im Juli und August kann es drückend heiß werden, doch bringt eine angenehme Brise in den Abendstunden meist willkommene Abkühlung. Das Libysche Meer ist den ganzen Sommer über warm und außerdem sehr sauber.

Sollte Ihnen Gávdos noch zu „übervölkert" sein, setzen Sie am besten zur Nachbarinsel **Gavdopoúla** über, wo sich außer einigen Hirten, Ziegen und Mönchsrobben niemand aufhält.

WESTLICH UND SÜDLICH VON HANIÁ

Von Haniá aus bietet sich eine Reihe von Ausflügen an. Die Fahrt in Bergtäler und in die Dörfer der „Weißen Berge" wie Thérissos, Mesklá, Lakki (s. S. 95) oder an die Südküste nach Soúgia führt durch einmalige, atemberaubende Berglandschaften.

Auf drei reizvollen Routen lassen sich die Südküste und damit das Libysche Meer erreichen: Erstens durch Alikianós

PRÄFEKTUR HANIÁ

nach Soúgia (70 km), zweitens über Tavronítis nach Paleohóra (84 km), und drittens direkt nach Westen über Kastélli Kissámou und dann entlang der Westküste des Bezirks bis Elafonísi (100 km). Jede der drei Routen ist reizvoll, da jede andere Schönheiten bietet. An jeder Strecke kann man an mehreren Plätzen Rast machen, um zu wandern, zu schwimmen, um antike Stätten oder alte Kirchen zu besichtigen. Besonders in dem Gebiet um **Kándanos** (nördlich von Paleóhora) sind sehenswerte byzantinische Kirchen erhalten.

VON HANIÁ NACH ★SOÚGIA

Von den drei angebotenen Routen nach Süden ist dies sicherlich die mühsamste, aber auch die interessanteste. Sie verläuft entlang der Westflanke der „Weißen Berge" und windet sich dann hinunter zum Meer, vorbei an einigen antiken Stätten, die nur selten besucht werden. Folgen Sie der Straße, die Haniá Richtung Südwesten nach Agiá oder Alikianós verlässt. Wegen des Wasserreichtums überwiegt hier der Anbau von Zitrusfrüchten; sattgrüne Orangen-, Zitronen- und Mandarinenplantagen prägen die Landschaft. Kurz vor **Alikianós** (**6**) biegt links eine Straße zu der kleinen **Agios-Geórgios-Kirche** ab, die im 15. Jh. von dem Maler Pávlos Prováтos ausgeschmückt und signiert wurde (siehe Seite 61). Seine Kunstwerke unterscheiden sich stark von denen des früheren Malers Pagoménos, der ebenfalls in diesem Gebiet tätig war.

Hinter Alikianós steigt die Straße in die **Weißen Berge** hinauf, führt durch einige kleine Dörfer, und beginnt in der Nähe des Berges **Apopigádi** (1331 m), wieder zum Meer abzufallen. (Noch vor dem Apopigádi bei km 38 biegt nach einer Radarstation nach links eine breite, neu gebaute Straße zur Hochebene Omalós ab.) In Rodováni zweigt eine Straße nach Osten zu den Ruinen von **Elyros** ㉖ ab, in römischer und byzantinischer Zeit eine der wichtigsten Städte Südwestkretas. Aus der Zeit der ehemaligen Diözese ist eine wunderbare frühchristliche **Kirche** (5. Jh) mit **Bodenmosaiken** erhalten. Als die Araber im 9. Jh. über Kreta herfielen, zerstörten sie *Elyros*. Die Stadt erholte sich von diesem Schicksalsschlag nie mehr; heute erinnern nur noch Überreste des Aquädukts, der Stadtmauern und eines Theaters an ihre ruhmreiche Vergangenheit.

Die Straße führt – vorbei an **Moní** ㉗ mit der kleinen Agios-Nikolaos-Kirche aus dem 14. Jh. mit sehenswerten Fresken von Pagoménos – weiter nach ★**Soúgia** ㉘, dem ehemaligen Hafen von *Elyros*. Besonders verlockend ist hier die schöne, breite ★**Kiesbucht** mit dem kristallklaren Wasser des Libyschen Meeres. Im östlichen Strandbereich wird das FKK-Baden toleriert. Außer wenigen Resten aus der Zeit seiner Zerstörung im 9. Jh. hat das Dorf vor allem eine Reihe guter **Tavernen** an der kurzen Strandpromenade und zahlreiche

Oben: Soúgia – ein stiller, kleiner Badeort mit großem Kiesstrand. Rechts: Iríni-Schluchtwanderung.

Foto: Hercules Milas (Alamy / mauritius images)

>> Karte S. 108, Info S. 115–117

PRÄFEKTUR HANIÁ

Unterkünfte zu bieten. Manche schlafen hier wie zu Hippiezeiten am Strand.

Von Soúgias kleinem Hafen lohnt die **Wanderung** (1,5 Std.) durch eine idyllische kleine Schlucht in die nächste Bucht zu den Überresten der antiken Hafensiedlung **Lissos** ㉙. Der Hafen gehörte zu der etwas nördlicher gelegenen Stadt *Hyrtakina*. Berühmt war Lissos wegen seiner Heilquelle und seines Asklepions, dessen Überreste heute noch zu sehen sind. Besonders interessant ist der noch gut erhaltene **Mosaikfußboden** im **Asklepion-Tempel**.

Eine schöne **Wanderung** führt in etwa 3,5 Stunden von Soúgia nach Norden durch die ★**Schlucht von Agía Iríni**, auf einem Wanderweg bis in das gleichnamige Dorf am oberen Schluchtanfang, oder umgekehrt (s. Karte S. 94).

Wer mit dem Auto unterwegs ist, kann über Rodováni in Richtung Westen nach Máza und Teménia und dann weiter bis zum Badeort Paleohóra fahren.

Sougia wird in der Saison von der **Autofähre** Paleochora - Hora Sfakion angesteuert.

VON HANIÁ NACH PALEOHÓRA

Die Straße von Haniá nach Westen verläuft bis zur Rodopoú-Halbinsel parallel zum Meer; bis Plataniás und von Kolimvári bis kurz vor Kastélli Kissámou als Schnellstraße. Die Küste ist mit Hotels, Pensionen und Tavernen fast durchgehend zugebaut. Bei Plataniás ist die kleine **Insel Agii Theódori** zu sehen, die in früheren Zeiten als *Akytos* bekannt war. Die Legende besagt, dass sie der Kopf eines Monsters sei, das die Götter bei seinem Versuch, die Insel zu verschlingen, zu Stein werden ließen.

Kurz vor der Rodopoú-Halbinsel biegt die Straße nach Süden Richtung Paleóhora ab. Diese Route bringt einen durch den Landkreis Sélinos mit dem Hauptort Kándanos zum Libyschen Meer. Südlich von Tavronítis durchquert die Straße fruchtbare Felder und Obstplantagen. In **Voukoliés** ㉚ lohnt es sich, kurz anzuhalten. Nachdem die Osmanen Kreta erobert hatten, konvertierten viele in dieser Gegend zum Islam, und Sélinos wurde zu einem wich-

» Karte S. 108, Info S. 115-117

PRÄFEKTUR HANIÁ

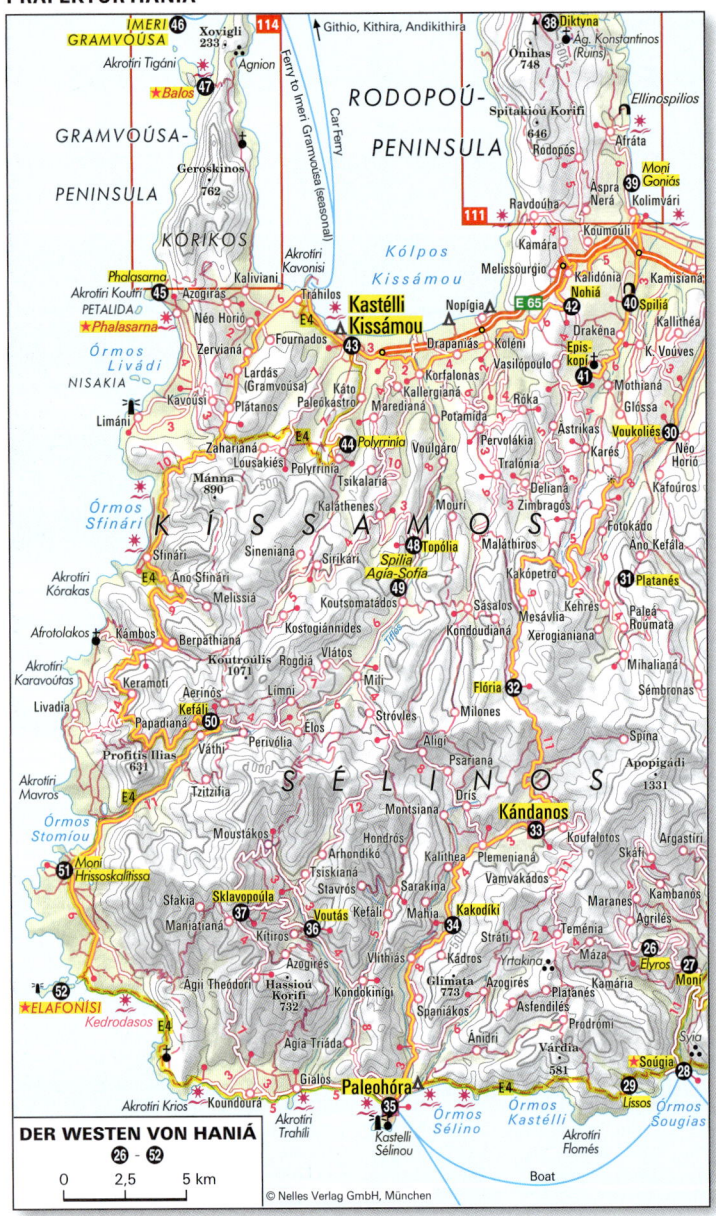

DER WESTEN VON HANIÁ
㉖ - ㊽
0   2,5   5 km

© Nelles Verlag GmbH, München

108

PRÄFEKTUR HANIÁ

Oben: Ein kleines Restaurant im Badeort Paleohóra.

tigen Marktort. Außer den beiden **Kirchen** – Agios Konstantínos (1452) und Erzengel Michael (1392) – sind Relikte aus der Zeit der Venezianer zu besichtigen. Sehenswert sind ein Turm und eine Quelle, die Heilkräfte besitzen soll.

Von Voukoliés führt ein lohnender Abstecher Richtung Süden durch zwei Schluchten nach **Káto Kefála**. In **Áno Kefála** (kurz vor Platánes) zweigt die Straße links nach **Sémbronas** ab und verläuft durch eine beeindruckende, einsame Szenerie. Dieser Weg stößt hinter Sémbronas auf die Straße von Alikianós nach Soúgia. In Áno Kefála kann man auch die kleine Straße die Richtung **Platánes** ❸❶ nehmen. Die kleine **Kirche** dort ist dem Heiligen Dimítrios gewidmet und seit 1372 mit Wandgemälden versehen. Entlang dieser Straße liegen typische kretische Dörfer.

Von **Paleá Roúmata** kann man eine kleine Rundfahrt über **Mihalianá** unternehmen, und wieder zurück im Ort, der Straße nach **Kakópetro** folgen, die auf die Hauptstraße nach Kándanos und Paleóhora stößt. Die Straße von Kakópetro Richtung Kándanos verläuft durch typisch kretische Landschaft. Abwärts geht es ab **Flória** ❸❷, wo je eine Kirche den oberen und den unteren Teil des Dorfes überragt. Die **Agios-Geórgios-Kirche** (1497) im Unterdorf ist mit Wandgemälden von Geórgios Provatópoulos verziert.

Kándanos ❸❸ liegt inmitten prächtiger Olivenhaine, deren uralte, knorrige Stämme bizarre Formen bilden. Das Dorf wurde 1941 von deutschen Truppen als Vergeltungsmaßnahme für einen Partisanenangriff, bei dem 25 Soldaten starben, dem Erdboden gleichgemacht und besteht heute fast nur aus neu erbauten Häusern. Gedenktafeln erinnern an das tragische Ereignis. Von hier aus lassen sich **Wanderungen** zu antiken Stätten in den Hügeln südlich des Dorfes unternehmen.

In der Gegend um **Kakodíki** ❸❹ ähneln die Dörfer eingefriedeten Feldern. Die Kirchen sind winzig. Eine der interessantesten ist die **Panagiá** in **Skoudi-**

» Karte S. 108, Info S. 115–117

PRÄFEKTUR HANIÁ

aná, eine der ältesten Kretas und eine der wenigen, die noch aus der Zeit vor dem Islam (6. Jh.) stammt. Die **Panagiá-Kirche** in **Veḯdikali** malte Ioánnis Pagoménos im 14. Jh aus. In **Agios Isidóros** in **Tzinalianá** ist ein großartiger Pantokrator zu besichtigen und Ausschmückungen aus dem 15. Jh., die an Monreale auf Sizilien erinnern. Hinter Kándanos führt die Straße gen Süden durch Olivenhaine zum Libyschen Meer.

Der Badeort **Paleohóra** ❸ liegt auf einer Landzunge, auf deren Kap einst eines der frühesten venezianischen Bauwerke stand. Diese Festung, das **Sélino-Kastell**, ist nur noch in ihren Grundmauern erhalten. Das Städtchen Paleóhora und seine Strände sind touristisch voll erschlossen; abends gleicht die dann für den Verkehr gesperrte Hauptstraße einer einzigen, riesigen Taverne. Die feinen **Sandstrände** westlich des Ortes werden dem **Kiesstrand** im Osten vorgezogen; allerdings sind die ruhigeren Kiesstrände bei Nudisten beliebter. Der vielbegangene **Küstenwanderweg** von Paleohóra weiter Richtung Westen beginnt etwa 6 km westlich des Ortes im Dorf **Gialós** („E 4"-Markierung) und führt als schmaler Pfad am Kirchlein Agios Ioannis vorbei nach Elafonísi (5-6 Std.). Trittsicherheit, gutes Schuhwerk und Trinkwasser sind Voraussetzungen für diese Route.

Richtung Nordwesten führen zwei verschiedene Routen in die Berge und Dörfer Sélinos', die zu den entlegensten Kretas zählen. Westlich von Paleohóra weisen Schilder nach Agia Triáda, und später in Kondokinígi teilt sich die Straße. Die interessanteste Strecke ist die über Agios Pávlos nach **Voutás** ❸ mit der Agia-Paraskeví-Kirche (in deren Innenraum Fresken aus dem 14. Jh. zu sehen sind) und weiter nach **Sklavopoúla** ❸. Hier gibt es Kirchen aus dem 10. Jh., als Kreta wieder byzantinisch geworden war. **Agios Geórgios** ist eine der ältesten Kirchen und mit Überresten von Fresken aus dem 13. Jh. versehen. (Eine schlechte Bergpiste führt von hier weiter nach Elafonísi, siehe S. 115.)

Oben: Die Südküste bei Paleohóra.

PRÄFEKTUR HANIÁ

Auf dem Weg nach Norden kann man die landschaftlich reizvolle Strecke über Arhondikó, Aligí, Drís und Plemenianá nehmen, wo man wieder auf die Straße Kándanos – Paleohóra stößt. Unterwegs, vor Aligí, ist ein Abstecher westwärts zum schönen Elafonísi-Strand auf besserer Straße möglich (s. S. 115).

VON HANIÁ NACH KASTÉLLI KISSÁMOU UND ★PHALASARNA

Da der entlegene Westteil der Insel von der Südküste aus nur über schlechte Straßen erreicht werden kann, ist es bequemer, von Norden entlang der Westküste nach Süden fahren. Dieser Bezirk wird Kíssamos genannt, seine Hauptstadt – zur Unterscheidung von anderen Orten namens Kastélli – Kastélli Kissámou. Sie erstreckt sich zwischen zwei Halbinseln, die wie zwei Finger weit in das Kretische Meer hinausreichen und die Bucht von Kíssamos bilden. Die **Rodopoú-Halbinsel** mit ihrem bergigen, schroffen Landschaftsbild ist nur in ihrem südlichsten Teil bewohnt. Kürzlich entdeckte Funde in der Nähe des Dorfes Afrata beweisen zweifelsfrei, dass hier bereits vor etwa 20 000 Jahren Menschen lebten. Es ist möglich, jedoch mühsam, zu der Spitze des Kaps zu wandern, wo Überreste der antiken Stadt **Diktyna** ❸❽ erhalten sind und eine schöne Bucht zum Baden wartet. Die Straße dorthin ist in schlechtem Zustand (die ersten 6 km sind befahrbar), der 12 km lange Weg führt durch karge, geologisch aber interessante Gebiete. Die 6-stündige Wanderung ist mangels Schattens mühsam, Trinkwasser gibt es unterwegs nicht. Einfacher ist die Spitze des Kaps mit einem Boot von Kastelli aus erreichbar. An der Ostküste der Halbinsel sind nördlich von Kolimvári Überreste des **Goniá-Klosters** ❸❾ aus dem 17. Jh. erhalten. In der Klosterkirche und im Klostermuseum gibt es sehenswerte Ikonen aus dieser Zeit.

Von **Kolimvári** aus bietet sich eine Rundtour durch mehrere kleine Dörfer mit interessanten Kirchen an. Man fährt nach Süden über **Spiliá** ❹⓿, hier sei die Erzengel-Michael-Kirche mit einer geschnitzten Holz-Ikonostase aus dem 16./17. Jh. erwähnt, **Episkopí** ❹❶, zeitweiliger Wohnsitz des Bischofs von Kíssamos, mit der Erzengel-Michael-Kirche aus dem 9. Jh., und zurück über Vasilópoulo und **Nohiá** ❹❷, das offensichtlich einst eine minoische Stadt war. Einige Wissenschaftler glauben, dies sei das kretische Pergamon, die Stadt, die Äneas gründete, nachdem er das brennende Troja verlassen hatte.

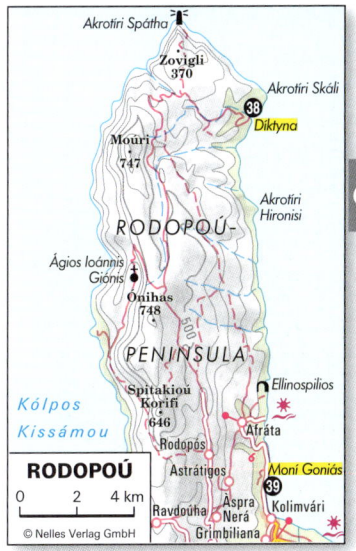

Hinter den Abzweigungen nach Rodopoú führt die Straße hinab nach **Kastélli Kissámou** ❹❸, in der Ferne taucht bald die zweite Halbinsel auf, Gramvoúsa. Kíssamos war ursprünglich der Hafen des antiken *Polyrínia*, das 6 km weiter südlich auf einem Hügel liegt. Während des 16. Jh. bauten die Venezianer die Stadt vollkommen neu auf und fügten ihr eine Festung hinzu, die ihr den Namen **Kastélli** gab. In den acht Sälen des 2006 neu eröffneten **Archäologischen Museums** ist das großflächi-

PRÄFEKTUR HANIÁ

ge, vielfigurige **Bodenmosaik** aus der Zeit um 200 ein Blickfang.

Die Landschaft um Kastélli ist sehr fruchtbar, und einige der besten Weine Kretas stammen aus dieser Region. In Kastélli beginnt auch der Europa-Fernwanderweg 4 (siehe S. 248, Reise-Informationen, „Wandern und Bergsteigen").

In Kastelli zweigt die Straße hinauf nach **Polyrrhénia** ❹ ab. Der Ort ist eine Ansammlung von Ruinen, die aus osmanischer und venezianischer, gar aus römischer und dorischer Zeit datieren, bietet einen schönen Blick zur Küste und ist vor allem wegen der schönen **Aussicht** einen Abstecher wert.

Von Polyrrinia aus kann man eine schöne dreistündige **Wanderung** durch die **Tsikalariá-Schlucht** nach Sirikari unternehmen. Über Kiolariá und Kallergianá gelangt man dann auf der Straße zurück nach Kastelli.

Oben: Der „Papás" hat sich ein ruhiges Plätzchen gesucht. Rechts: Ein herrlicher, weiter Strand und betörend tükisfarbenes Wasser – Phalasarna.

Von Kastélli führt eine Straße westwärts über Plátanos zu der antiken Stätte **Phalasarna** ❹ (19 km). Im Altertum war diese Stadt eine Rivalin von *Polyrrínia*. Nur wenig ist aus dieser Ruhmeszeit geblieben. Die Stätte thront oberhalb eines fantastischen Strandes, der den Blick freigibt auf das offene Meer und die Westküste der Halbinsel Gramvoúsa. Die **Ruinen** der Stadt – Reste einer Stadtmauer, ein mehrere Meter hoher Turm und als ehemalige Steinbrüche identifizierte Felskammern – liegen heute etwas landeinwärts. In der Spätantike hob sich dieser Küstenstrich so weit über Meeresniveau, dass Phalasarnas Hafen versandete. Ein Erdbeben im 4. Jh. v. Chr. führte schließlich zum Untergang der Stadt.

In der südlich anschließenden, großen Bucht **Órmos Livádi** haben sich bis kurz vor den Ruinen der antiken Stadt einige Ferienhäuser, Tavernen und Pensionen ausgebreitet. Die schönen ★**Strände von Phalasarna** sind beliebt, sie erstrecken sich über 3 km, und das Meerwasser leuchtet an manchen Stellen wunderbar türkisfarben.

Wer Lust hat, kann einen interessanten Bootsausflug von **Tráhilos** (westlich von Kastélli Kissámou) nach Phalasarna unternehmen. Auf dieser Fahrt passiert man den Nordzipfel der Gramvoúsa-Halbinsel, die Gramvoúsa-Insel mit ihrer venezianische Festung und den wunderschönen Strand Bálos (s. S. 114).

GRAMVOÚSA UND BÁLOS

Die Insel **Iméri Gramvoúsa** ❹ ist mit der Halbinsel Gramvoúsa durch eine Reihe von Sandbänken und Riffen verbunden. Um die unbewohnte Insel Iméri Gramvoúsa und ihre rauere, größere Nachbarin **Agria Gramvoúsa** zu besuchen, kann man einen **Bootsausflug** von Kastélli machen. Das Eiland Iméri Gramvoúsa ist von historischer Bedeutung, da die Venezianer hier 1579 während ihrer Besetzung Kretas auf dem 140 m hohen Inselplateau eine **Festung**

PRÄFEKTUR HANIÁ

errichteten. Sie weigerten sich, diesen oder ihre Stützpunkte in Soúda und Spinalónga den osmanischen Eroberern zu übergeben. Die Festung Gramvoúsa fiel schließlich 1692; 23 Jahre nach der Niederlage Iráklios, als zwei neapolitanische Kommandeure die Insel an einen Pascha verkauften und sich anschließend mit dem Geld davonmachten.

Im griechischen Freiheitskampf, die Bewohner hatten inzwischen die Insel verlassen, eroberten im Jahr 1825 900 Kreter die Festung. Sie brachten Flüchtlinge hierher, hauptsächlich Frauen und Kinder, denen sich Bewohner der Inseln Psará und Kásos anschlossen, die vor den Türken geflohen waren.

Da die Insel keine Arbeitsmöglichkeiten bot, waren sie gezwungen, ihr Einkommen durch Piraterie zu verdienen. Das befreite Griechenland war hilflos, Kretas osmanische Herren auch. So griffen 1828 Briten und Franzosen ein. Sie übergaben die Insel wieder den Türken, die das Eiland nutzten, um Boote mit kretischen Rebellen abzufangen, die auf die unabhängige Insel Antikíthera fliehen wollten. Die hohen Ruinen zeigen sich heute in romantischem Profil. Der Abhang vor der Festung ist mit Kugelsplittern übersät, die an deren bewegte Geschichte erinnern. Die charakteristischen Wappen des Löwen von St. Markus entfernten die Türken von den Mauern des Kastells.

Die **Ausflugsschiffe** aus Kastélli fahren von Gramvoúsa weiter in die malerische Bucht ★**Bálos** ⑰ am **Kap Tigáni** („Bratpfanne"), wo genug Zeit zum Baden bleibt. Diese flache, schattenlose Bucht gehört zu den schönsten Kretas: flaches, klares Gewässer; von Korallen rot gefärbter Sand und eine Fußroute über Sandbänke zu der Halbinsel Tigáni. Leider kommt es gelegentlich zu Verschmutzung durch Teerklumpen. Von **Kaliviani**, dem letzten Dorf im Nordwesten, führt eine 9 km lange Schotterpiste auf der Halbinsel Gramvoúsa nordwärts bis zu einem **Parkplatz**. Auf einem schönen Fußweg gelangt man in etwa 20 Minuten zur Bálos-Bucht, wo im Sommer Kioske Getränke und Snacks anbieten.

» **Karte S. 108, Info S. 115–117**

DIE WESTKÜSTE

Die Westküste Kretas ist von **Plátanos** aus über eine in Richtung Süden verlaufende Straße zu erreichen. Diese Strecke ist gut befahrbar, durchquert hügeliges Gelände und führt zu schön gelegenen Dörfern. An mehreren Stellen zweigen schmale Straßen ab, hinab zu den einsamen **Stränden** der Westküste. Von Plátanos verläuft die Route über **Sfinári**, **Kámbos** und erreicht (nach insgesamt 37 km ab Plátanos) bei dem kleinen Dorf **Kefáli** die von Norden von Kastelli Kissamou über Kaloudianá kommende Straße. Diese direktere Straße entlang dem Tal des Tiflós führt, wenn man ihr bereits von der Nordküste folgt, an zwei bemerkenswerten Dörfern vorbei: **Voúlgaro** und **Topólia ㊽**. In oder nahe dieser Dörfer sind Kirchen mit wunderschönen Fresken zu besichtigen. Die **Agía-Varvára-Kirche** in **Latzianá** (kurz vor Topólia nach links in die Seitenstraße einbiegen) wurde fast ausschließlich aus den Steinen eines antiken Tempels erbaut, der einst hier stand.

Rechts: Elafonísi bietet wunderbare Strände – an der kretischen Küste und auch auf der Insel selbst.

Hinter Topólia verläuft die Straße in der engen **Koutsomatádos-Schlucht**, an deren Ende an einem Parkplatz ein Schild auf die **Agía-Sofía-Höhle ㊾** weist, eine der größten der Insel. Über eine Treppe kann man in 5 Minuten zu der Tropfsteinhöhle, an deren Eingang eine winzige Kapelle steht, hinaufsteigen.

Die Straße führt jenseits der Schlucht weiter nach **Elos**. Diese Stadt war wohl früher Teil des antiken *Inakórions*, heute gehört sie zum so genannten *Enneahória*, den Neun Dörfern, auch wenn inzwischen mehr als neun dazu zählen. Die umliegende Landschaft ist mit prächtigen Kastanienbäumen übersät. Jeweils am dritten Sonntag im Oktober wird in Elos das **Kastanienfest** mit Musik und Tanz gefeiert. Dabei kann dann auch jeder Gast die frisch geernteten Maronen verkosten. Einen Stopp lohnen die **Tavernen** an der Hauptstraße in Elos aber auch an jedem anderen Tag, denn sie bieten gute, authentische kretische Küche.

In **Kefáli ㊿**, ebenfalls eines der neun Dörfer, berührt die Straße die Flanke des Elías-Berges. Der Ort eignet sich gut für eine Pause in einem Café oder einer Taverne oder als Ausgangspunkt für ausgedehnte Spaziergänge in die umliegenden Hügel.

Sowohl in Kefáli als auch im Nachbardorf **Váthi** sind schöne **Kirchen** zu besichtigen.

Hinter Váthi beginnt die Straße zum Meer hin steil abzufallen, stößt in der Stómio-Bucht auf die Küste und verläuft dann südlich bis zu dem malerisch auf einem Felsen gelegenen, in blau und weiß gehaltenen Kloster der „Jungfrau der Goldenen Stufen", **Chrissoskalítissa (51)**. Es wurde Anfang des 19. Jh. gegründet (vermutlich auf älteren Klosterfundamenten), seitdem aber mehrmals aufgegeben. Die Legende besagt, dass eine der 90 Stufen, über die die Besu-

PRÄFEKTUR HANIÁ

HANIÁ

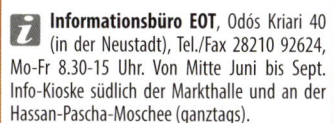

Informationsbüro EOT, Odós Kriari 40 (in der Neustadt), Tel./Fax 28210 92624, Mo-Fr 8.30-15 Uhr. Von Mitte Juni bis Sept. Info-Kioske südlich der Markthalle und an der Hassan-Pascha-Moschee (ganztags).

Halkína, Ouzeri mit Flair, direkt am Hafen, ab 22 Uhr oft kretische Live-Musik, Aktí Tombázi 29-30.

Theodosi, niveauvolle, dennoch relativ preiswerte kretisch-mediterrane Küche, angenehme Terrasse mit Meerblick, hoch über dem Strand, am ruhigen westlichen Stadtrand; im Hotel Alexis, Paparigopoulou 99, www.theodosirestaurant-chania.com.

Adespoto, malerische Musiktaverne in einer dachlosen Hausruine; O. Sifaka 34.

Konáki, typisch kretische Gerichte, z. B. arní sfakianó, Lamm in einer Sauce aus Kräutern, Wein und Oliven; Altstadt, Odós Kondiláki 40.

To Mesostráto, viele kretische Spezialitäten, die gut zum Tresterschnaps Rakí passen, jeden Abend griechische Livemusik; Odós Zambéliou 31, Altstadt. **Tamam**, kretische Spezialitäten serviert im stimmungsvollen Ambiente eines ehemaligen Türkischen Bades, mittlere Preisklasse, sonntags geschlossen; Odós Zambeliou 49. **The Well of the Turk**, kreative Küche des östlichen Mittelmeers, griechische und exotische Spezialitäten in romantischem Rahmen; Odós Kalinikoú Sarpáki 1-3, Altstadt.

To Chani, romantische Atmosphäre, Live-Musik und ruhige Lage vor einer ehemaligen Synagoge, nicht ganz billig; Parodos Kondilaki.

In der **Markthalle** gibt es kleine Tavernen, die Fleisch und Fisch frisch vom Markt servieren.

Bitte bedenken Sie: Öffnungszeiten können sich ändern!

Archäologisches Museum, Di-So 8-15 Uhr; Odós Halidón 25, Altstadt.

Byzantinische Sammlung, Di-So 8-15 Uhr; Odós Theotokopoulou, Altstadt.

Historisches Museum, Mo-Fr 9-14 Uhr; Odós I. Sfakianáki 20, Neustadt.

Nautisches Museum, Mai-Okt. Mo-Sa 9-19, So 10-18 Uhr; Nov.-April tgl. 9-14 Uhr Aktí Kountourióti, Fírka-Bastion, Altstadt.

Synagoge Etz Hayyim, Mo-Fr 9-14 Uhr;

cher auf den 35 m hohen Fels gelangen, aus Gold bestehe. Sie wurde jedoch niemals entdeckt, da nur eine Person, die niemals gesündigt hat, sie erkennen kann. Im Zweiten Weltkriegs versteckten sich Soldaten der alliierten Streitkräfte nach der Landung deutscher Fallschirmjäger in Chrissoskalítissa, bis sie Kreta heimlich verlassen konnten. Die deutschen Besatzer vertrieben im Juni 1943 die Klosterinsassen und richteten dort einen Wachtposten ein. Teile des Klosters zerstörten sie, die Kirche aus dem Jahr 1894 blieb aber im Wesentlichen intakt.

Hinter dem Kloster führt die Straße weiter südwärts, bis die vorgelagerte kleine Insel ★**Elafonísi** 52 zu sehen ist. Vom ★**Elafonísi-Strand**, einem der schönsten Strände Kretas, aufgewärmt von den Winden Afrikas, kann man zu der Insel hinüberwaten oder -schwimmen. Während der Hochsaison warten hier Tavernen, Kioske und Hunderte von Liegen mit Sonnenschirmen auf die zahlreichen Bus- und Mietwagenausflügler.

PRÄFEKTUR HANIÁ

Paródos Kondiláki, www.etz-hayyim-hania.org. **Volkskundliches Museum**, Mo-Sa 9-15 und 18-21 Uhr; Odós Halidón 46 B.

Zentrum der **Music-Clubs** und **Diskotheken** von Haniá ist das Viertel um das Hotel Porto Veneziáno am östlichen Hafen. Tavernen mit **griechischer Live-Musik** liegen in Altstadthäusern zwischen westlichem Hafenbecken und Shiávo-Bastion.
Kretische Lyra-Musik erklingt jeden Abend ab etwa 21 Uhr in der sehr einfachen Kneipe **Kríti** in der Odós Kallergón 22 unmittelbar hinter den venezianischen Arsenalen.
Freiluftkinos gibt es im Stadtpark von Haniá und an der Straße zum Flughafen.

Haupteinkaufsstraßen sind die Odós Halidón in der Altstadt sowie die Straßen Hatzimicháli, Kriári und Stratigoú Tzanakáki in der Neustadt. **Wochenmärkte** finden donnerstags in der Odós Meletíou Pigá und samstags in der Odós Minóos statt. **Ess- und trinkbare Souvenirs** kauft man am besten in der Markthalle. **Ledergeschäfte** konzentrieren sich auf die Odós Skridlóf. **Handgearbeitete Messer** und Sicheln werden in der Odós Sifáka verkauft.
Kunst und Kunsthandwerk aus dem Bezirk Haniá vertreibt die **Association of Artistic Handicraft Producers** am Hafen (Odós Afentoulíef 14).
Die größte Auswahl an **Kelims** bietet Top Hanas (Odós Angélou 5). Besonders schönen **Schmuck**, ausschließlich aus eigener Fertigung, bietet **Carmela** in der Odós Angélou 7.
Eine einzigartige Auswahl von **Schach- und Távli-Brettern** findet man bei Athanásios Diamandópoulos in der Odós Potié 51, der einst griechischer Schachmeister war.

TAUCHEN: **Blue Adventures**, Odós Archoléon 11 (am Alten Hafen), Tel. 28210 40608, www.blueadventuresdiving.gr
Zahlreiche *OUTDOOR-AKTIVITÄTEN* wie Trekking und Bergwandern, Mountainbike-Touren, Rappelling, See-Kayak-Touren und Bergsteigerkurse im Winter bietet **Trekking Plan**, Agía Marína, Tel. 69324 17040, www.cycling.gr
Das *SPASSBAD* der Region mit vielen Wasserrutschen ist **Limnoúpolis**, 7 km außerhalb von Haniá bei Varípetro. Es ist von Ende Mai bis September tgl. 10-18 Uhr geöffnet; ein Buszubringer wird mehrmals täglich von der Platía 1866 aus offeriert, www.limnoupolis.gr.

Griechischer Gebirgsverein (EOS), Odós Michelidáki 3, Tel. 28210 44647, Fax 28210 54903.

Hauptpostamt, Mo-Fr 7.30-18 Uhr; Odós Tzanakáki 3.

FLUG: **Inlandsflüge** mehrmals täglich nach / von Athen, der Flughafen befindet sich 16 km nordöstlich des Stadtzentrums auf der Halbinsel Akrotíri.
SCHIFF / FÄHRE: **ANEK**, Fähren nach Piräus, Platia S. Venizelou (bei Markthalle), Tel. 28210 27500-4, www.anek.gr.
A.N.E.NDY.K, ist die für den Schiffsverkehr zwischen Paleohóra und Hóra Sfakío zuständige Reederei und erteilt Fahrplanauskünfte, Tel. 28210 95511, www.anendyk.gr.
BUS: **Überlandbusse** starten am zentralen Busbahnhof am großen Platz südlich der Platia 1866 (Neustadt), darüber hinaus stündl. Verbindungen nach Réthimno, Iráklio und Kastélli Kissámou. Nach Omalós, Paleohóra, Soúghia und Hóra Sfakíon fahren mehrmals täglich Busse. Aktuelle Fahrpläne unter http://bus-service-crete-ktel.com. Die Linienbusgesellschaft **KTEL** bietet preiswerte **Tagesausflüge zur Samariá-Schlucht** an (von allen großen Hotels und vom Campingplatz aus).
Stadtbusse fahren von der Haltestelle an der Markthalle nach Soúda und in Richtung Profítis Ilías (Venizélous-Grab) sowie von der Haltestelle Ecke Pl. 1866 / Odós Kidonias zu den Vororten und Stränden im Westen.
TAXI: Standplätze an der Platia 1866, der Platia S. Venizélou und am Busbahnhof.
AUTOVERLEIH: **Avis**, am Flughafen, Tel. 28210 63080, www.avis.com.
Europrent, Odós Halidón 87, Tel. 28210 27810, Fax 28210 27813, www.europrent.gr.
Kosmos, Odós Skalídi 22, Tel. 28210 90827, Fax 28210 99659, www.kosmos-carrental.com.
Thrifty, Agía Marína Commercial Centre, Tel. 28210 83667, Fax 28210 83666, www.thriftygreece.gr, www.thrifty.com.

PRÄFEKTUR HANIÁ

Städtisches Kulturfestival (Juli bis Ende August): Theater, Konzerte, Ausstellungen, Folklore an verschiedenen Veranstaltungsorten.

Braoudákis Family, Wein, Schnaps, Olivenöl und vieles mehr aus eigener Produktion; an der Straße nach Vrísses.

AKROTÍRI-HALBINSEL

Kloster Agía Triáda: tgl. 7.30-14 u. 17-19 Uhr. **Kloster Gouvernétou**: Ostern bis Sept. Mo, Di, Do 9-12 u. 17-19 Uhr, Sa/So 5-11 u. 17-20 Uhr; Okt. bis Ostern Mo, Di, Do 9-12 u. 16-18 Uhr, Sa/So 5-11 u. 16-19 Uhr.

APOKÓRONON HALBINSEL

I Stérna tou Bloumosífi, traditionelle Taverne in einem restaurierten Kaffeehaus aus dem Jahr 1905, kretische Spezialitäten; in Vámos an der Hauptdurchgangsstraße.
Dimítri, einfaches Kafenío, dessen Wirt als Statist im Zorbás-Film mitgewirkt hat und noch viel von damals zeigen kann; an der Hauptgasse von Kókkino Horió.

Gavalohóri, Volkskundliches Museum, So-Fr 9-20 Uhr, Sa 9-14 Uhr.

Kókkino Horió: Produkte aus recyceltem Glas in der Glasmanufaktur. **Vámos**: Traditional Grocery verkauft Marmeladen, Olivenöl, Nudeln und Wein aus ökologischem Anbau.

APTERÁ

Ausgrabungen, Di-So 8.30-15 Uhr.

GEORGIOÚPOLI

Konáki, traditionelle kretische Taverne mit exzellenter Küche, in der man noch in die Kochtöpfe schauen darf, nur abends geöffnet; an der Straße zum Kournás-See nahe dem Ortszentrum.
O Fánis, mit schönem Blick auf den Fischerhafen in der Flussmündung; an der Flussbrücke.
Poseidon, traditionelle Fischtaverne in ruhiger Lage; abseits der Hauptstraße zur Nationalstraße schräg gegenüber der Polizeistation.
Tropicana, direkt am Strand am östlichen Ortsende, bei Tag und Nacht empfehlenswert.

HÓRA SFAKÍON

An der Promenade des alten Hafens reihen sich zahlreiche gepflegte Fischrestaurants aneinander, zum Teil mit sehr großer Auswahl, so das **To Limáni** und das besonders empfehlenswerte Resturant **Samaria**, das zu einem netten, nostalgischen kleinen Hotel gehört.

KASTÉLLI-KISSÁMOU

Papadáki, direkt am Wasser, preiswert, sehr guter Schweinebraten in kretischer Kräutersoße; am westlichen Ende der Strandpromenade vor dem Hotel Argo.

Ausflüge zur Insel Gramvoúsa: Gramvoúsa Bálos Cruises, am Hafen, Tel. 28220 24344, www.gramvousa.com. Ermäßigung bei Vorausbuchung im Internet, in ganz Westkreta als Tagesausflug mit Bustransfer buchbar.

KOLIMVÁRI

Kloster Goniá, So-Fr 8-12.30 u. 16-20 (Sommer) bzw. 15.30-17.30 Uhr (Winter), Sa nur ab 16 Uhr.

LOUTRÓ

The Blue House, große Portionen, viel Auswahl, u. a. knoblauchgespickter Rinderbraten; zwischen Anleger und Hotel Porto Loutró.

PALEOHÓRA

Abends ist die **Hauptstraße** für den Verkehr gesperrt, dann stellen alle Tavernen und Cafés Tische und Stühle nach draußen.
The Third Eye, Kretas erstes vegetarisches Restaurant; es serviert gesunde, schmackhafte Gerichte, abends häufig Weltmusik live im Garten; am Südende des Sandstrands von Paleohóra.

Attikon: Freiluftkino hinter dem Strand.

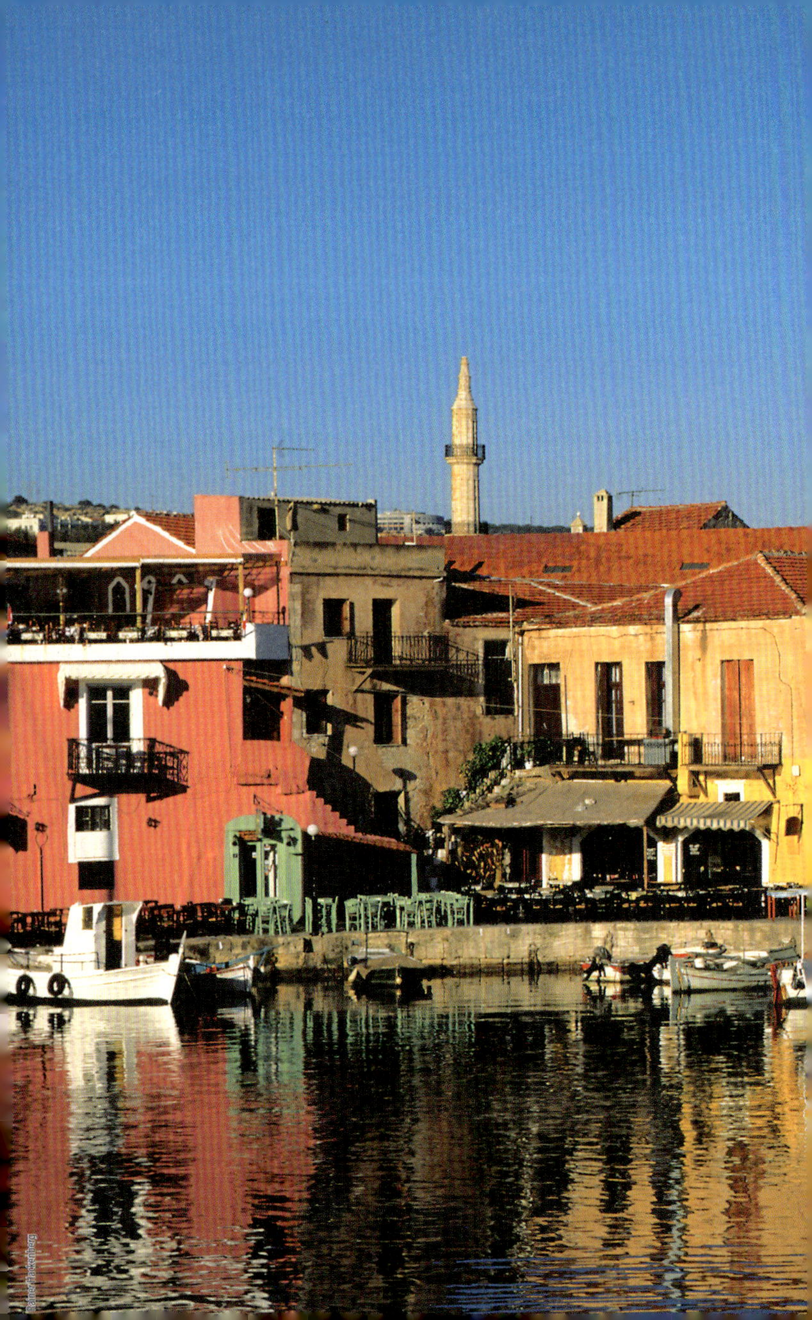
Rainer Hackenberg

Der Venezianische Hafen von Réthimno

Im Süden, am weiten Strand von Plakias

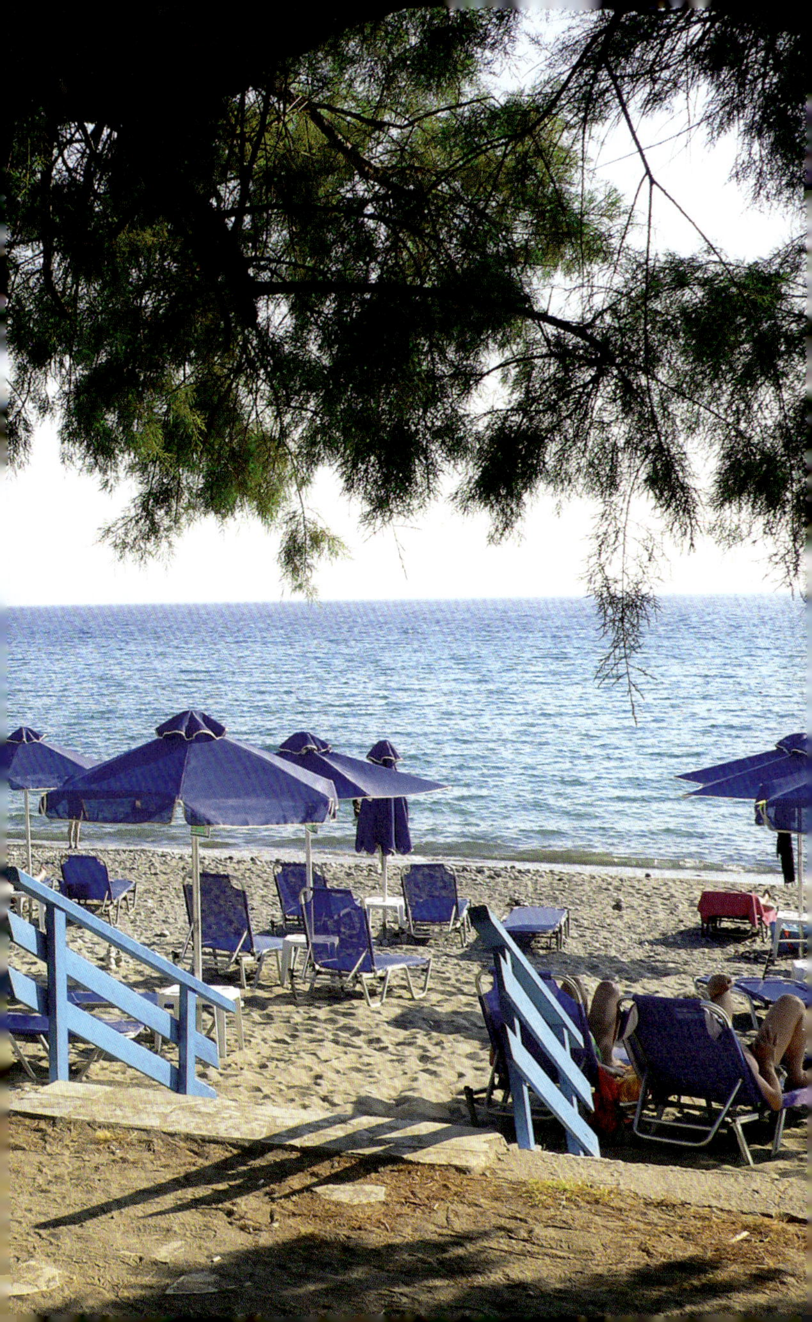

PRÄFEKTUR RÉTHIMNO

PRÄFEKTUR RÉTHIMNO

RÉTHIMNO-STADT
ARKÁDI / MARGARÍTES
SÜDWESTLICH VON RÉTHIMNO
PRÉVELI / PLAKIÁS
FRANGOKÁSTELLO
SPÍLI / AGIÁ GALÍNI
AMÁRI-TAL
ÖSTLICH VON RÉTHIMNO

★★RÉTHIMNO-STADT

Die Präfektur (Landkreis) Réthimno schließt sich östlich an die Region Haniás an. Er liegt zwischen dem Psilorítis im Osten und den Ausläufern der „Weißen Berge" im Westen. Die Nord- und Südküste werden von weißen Sandstränden zum Kretischen und Libyschen Meer hin gesäumt.

Die Hauptstadt ★★**Réthimno** ❶ (Rethymnon; 55 000 Ew.) liegt verkehrsgünstig an der Nordküste, auf halbem Wege zwischen Kretas beiden wichtigsten Verkehrspunkten: den Häfen und Flughäfen von Iráklio im Osten und Haniá im Westen. Réthimno selbst besitzt keinen guten Hafen und ist traditionell eher ein geistiges und kulturelles Zentrum als eine Handelsstadt. Deshalb hat es mehr Historisches bewahrt – seine Altstadt ist immer noch die Mitte städtischen Lebens, und seine wechselvolle Geschichte, die hauptsächlich geprägt wurde durch die venezianische Okkupation im Mittelalter, scheint noch allgegenwärtig zu sein.

Réthimno liegt auf einer flachen Landzunge, deren Spitze ein niedriger, lang gestreckter Felsen bildet. Er wird größtenteils von einer venezianischen Festung (16. Jh.) eingenommen. Seit-

Links: In der Altstadt von Réthimno findet man noch Holzerker aus osmanischer Zeit.

dem die ersten minoischen Siedler im 13. Jh. v. Chr. in diese Gegend kamen, hat man wichtige Bauwerke auf diesem Hügelzug gebaut. Im 4. Jh. v. Chr. wurden hier Tempel für Artemis, Apollon und Athene errichtet. Später, während der byzantinischen, sarazenischen und genuesischen Besetzung Kretas, erbaute man hier ein Kastell, dessen Existenz noch heute durch den überlieferten Namen des Berges *Palaeókastro*, d. h. „alte Burg", bezeugt wird.

Als die Venezianer 1210 Réthimno einnahmen, besetzten sie auch das alte Kastell. Sie begannen sofort, eine Mauer mit Türmen und Toren über den Zugang zur Landzunge zu ziehen, um die Stadt von der Landseite her zu schützen. Diese Befestigungsanlagen und das Kastell selber wurden nach und nach bei einer Reihe von Angriffen durch Piraten und Osmanen Mitte des 16. Jh. zerstört. Einige der Überfälle wurden von dem berüchtigten türkischen Piraten Barbarossa geführt, der die Ägäis verunsicherte, die er für die Osmanen durchstreifte. 1573 begannen die Venezianer mit dem Bau der heutigen Festung. Sie wurde 1583 fertig gestellt. Nach einer 23tägigen Belagerung fiel sie 1645 den Osmanen in die Hände. Diese hielten sie bis 1898 besetzt, bis sie vor den vereinten Streitkräften der Briten, Franzosen und Russen weichen mussten.

Obwohl die venezianischen Mau-

» Karte S. 130–131, Stadtplan S. 124, Info S. 143–145

PRÄFEKTUR RÉTHIMNO

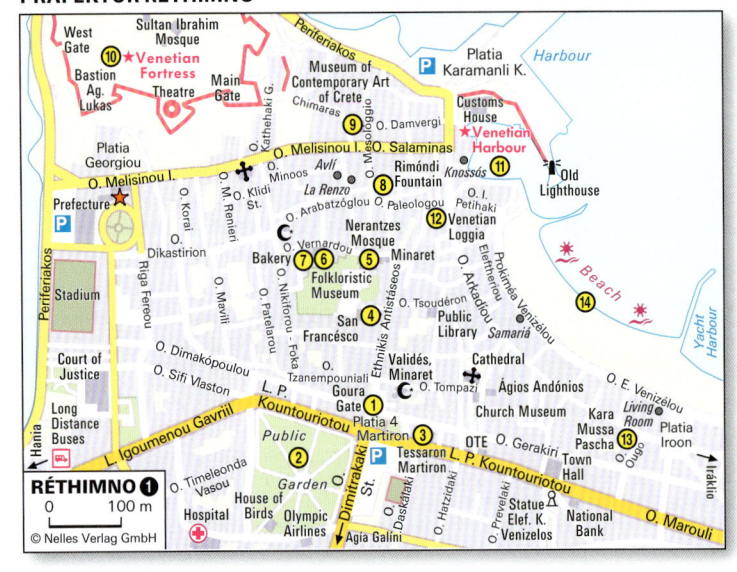

ern die Jahrhunderte nicht überdauert haben, lässt sich ihr einstiger Verlauf unschwer erahnen: Sie befanden sich zwischen der „eigentlichen" Stadt Réthimno und den farblosen Bauten, die sich entlang der alten Hauptstraße zwischen Iráklio und Haniá erstrecken. So wird der letzte Rest der Befestigungsanlagen – ein Teil des Triumphbogens des venezianischen Goura-Tors – auch heute noch als Haupteingang zur Stadt betrachtet. Er ist auch der Ausgangspunkt für einen Rundgang.

Rundgang

Das **Goura-Tor** ① liegt am großen Platz der vier Märtyrer, der Platía 4 Martýron. Im Südwesten grenzt er an den **Stadtpark** ②, der an der Stelle eines alten türkischen Friedhofs angelegt wurde. Er ist eine Oase der Ruhe und Frische in der Hitze des kretischen Sommers.

Im Osten des Platzes erhebt sich die **Kirche der vier Märtyrer** ③, in der die Reliquien von drei jener vier Rethimnioten verehrt werden, die die Türken 1824 auf diesem Platz zunächst enthaupteten und dann noch in Platanen hängten. Sie waren offiziell zum Islam übergetreten, blieben insgeheim aber Christen. Die Reliquie des vierten Märtyrers wird heute im russischen St. Petersburg verwahrt. Auf dem Platz vor der Kirche steht ein **Denkmal für Kostas Giamboudákis**, den „Helden", der 1866 Frauen und Kinder im Kloster Arkádi in die Luft sprengte (s. S. 127).

Durch die Überreste des **Goura-Tores** geht es nun in die Altstadt hinein. Gleich links in der schmalen Odós Dimakópoulou lohnt ein Blick in die **Werkstatt eines Lyra-Bauers**, der dort diese langhalsigen, dreisaitigen Instrumente herstellt und verkauft, die den Klang der traditionellen kretischen Musik bestimmen.

Auf die Marktgasse **Odós Ethnikís Antistáseos** zurückgekehrt, geht es nun weiter in die Altstadt. Linker Hand passiert man die **Kirche San Francesco** ④. Die einschiffige Basilika aus venezianischer Zeit wurde noch bis 2015 von der katholischen Gemeinde

124 » Stadtplan S. 124, Info S. 143–145

PRÄFEKTUR RÉTHIMNO

für Messen genutzt. Derzeit beherbergt es einen Teil der **Sammlungen des Archäologischen Museums**, das wegen Neubaus geschlossen ist, mit Funden aller Epochen seit neolithischer Zeit. Zu sehen sind Gerätschaften, Schmuck, Tontöpfe und Votivfiguren aus der neolithischen Epoche, Tontöpfe aus minoischer Zeit und verschiedene Vasen, Figurinen, Statuetten, Siegel, Schmuckstücke, Waffen, Gerätschaften, Münzen, Sarkophage, Grabsteine und fragmentarische Gebäudereste aus der klassischen Zeit der römischen und byzantinischen Besatzung. Nicht zu vergessen sind einige Exponate ägyptischen Ursprungs. Die Tatsache, dass aus der türkischen Besatzungszeit kaum Zeugnisse vorhanden sind, zeigt, wie gründlich die Rethimnioten bei der Auslöschung dieses Teils ihrer Vergangenheit vorgegangen sind.

Etwa 50 m weiter gabelt sich die Straße. Nach halbrechts zweigt die Odós Souliou zur Loggia ab. An ihr liegt neben einigen guten **Kunstgewerbeläden** und der Werkstatt eines Ikonenmalers auch eine der ältesten und urigsten **Kräuterhandlungen** der Insel.

Halb links führt die platzähnliche ★**Odós Titou Petiháki**, gesäumt von netten Lokalen, weiter ins Herz der Altstadt. Links erhebt sich zunächst die **Nerantzes-Moschee** ⑤ (18. Jh.), die heute als Musikschule genutzt wird. Ihr Minarett ist wie auch alle anderen der Stadt für Besucher leider nicht zugänglich.

Hier beginnt die **Odós Vernárdou**, an der das **Historische Museum** ⑥ der Stadt liegt. Es zeigt Trachten, altes Kunstgewerbe und traditionelle Gerätschaften der Bauern. Ein paar Schritte weiter folgt auf der gleichen Straßenseite eine große alte **Bäckerei** ⑦, deren Inhaberehepaar noch ganz traditionell den *fýllo* genannten, typisch griechischen Strudelteig herstellt und sich dabei auch gern zusehen lässt.

Die Odós Vernárdou ist auch abends reizvoll: Hier treffen sich vor allem jüngere Kreter in den typischen Rakí-Lokalen.

Den Mittelpunkt der Altstadt bildet der Platz am **Rimóndi-Brunnen** ⑧ mit schönen Straßencafés und Tavernen. Der Brunnen ist nach seinem venezianischen Erbauer Antonio Rimondi benannt, der den Brunnen 1629 errichten ließ. Seine Architektur spiegelt die gesamte 2000-jährige Geschichte der Stadt wider: die Säulen sind korinthisch, die Löwenköpfe venezianisch, die rückwärtige Gewölbewand in türkischer Manier gestaltet. 1930 wurde das obere Gewölbe des Brunnens abgerissen, um das Viertel an der Festung für den Verkehr zugänglich zu machen.

Dieses Viertel ist das schönste von Réthimno. Als die Venezianer die jetzige Festung erbauten, um den wiederholten osmanischen Angriffen zu trotzen, verschmähten die Griechen die Sicherheit der Mauern und bauten ihre Häuser außerhalb der Festung wieder auf. Diese Häuser rahmen nun das Gewirr der Straßen im Alten Viertel ein, und stechen dem Besucher als erstes ins Auge. In venezianischer Zeit erbaut, haben einige wundervoll behauene Marmorportale und bezaubernde Innenhöfe mit Brunnen. Einige besitzen auch als Erker hervorspringende zweite Stockwerke. Sie wurden nachträglich von türkischen Adligen angebaut, um es den Damen des Hauses zu ermöglichen, durch Lamellenfenster geschützt, ungesehen das bunte Treiben auf der Straße zu beobachten.

Um zur Festung hinaufzukommen, gibt es mehrere Möglichkeiten. Ein Weg führt am **Museum of Contemporary Art of Crete** ⑨ vorbei, das moderne griechische Kunst präsentiert.

Die ★**Festung** ⑩, von den Venezianern mit Zwangsarbeitern erbaut und später bedingungslos an die Türken übergeben, war lange ein schwarzer Fleck in der Geschichte Réthimnos. Sie ist ein Symbol der Furcht, Unterdrückung und des Martyriums. Im August 1944 sprangen rethimniotische Frauen

PRÄFEKTUR RÉTHIMNO

von den Festungsmauern in den Tod, um der Geiselnahme während des Rückzugs der Deutschen zu entgehen. Von da an verfiel das Kastell, nachdem die fliehenden deutschen Truppen 1944 ihr Übriges zur Zerstörung beigetragen hatte. Heute sind umfangreiche Restaurierungsarbeiten im Gange. Ein Besuch lohnt sich auf alle Fälle, selbst nur für einen Blick auf die Stadt und das Kretische Meer. Im Sommer geben bekannte griechische Sänger Konzerte in dem bezaubernden, von Pinien beschatteten Freilichttheater des Kastells.

Nur fünf Gehminuten von der Festung entfernt liegt der wunderschöne ★**Venezianische Hafen** ⑪. Farbenfroh und beschaulich, eingerahmt von Booten, Cafés und **Fischrestaurants**, bildet er eine Welt für sich und ist ein idealer Rückzugsort vom lärmenden Treiben der Stadt. Der Bau des Hafens wurde

Oben: In der Loggia von Réthimno werden Kopien berühmter antiker Kunstwerke angeboten. Rechts: Den breiten Stadtstrand von Réthimno begleitet eine palmenbestandene Promenade.

1300 von den Venezianern begonnen. Noch heute ist er Anlaufort für die kleinen Fischer- und Vergnügungsboote. Die Fahrrinne wird ständig durch Sand und Schlick zugeschwemmt. Sie offen zu halten, ist eine Sisyphosarbeit.

In der Mitte des Hafenrunds geht eine kleine Straße ab, an deren Seiten sich Läden mit kretischem Kunsthandwerk und Schmuck drängen. Sie führt zurück in die Innenstadt und auf eine der wichtigsten Sehenswürdigkeiten von Réthimno zu – die **Loggia** ⑫. Sie wurde im 16. Jh. als Clubhaus für venezianische Edelmänner erbaut. Heute dient der geschmackvoll, aber nicht wissenschaftlich exakt restaurierte Bau als staatliches Geschäft für den Verkauf von Kopien von Kunstwerken aus griechischen Museen.

Der Loggia gegenüber stand früher ein Uhrturm. Die Einheimischen erzählen sich, dass er gebaut wurde, um die Herren daran zu erinnern, ihre Glücksspiele zu beenden und rechtzeitig zum Essen zu Hause zu sein. Es muss sich um das Mittagessen gehandelt haben,

PRÄFEKTUR RÉTHIMNO

denn der Turm besaß nur eine Sonnenuhr. Dieser Uhrturm stellte den letzten Überrest der alten Stadtmauer dar, der bis ins 20. Jahrhundert überdauerte, doch 1945 vom Grundstücksbesitzer bis auf die Grundfesten abgerissen wurde. Dies ermöglichte den direkten Zugang zur **Arkadíou-Straße**, schon damals die **Haupteinkaufsstraße** Réthimnos, die heute in Altstadtnähe verkehrsberuhigt ist.

Am östlichen Ende der Arkadíou-Straße steht die kleine **Moschee Kara Mussa** ⑬, die ursprünglich eine venezianische Klosterkirche war. Heute ist in ihr das Amt für byzantinische Altertümer untergebracht; auf dem Hof stehen einige türkische Grabsteine.

Der schöne lange **Badestrand** ⑭ von Réthimno ist eine der jüngeren Attraktionen der Stadt. Erst nach dem Bau einer zweiten Mole in den 1960er-Jahren lagerte sich hier reichlich feiner Sand an. Vorher stieß die See geradezu an die Fenster der nächstgelegenen Häuser. Nach Osten zieht sich der Sandstrand noch weitere 6 km hin.

ZUM ★★KLOSTER ARKÁDI UND INS TÖPFERDORF MARGARÍTES

Ein schöner Tagesausflug, den man von Réthimno und seinen Badehotels aus auch gut mit Moped oder Vespa und sogar als geführte Mountainbike-Tour unternehmen kann, führt ins Bergland südöstlich der Stadt. Im Badeort **Plataniás** ist der Beginn der Straße zum ★★**Kloster Arkádi** ❷ an der alten Uferstraße ausgeschildert. Sie führt zunächst noch durch einige Dörfer und windet sich dann am Rand einer Schlucht entlang aufwärts bis auf 500 m Höhe. Dort steht, 23 km von Réthimno entfernt, auf einer weiten Hochebene das berühmteste Kloster der Insel. Es gilt als Nationaldenkmal: 1866 hatten sich 325 bewaffnete Freiheitskämpfer mit ihren Familien vor den herannahenden Türken ins wehrhafte Kloster zurückgezogen. Als sie erkennen mussten, dass ihr Kampf aussichtslos war, sprengten sie ihre Familien im Pulvermagazin des Klosters in die Luft und kämpften selbst bis zum letzten Blutstropfen wei-

PRÄFEKTUR RÉTHIMNO

ter. Ihr Opfer machte die Welt auf das Schicksal Kretas und den Freiheitswillen seiner Bewohner aufmerksam und gab so letztendlich den Anstoß zur Befreiung der Insel vom türkischen Joch.

Das heutige Kloster ist hauptsächlich ein Denkmal für das Martyrium von 1866. Es besteht aus vier Gebäudeabschnitten. Zwischen den Bäumen links des Parkplatzes steht ein Pavillon, den gefallenen Widerstandskämpfern gewidmet. Er enthält ein Beinhaus mit den Schädeln einiger Märtyrer. Das Gebäude am hinteren, nördlichen Ende des Parkplatzes ist ein Touristenzentrum mit Souvenirladen und Restaurant, von dessen Terrasse aus man einen herrlichen Blick aufs Meer hat.

Das große Portal und die Frontmauern des Klosters wurden, nachdem sie 1866 durch Kanonenbeschuss zerstört worden waren, 1870 wieder aufgebaut. Hinter dem Tor befindet sich ein Arkadengang. Er führt zu den Mönchszellen, die heute größtenteils leerstehen.

Gegenüber dem Eingang steht die beeindruckende Fassade der zweischiffigen Hauptkirche **Hl. Helena und Konstantin**, die während der venezianischen Besatzung 1587 erbaut wurde. Renaissance- und Barockelemente mischen sich unbekümmert an der aus gelblichem Stein erbauten und inzwischen restaurierten Fassade miteinander. Blickfang ist der dreibogige Glockenstuhl zwischen den beiden Schiffen. Links von der Kirche, hinter dem heutigen Refektorium, liegt die berühmte **Pulverkammer**.

Das Historische Museum des Klosters, rechts von der Hauptkirche, enthält verschiedene Andenken an das Martyrium sowie ein dreidimensionales Modell der Umgebung. Es zeigt, wie die Türken sich Arkádi näherten und es umzingelten.

Am Touristenzentrum vorbei führt eine schmale Asphaltstraße über die einsame Hochebene zunächst ins Dorf Eléftherna und dann ins Zentrum des Nachbardorfes **Archéa Eléftherna ❸**. Hier legen kretische Archäologen seit 1985, finanziell unterstützt durch eine kretisch-deutsche Hotelkette, die dorische Stadt Eléftherna frei, die im 1. Jt. v. Chr. ein bedeutendes Handelszentrum war. Besonders eindrucksvoll sind die bis zu 40 m langen, aus dem Fels gehauenen Zisternen aus hellenistisch-römischer Zeit. Im Tal unterhalb der Zisternen blieb auch eine Brücke aus klassischer Zeit erhalten. Über den aktuellen Stand der Ausgrabungen und weitere Funde informieren die sehr engagierten Dorfbewohner.

Überwiegend bergab geht es nun weiter ins Töpferdorf **Margarítes ❹**. Gleich am oberen Dorfrand passiert man rechter Hand zwei Töpfereien, in denen noch die traditionellen, mannshohen Píthoi hergestellt werden, die schon die Minoer als Vorratsgefäße benutzten. Diverse andere Töpfereien weiter unten im Dorf produzieren hingegen überwiegend moderne Keramik und Keramik-Souvenirs. Mehrere Tavernen laden zur Rast, bevor es ständig bergab und zurück zur alten Nationalstraße Réthimno-Iráklio geht, auf der man zu den Badeorten östlich von Réthimno und nach insgesamt 61 km auch in die Stadt zurückkehrt.

STILLE DÖRFER SÜDWESTLICH VON RÉTHIMNO

Mit dem Auto oder mit einem starken Moped oder Motorroller lohnt sich ein Tagesausflug in die Bergdörfer der Präfektur Réthimno, der mit einer Tretbootfahrt auf dem See von Kournás oder am Strand von Georgioúpoli beschlossen werden kann.

Man folgt in der Stadt den Wegweisern in Richtung Haniá und an der Ampelkreuzung mit der Schnellstraße dann dem Schild nach Atsipópoulo. Durch Prínes und Goniá geht es auf der alten Nationalstraße bis Agios Andréas.

Rechts: Kloster Arkádi – Nationaldenkmal für den Freiheitswillen der Kreter.

PRÄFEKTUR RÉTHIMNO

Am Dorfausgang zweigt nach rechts eine beschilderte Straße nach **Káto Valsamonéro** ❺ mit der kleinen Kapelle Agios Ioánnis ab. In ihr sind Fresken aus der Zeit um 1400 erhalten; den Schlüssel erhält man im nahen Kaffeehaus.

Auf die alte Nationalstraße zurückgekehrt, verlässt man sie an der nächsten Einmündung sogleich wieder nach links und kommt, durch alte Olivenhaine sowie das Dorf Kaloníktis, nach **Roústika** ❻. In den Kaffeehäusern sitzen fast nur noch alte Leute, denn die Jugend ist an die Küste und in die Städte abgewandert. Sehenswert sind das Kloster Profítis Ilías am oberen Rand des Dorfes und die Kirche Panagía im unteren Ortsteil mit Fresken aus der Zeit um 1380.

Am Rand einer fruchtbaren Hochebene entlang geht die Fahrt weiter über Agios Konstantínos und Káto Póros. Etwa 300 m bevor man die Straße nach Argyroúpoli erreicht, führt rechts ein schattiger Feldweg abwärts zur noch etwa 200 m entfernten **Nekropole von Argyroúpoli**, wo Archäologen seit 1996 antike Felsgräber freilegen.

Von der Straße nach **Argyroúpoli** ❼, das an der Stelle der antiken Stadt *Lappa* steht, biegt man dann bereits nach 100 m wieder rechts ab in Richtung Así Goniá. 500 m weiter wird ein bei Kretern im Sommer besonders beliebter **Rastplatz** mit künstlichen Wasserfällen, kleinen Teichen und drei schattigen Tavernen unter alten Platanen passiert. Hier entspringen kräftige Quellen, die Réthimno mit Trinkwasser versorgen.

Die Straße führt nun 3 km lang durch die grüne und wasserreiche **Gipári-Schlucht** und durchquert dann ein weltabgeschiedenes Hochtal, an dessen entgegengesetztem Rand das noch recht geschäftige Hirtendorf **Así Goniá** ❽ liegt. Am unteren Dorfplatz zeugen mehrere Denkmäler von örtlichen Helden im Kampf um die Befreiung Kretas von den Türken. Preiswerter als in den Kaffeehäusern dieses Dorfes sind die Getränke wohl in keinem anderen Ort Kretas.

Von Así Goniá konnte man früher nur noch mit Geländewagen weiter in die völlig einsamen, neuerdings jedoch

» Karte S. 130-131, Info S. 143-145

PRÄFEKTUR RÉTHIMNO

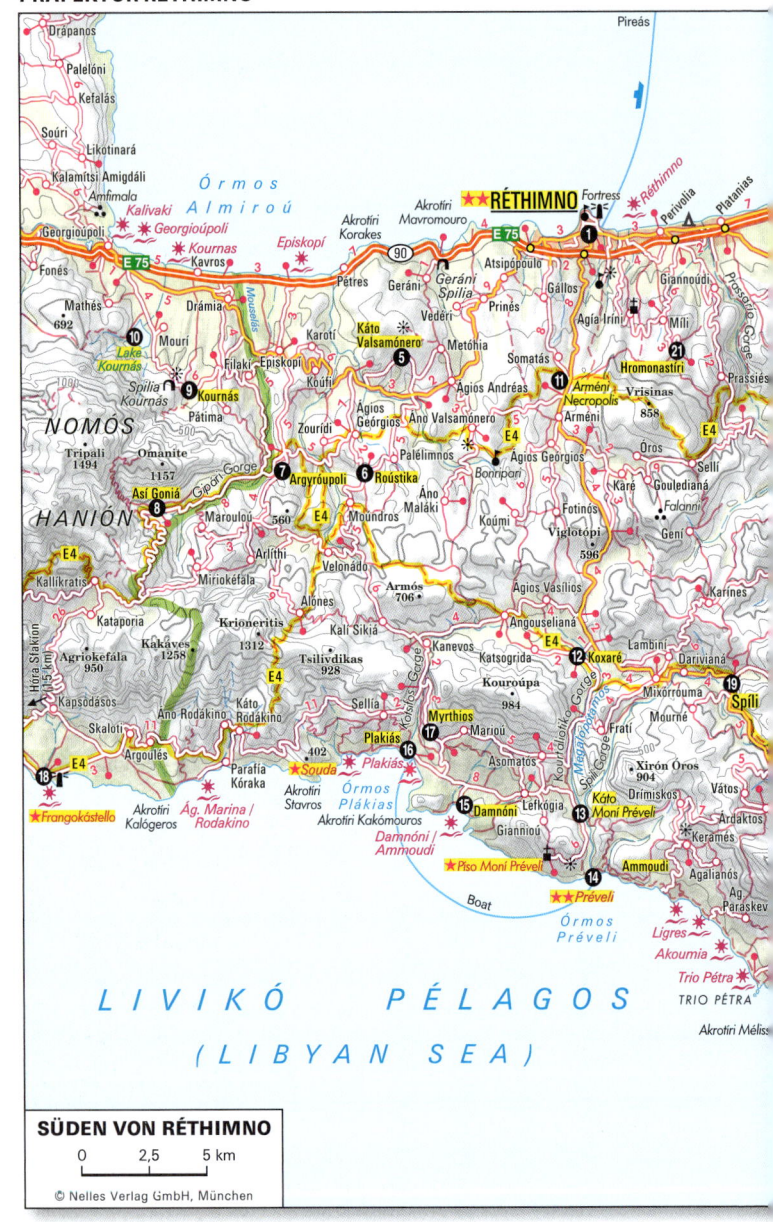

SÜDEN VON RÉTHIMNO

0 — 2,5 — 5 km

© Nelles Verlag GmbH, München

PRÄFEKTUR RÉTHIMNO

PRÄFEKTUR RÉTHIMNO

Foto: Rainer Hackenberg

über Asphaltstraßen zu erreichenden Bergdörfer **Kallíkratis** (11 km, 800 m ü. M.) und **Asfendoú** (17,5 km). Von dort kann man durch grandiose Landschaft westwärts 8,5 km weiter bis nach Imbros an der Hauptstraße Vrísses – Hóra Sfakíon fahren. Ebenfalls auf einer neuen Teerstraße ist von Kallíkratis die venezianische Burg und der Sandstrand von ★**Frangokástello** (⓲) an der Südküste zu erreichen (s. S. 137).

Zurück in Argyroúpoli gelangt man nordwärts zurück zur alten Nationalstraße, die man bei Episkopí erreicht. Von hier aus kann man direkt in nördlicher Richtung zur Schnellstraße Réthimno-Haniá gelangen. Schöner ist aber die Fahrt durch grünes Hügelland ins Dorf **Kournás** ⓽ mit seinen weithin berühmten **Metzgereitavernen**, in denen Schinken und Landwurst besonders gut schmecken.

Solcherart gestärkt geht es weiter an den **See von Kournás** ⓾, Kretas

Oben: Ein Fresko in der Panagía-Kirche von Roústika (14. Jh.).

größten Binnensee (65 Hektar). Am Ufer kann man Tretboote mieten und in mehreren Tavernen gut speisen.

Nur 3 km weiter sind dann bei **Georgioúpoli** (siehe voriges Kapitel) die Schnellstraße Haniá – Réthimnon und das Meer erreicht. Georgioúpoli liegt wie der See von Kournas bereits in der Präfektur Haniá; der hier beginnende **Pétres-Strand** reicht im Osten jedoch bis in die Präfektur Réthimno hinein.

NACH ★★PRÉVELI UND PLAKIÁS AN DER SÜDKÜSTE

Die Hauptstraße an die Südküste beginnt am Platz der vier Märtyrer im Zentrum von Réthimno. Wegweiser dirigieren Sie entlang des Parks zum Südende der Stadt. Dort führt die Straße in die Hügel hinauf – zwischen dem westlichen Höhenzug der „Weißen Berge" und dem östlichen Massiv des Psilorítis (Ida).

Nach ca. 8 km zweigt nach rechts eine Straße ins Dorf Sómatas ab, 100 m weiter liegt rechter Hand die spätmino-

» Karte S. 130-131, Info S. 143-145

PRÄFEKTUR RÉTHIMNO

ische **Nekropole von Arméni** ⓫. In einem kleinen Wald haben Archäologen dort seit 1969 etwa 280 teilweise gut erhaltene Felskammergräber freigelegt. In einigen fanden sie schön bemalte Sarkophage, die jetzt in den Archäologischen Museen von Haniá und Réthimnon ausgestellt sind.

1,5 km weiter ist das Dorf **Arméni** erreicht, das der Überlieferung nach von armenischen Soldaten gegründet wurde, die dem Heer angehörten, mit dem der spätere byzantinische Kaiser Nikifóros Fokás Kreta von der arabischen Herrschaft befreite.

Nach weiteren 10 km zweigt nach rechts eine Straße ab, die durch die enge Kotsífos-Schlucht in den von hier noch 16 km entfernten Badeort Plakiás führt. Interessanter ist es jedoch, noch weitere 1,5 km auf der Hauptstraße zu bleiben und dann nach rechts durch das beschauliche Dorf **Koxaré** ⓬ zur Küste hinunterzufahren. Die Straße schlängelt sich dabei durch die **Kourtaliótiko-Schlucht**. Sie passiert darin eine rechter Hand an die Felswand gebaute Kapelle und dann linker Hand mehrere Parkbuchten. Hier lohnt es sich, auszusteigen und über 250 Stufen zur kleinen **Kapelle Agios Nikólaos** in der Schlucht hinabzusteigen. 1,5 km weiter talabwärts entspringt der Wildbach **Megalopótamos,** der am nahen Palmenstrand von Préveli ins Libysche Meer mündet. Das Quellwasser tritt aus zahlreichen Löchern und Spalten in der Felswand aus, bildet kleine Wasserfälle und zwängt sich dann durch eine besonders enge, unpassierbare Stelle der Schlucht.

Im Dorf **Asómatos** mit seinem interessanten **Volkskundlichen Museum** teilt sich die Straße. Hier biegt man links ab und folgt den Wegweisern nach **Préveli**. In dieser Gemarkung erwarten Sie später drei bemerkenswerte Sehenswürdigkeiten: das verlassene Kloster Káto Préveli, das noch bewohnte Männerkloster Píso Préveli und der Palmenstrand von Préveli.

Wo die Straße auf das Flussbett des Megalopótamos trifft, liegt linker Hand eine alte **Venezianische Brücke**. Überquert man diese ostwärts, und bald darauf eine zweite Brücke südwärts, so kann man auf einer etwa 7 km langen, holprigen Piste bis zur Küste hinunter gelangen. Dort gibt es eine Taverne und einen Anleger, von dem aus Boots-Taxis zum Préveli-Strand hinüberfahren; von hier führt aber auch ein Uferpfad in Richtung Westen, an der Felsküste entlang, in etwa fünfzehn Gehminuten dorthin.

Bleibt man hingegen auf der Hauptstraße, steigt diese hinter der venezianischen Brücke, die links liegen bleibt, wieder bergan. Schon nach etwa 600 m erblickt man links unterhalb der Straße die **Klosterruine Káto Préveli** ⓭. Es wurde bereits in den 1820er-Jahren von den Türken als Hort des Widerstands niedergebrannt; die Zellen, Lagerräume und Ställe sind noch gut zu erkennen.

Etwa 1,5 km weiter zweigt eine Straße nach links zu einem **Parkplatz** hoch über dem westlichen Steilufer ab. Von dort steigt man in 20 Minuten über einen steilen, teilweise rutschigen Pfad zum ★★**Strand von Préveli** ⓮ hinunter. Man kann aber auch vom Ende der schlechten Holperpiste, die weiter östlich in **Drimiskiano Ammoudi** bei der Taverne Dionyssos das Meer erreicht, in 15 Minuten zum Préveli-Strand wandern. Er ist wohl am ganzen Mittelmeer einzigartig: Der Megalopótamos tritt hier aus einem von Palmen gesäumten, nordafrikanisch anmutenden Canyon aus, windet sich als klarer Fluss über den hellen Sandstrand und mündet dann neben dem Steilufer ins Meer. Man hat die Wahl zwischen einem Bad im warmen Salz- oder im kühlen Süßwasser und kann auch teils schwimmend, teils watend dem Flussverlauf in Richtung Quelle folgen. Im **Palmenhain** gibt es eine Reihe von lauschigen Lichtungen, auf denen bis Ende des 20. Jahrhunderts noch Hippies lebten.

Die Hauptstraße endet – vorbei am

PRÄFEKTUR RÉTHIMNO

Kriegerdenkmal für die Widerstandskämpfer und die verbündeten Briten gegen die Deutschen – 3,2 km nach der Klosterruine von Káto Préveli am großen Männerkloster ★**Píso Préveli** hoch über dem Libyschen Meer. Nachdem es die Türken 1866 niedergebrannt hatten, weil es die Freiheitskämpfer unterstützte, wurde es in der heutigen Form wiederaufgebaut. Nach der deutschen Besetzung Kretas fanden hier britische, australische und neuseeländische Soldaten Unterschlupf, bis sie 1941 von alliierten U-Booten nach Ägypten evakuiert werden konnten. Ein 1991 von australischen Veteranen gestifteter **Brunnen** im Klosterhof erinnert daran. Das kleine **Klostermuseum** birgt kostbare Ikonen, liturgisches Gerät und wertvolle Weihegaben von Gläubigen.

Vom Kloster sind es 17 km über Lefkógia bis nach Plakiás. Kurz vor Plakiás zweigt nach links eine Stichstraße zum schönen **Sandstrand** von **Damnóni** ⓯ ab, an dem eine Timesharing-Hotelanlage liegt, deren **Wassersportcenter** allen offensteht. Eine felsumrahmte kleine FKK-Strandbucht mit klarem blauem Wasser, am Ostende von Damnóni, wird ★**Pig Bay**, also Schweinebucht genannt, weil hier schon seit den 1970ern Ausländer nackt baden; direkt daran schließt eine noch kleinere und noch idyllischere FKK-Felsbucht an.

Plakiás ⓰ ist ein landschaftlich sehr schön, zu Füßen von Olivenbäumen bestandener Berghänge gelegener Badeort mit einem fast 1 km langen ★**Sandstrand**, an dessen östlichstem Abschnitt jeder im Eva- und Adamskostüm in der Sonne liegen darf. Im Westen lockt der Kiesstrand ★**Souda** (mit netter Taverne). Der Ort ist zwar touristisch geprägt, es gibt aber kaum Hotelklötze, sondern vor allem kleine Pensionen, Apartmentanlagen und Hotels sowie, nahe der Strandpromenade, Restaurants und preiswerte Gyrosimbisse. Von Plakiás starten Bootsausflüge zum Strand von Préveli.

Oben: Am herrlichen Strand von Préveli mündet der Megalopótamos ins Meer. Rechts: Fin Palmenhain beginnt am Strand von Préveli und säumt den Fluss.

PRÄFEKTUR RÉTHIMNO

Wanderung zum ★★Palmenstrand von Préveli

Ausgangspunkt für diese etwa fünfstündige Rundwanderung ist das Dorf **Asómatos** (nördlich der Préveli-Klöster an der Straße nach Réthimno). Sie verlassen das Dorf über die Asphaltstraße nach Réthimno. 800 m hinter dem Dorf, vor der Kourtaliótiko-Schlucht, geht rechts eine unbefestigte Straße ab. Nach einer scharfen Rechtskurve stoßen Sie auf einen zementierten Teil der Straße, die bald in einen Kiesweg übergeht. Sie gehen an der rechten Uferseite des Megalopótamos entlang, der aus der Kourtaliótiko-Schlucht kommt. Die Fahrstraße endet nach 1 km vor einer Kapelle. Dort finden Sie den Pfad hinunter zum Fluss. Nach fünf Minuten erreichen Sie eine verlassene **Ölmühle** mit einer Inschrift von 1890. Nach rund 300 m stoßen Sie auf eine geteerte Straße, die direkt entlang des Megapotamos zum Kloster von Préveli führt.

Ungefähr eine Viertelstunde nach Verlassen der Mühle gelangen Sie an eine malerische Brücke aus dem 19. Jh. Sie schmiegt sich elegant in die Landschaft vor den massiven Felsen der Kourtaliótiko-Schlucht. Im Süden liegen nun die Ruinen des alten Préveli-Klosters, auch bekannt als *moní méga potamón*, das Kloster des großen Flusses. Sie überqueren den Fluss und nehmen die Kiesstraße am linken Ufer. Eine Viertelstunde später kommen Sie an eine weitere geschwungene Brücke mit einer Inschrift. Sie gehen über den Fluss, an einer Wegkreuzung rechts, und folgen weiter der Kiesstraße auf der linken Uferseite des Megalopótamos. Bald treffen Sie auf die baufälligen Gebäude eines Klosters, von denen nur noch eine Kapelle intakt ist. 25 m hinter der Kapelle gabelt sich die Straße. Der rechte Pfad führt Sie in fünf Minuten zu einem Olivenhain. Sie gehen aber links den Hang am Flussufer hinauf.

Der Fluss gräbt sich jetzt tiefer und tiefer in den Fels. Ihr Pfad führt, sanft ansteigend, durch niedriges Gebüsch weiter am Rande der Schlucht entlang. Etwa eine Stunde nach Überqueren der venezianischen Brücke bietet eine Felsterrasse den ersten herrlichen Blick auf die palmenbedeckte Mündung des Megalopótamos.

Nun rückt immer mehr die Küstenlinie ins Blickfeld, bis sich der Pfad auf seinem Weg hinab zur Mündung zwischen spitzen Felsen verliert. Nach einem gut 2-stündigen Marsch von Asómatos aus haben Sie dann den ★★**Palmenstrand von Préveli** erreicht, dessen Palmen unter Naturschutz stehen.

Sie können die Flussmündung über eine kleine Sandbank zwischen Fluss und Meer durchwaten. Ein Pfad führt von hier bergan. Nach etwa 20minütigem Aufstieg zweigt ein anderer Pfad ab. Er führt durch eine Senke, die auf die Schlucht zuläuft. Gehen Sie weiter geradeaus, so kommen Sie auf eine asphaltierte Straße und geradewegs zum ★**Kloster Píso Préveli**. An der linken, stark zerklüfteten Seite der Schlucht geht ein Pfad entlang. Er führt nach

>> Karte S. 130-131, Info S. 143-145

PRÄFEKTUR RÉTHIMNO

etwa einer Viertelstunde durch einen mit Palmen bewachsenen Einschnitt. Kurze Zeit später gehen Sie wieder unter den Stromleitungen hindurch, denen Sie schon auf der anderen Seite der Schlucht begegnet sind. Der Pfad führt nun auf halbem Wege zwischen dem Rand der Schlucht und der oberhalb liegenden Straße weiter (er führt unter dem dritten und vierten Telegrafenmasten vom Fluss aus hindurch). Der Pfad ist in gutem Zustand. Hinter ein paar großen Felsen geht er hinunter ins Flusstal. Auf dem Weg bergab treffen Sie kurz nach dem Übersteigen einer Mauer auf die Kapelle **Agía Fotiní**. Sie verbirgt sich unter einigen Olivenbäumen. Das Innere ist mit Fresken aus dem 14. Jh. bemalt.

Der Weg führt weiter durch einen Olivenhain hinunter zum Fluss und flussaufwärts zur **Klosterruine Káto Préveli** und der Brücke. Hinter der Brücke können Sie weiter auf dem Pfad zwischen Straße und Fluss gehen, dann ein Stück auf der Straße entlang wandern und schließlich rechts auf der Kiesstraße bis zur Ölmühle marschieren. Hinter dem Gebäude führt ein Pfad hoch zur kleinen Kapelle. Von hier können Sie den gleichen Weg zurück nach Asómatos nehmen, den Sie gekommen sind.

VON PLAKIÁS NACH ★FRANGOKÁSTELLO

Wer nicht abends wieder in seinem Hotel an der Nordküste zurück sein will, kann von Plakiás aus an einem der landschaftlich schönsten Abschnitte der kretischen Südküste entlang weiterfahren bis nach Hóra Sfakíon und von dort aus an die Ägäis zurückkehren. Von Plakiás aus geht die Fahrt zunächst etwa 3 km weit hinauf nach **Mýrthios** ⓱ (das man zu Fuß auch in etwa 30 Minuten auf einem schattigen Pfad durch Olivenhaine von Plakiás aus erreichen kann). Dort lohnt ein Bummel durch den alten Ort ebenso wie ein Besuch in einer der Ta-

Oben: Kloster Píso Préveli. Rechts: Monument des Widerstands von 1941 gegen die Deutschen – bewaffneter Preveli-Abt und britischer Soldat.

PRÄFEKTUR RÉTHIMNO

vernen mit herrlicher Aussichtsterrasse und im kleinen Souvenirgeschäft an der Hauptstraße, dass nur lokale Produkte wie Honig und Olivenöl verkauft.

Am Ausgang der Kotsífos-Schlucht vorbei geht es dann durch das hoch über Plakiás gelegene Bergdorf Sellía weiter. Wer auf der Suche nach einsamen Stränden ist, biegt in **Káto Rodákino** zum Meer ab, fährt bis zum **Polyrízo-Strand** mit Taverne und kleinem Hotel und kehrt von dort aus auf die Hauptstraße zurück. Sie führt durch die wenig besuchten Bergdörfer **Argoulés** und **Skalotí** und senkt sich dann in eine breite, lang gestreckte Küstenebene vor schöner Bergkulisse hinab. Im Frühling ist sie besonders prachtvoll, wenn auf den Wiesen viele bunte Blumen vor den Schneebergen sprießen; im Sommer und Herbst wirkt die sonnenverbrannte Ebene hingegen fast steppenhaft afrikanisch.

Schon aus weiter Ferne ist die direkt am Ufer stehende, rechteckige Festung ★**Frangokástello** ⑱ zu erkennen. Sie stammt aus venezianischer Zeit und war am 17. Mai 1828 Schauplatz einer Schlacht, in der zahlreiche kretische Freiheitskämpfer von den Türken getötet wurden.

In der Umgebung der Burg ist ein nur locker bebauter Ferienort für Individualisten entstanden, die die guten Strände zu schätzen wissen. Unmittelbar unterhalb der Burg ist der **Strand** feinsandig und fällt so flach ab, dass selbst kleine Kinder noch 200 m vom Ufer entfernt gefahrlos planschen können. 600 m weiter westlich liegt der **Orthí-Ámmo-Strand** mit etwa 20 m hohen Sandaufwehungen. Gräbt man dort ein wenig im Sand, stößt man mit etwas Glück auf eine der 30 bis 70 Wasseradern, die unter dem Sand zum Meer hin fließen.

Zwischen der Zufahrt zu diesem Strand und der Burg liegt etwa 90 m rechts der Asphaltstraße die neben einem markanten Johannisbrotbaum gelegene **Kapelle Agios Nikítas** auf den Überresten des Mosaikfußbodens einer frühchristlichen Basilika.

Von Frangokástello sind es dann noch 15 km bis nach **Hóra Sfakíon**,

» Karte S. 130–131, Info S. 143–145

PRÄFEKTUR RÉTHIMNO

dem Hauptort des zur Präfektur Haniá gehörenden Bezirks Sfakiá.

SPÍLI UND AGÍA GALÍNI

Anstatt von der Nord-Süd-Hauptstraße nach Plakiás oder Préveli abzubiegen, kann man auch weiter in Richtung Agía Galíni fahren. 8 km südöstlich der Abzweigung nach Préveli bietet sich eine Rast in **Spíli** ⓳ an, einem malerischen Bergdörfchen. Jeder, der die Trockenheit des griechischen Sommers kennt, wird erstaunt und entzückt sein: Ein **Wasserfall** sprudelt kontinuierlich aus der Bergflanke inmitten des Dorfes. Er wird in einen venezianischen **Brunnen** mit einem Wassertrog geleitet. Die 19 kunstvollen Wasserspeier haben die Form von Löwenköpfen.

Touristen und Einheimische sind sich einig, dass Spíli ein herrlicher Rastplatz auf dem Weg in den Süden ist. Linker

Oben: Die venezianische Burg Frangokástello.
Rechts: Agía Galíni, vom Fischerdorf zum Ferienort – hier begann der Flug von Dädalus und Ikarus.

Hand sieht man das Kédros-Gebirge (1777 m).

25 Kilometer weiter südlich liegt das einst bezaubernde, heute aber längst auf Tourismus eingestellte Fischerdorf **Agía Galíni** ⓴. Zwar kauert es sich noch immer malerisch an eine steile Klippe, doch an der Dorfstraße und am Hauptplatz am Hafen, überhaupt im gesamten Ort, finden sich zahlreiche Pensionen, Cafés, Restaurants und Souvenirläden. Laut Mythos flogen **Dädalus und Ikarus** von hier ab; eine Skulpturengruppe erinnert daran. Ein kleiner **Strand** liegt hinter einer Felsnase östlich des Hafens. **Bootsausflüge** steuern den Strand von Préveli und die näheren Sandstrände von Agios Geórgios und Agios Pávlos an.

Oberhalb von Agía Galíni führt die weitere Reiseroute entweder nordwärts ins Amári-Tal (siehe unten) oder weiter in Kurven durch ein fruchtbares, landwirtschaftlich genutztes Tal und das Handelszentrum von Timbáki zum Strand von Mátala. Die sehenswerten minoischen Ausgrabungen von Agía

PRÄFEKTUR RÉTHIMNO

Triáda und Festós (s. S. 184) lohnen einen Besuch, sie liegen ungefähr auf halbem Weg zwischen Timbáki und Mátala.

AMÁRI-TAL

Das Amári-Tal liegt 30 km südöstlich von Réthimno. Es ist eines der schönsten Täler auf Kreta: ein sanftes, fruchtbares Paradies, eingeschlossen zwischen der zerklüfteten Bergkette des Kédros im Westen und dem Psilorítis im Osten. Um das Tal zu erreichen, biegen Sie ca. 3 km hinter Réthimno von der „alten Straße" in Richtung Amári ab. Von hier sind es noch 27 km bis zum Dorf Apóstoli, es liegt am nördlichen Ende des Tals.

Auf der Fahrt dorthin lohnt das Dorf **Hromonastíri** ㉑ mit seiner Kirche **Agios Eftíhios** einen Umweg. Die Überreste der Fresken aus dem 11. Jh. sind spärlich, aber künstlerisch überragend, sie zählen zu den ältesten Kretas. Hinter Hromonastíri ragt der 858 m hohe **Vrísinas** auf, der höchste Berg der Gegend mit schönem Rundblick, einst Sitz eines der bedeutendsten minoischen Gipfelheiligtümer Kretas (Aufstieg z. B. von Kapedianá).

Das **Amári-Tal** erstreckt sich hinter Apóstoli in südlicher Richtung und trifft am Ende die Landstraße, die den Hafen von Agía Galíni mit dem Strand von Mátala und der archäologischen Fundstätte von Féstos verbindet. Das Tal ist verkehrsmäßig gut erschlossen. Auf beiden Seiten verläuft eine Straße, sodass Sie die rund 120 km lange Strecke von Réthimno in den Süden und auf der anderen Seite des Tals zurück gut in einem Tag schaffen können.

Das fruchtbare Tal, nach Norden und Süden gut vor Eindringlingen geschützt, war früher eines der wichtigsten Zentren Kretas, besonders in byzantinischer Zeit. Deshalb ist es mit zahlreichen Kirchen, Burgen und anderen Bauwerken verschiedener Epochen übersät. So empfehlen ist eine Tour südwärts an der östlichen Seite des Tals entlang. 1 km hinter **Apóstoli**, mit einer Kirche aus dem 14./15. Jh., bietet das kleine Dorf **Agía Fotiní** einen um-

PRÄFEKTUR RÉTHIMNO

fassenden Ausblick auf das Amári-Tal. Nordöstlich davon liegt **Thrónos** ㉒. In seiner Mitte steht eine Kirche aus dem 14./15. Jh.

Auf einer Erhöhung etwa 10 Minuten zu Fuß vom Dorf liegen die halb ausgegrabenen Überreste der graeco-romanischen Stadt **Sybritos**. Von hier bietet sich wieder ein herrlicher Blick über die Landschaft.

Nahe bei der Abzweigung nach Amári findet sich, etwa 3 km weiter, das frühere **Kloster Asomáton** ㉓ aus dem 17. Jh. Es wurde in den 1930er-Jahren als Landwirtschaftsschule genutzt, ist heute aber verlassen. Kurz vor dem zentralen Dorf **Amári** ㉔ steht die Kirche Agia Anna. Sie besitzt Fresken aus den Jahren 1195 bzw. 1225. Im südöstlich gelegenen **Vizári** ㉕ und den umliegenden kleinen Orten kann man Reste einer frühchristlichen Basilika und einige venezianische Hinterlassenschaften besichtigen.

Oben: Begegnung am Rand des Amári-Beckens; Blick auf den Psilorítis. Rechts: Melidóni-Höhle.

In **Foúrfouras** ㉖, einem Ausgangspunkt für Wanderungen auf den **Psilorítis** (2456 m), steht eine Kirche aus dem 14./15. Jh. mit Fresken aus der gleichen Zeit. Oberhalb des etwas nördlich gelegenen Dorfes **Platánia** befinden sich drei **Höhlen**: Digenís (820 m), Kissospílio (1000 m) und die Höhle des Pan (1750 m).

Gleich nördlich von **Apodoúlou** ㉗ steht rechter Hand die Kirche **Agios Geórgios**, mit Fresken des Mönchs Anastásios aus dem 14. Jh. Links auf dem Hügel findet sich ein spätes minoisches **Bienenkorbgrab**.

Kurz hinter Apodoúlou teilt sich die Straße. Die linke bzw. östliche Nebenstraße führt nach **Kamáres** mit seiner Höhle und stößt schließlich auf die Nord-Süd-Verbindung nach Iráklio. Die rechte Straße kreuzt etwas weiter südlich die Verbindung, die an der Westseite des Amári-Tales entlangführt. Von hier kann man entlang der westlichen Seite nach Réthimno zurückkehren oder weiter Richtung Süden zum Hafen und Strand von Agía Galíni fahren.

» Karte S. 130-131, Info S. 143-145

PRÄFEKTUR RÉTHIMNO

Die westliche Amári-Route folgt der Nordostflanke des Bergs Kédros und bietet herrliche Ausblicke in den Westen und Süden des Tals sowie auf die Psilorítis-Gipfel. In den Dörfern **Agía Paraskeví**, **Kardáki** und **Méronas** finden sich interessante Kirchen mit Malereien. **Méronas** ❷ besitzt eine seltene Darstellung des Christuskinds beim Abendmahl und ein Marienfresko (14. Jh.).

ÖSTLICH VON RÉTHIMNO

Zu einem Tagesausflug in den Osten der Präfektur Réthimno sollte man früh am Morgen aufbrechen, denn es gibt viel zu sehen. Man braucht dafür einen Pkw, Jeep oder eine starke Enduro; mit dem Moped oder einer Vespa ist die gebirgige Strecke nicht an einem Tag zu schaffen.

Am besten fahren Sie zunächst auf der Schnellstraße in Richtung Iráklio bis zur Ausfahrt **Pérama**. Bevor Sie die markante Brücke am Ortseingang erreichen, zweigt nach links eine Straße ins Dorf **Melidóni** ❷ ab, das idyllisch in einem Talkessel gelegen ist. Wegweiser führen Sie vom Ortszentrum mit kleiner, schöner Platía zur ★**Melidóni-Höhle** hinauf. In antiker Zeit soll die Höhle von Talos, dem bronzenen, stierköpfigen Riesen des König Minos bewohnt worden sein. Während der hellenistischen Epoche (300-67 v. Chr.) befand sich hier ein dem Hermes geweihtes Heiligtum. Heute steht auf dem Grund der Höhle ein Steinaltar, der an ein weiteres Martyrium der Kreter erinnert, verursacht durch die Türken: 1824 flüchteten sich einige hundert Leute vor plündernden Soldaten in die Höhle und saßen damit in einer tödlichen Falle. Die Türken versperrten den Eingang mit Reisig, zündeten es an und erstickten so alle Flüchtlinge.

An der Kreuzung, an der die Stichstraße zur Höhle beginnt, kann man anschließend nach links (nordwärts) abbiegen, wenn man den Badeort Balí kennen lernen oder auf direktem Wege nach Iráklio weiter will. Im Dorf Exántis hält man sich dann an der Kreuzung rechts und kommt so zurück zur Schnellstraße. Schon die nächste Abfahrt führt dann zum ehemaligen Fischerdorf Balí hinunter. Fährt man hingegen an dieser Abfahrt landeinwärts, kommt man nach 400 m zum Kloster **Agios Ioánnis** ❸, in dem noch ein Mönch wohnt. Schöner als der Bau ist die Aussicht auf Balí.

Balí ❸ (der Name kommt vom türkischen Wort für Honig) hat viel Atmosphäre, einen kleinen Hafen, nette **Strände** und genügend Fischtavernen und Hotels, um den Besucherstrom zu bewirten und zu beherbergen.

Interessant sind die Höhlen und Bergdörfer am Psilorítis-Gebirge. Um sie zu erreichen, fährt man zunächst nach **Pérama** zurück und durch die kleine Kreisstadt hindurch in Richtung **Houméri**. Über **Livádia** geht es kurvenreich weiter ins auf 630 m Höhe gelegene rebellische, an Schusswaffen reiche Hanfbauerndorf **Zonianá** mit der nahen, zu besichtigenden ★**Tropfsteinhöhle Sfendóni** ❷. Die 3000 m² große

》 Karte S. 130-131, Info S. 143-145

PRÄFEKTUR RÉTHIMNO

Höhle mit ihren gewaltigen Stalaktiten und Stalagmiten ist auf 150 m Länge für Besucher begehbar. Im Dorfzentrum von Zonianá sind mit Hilfe von lebensgroßen Wachsfiguren im **Potamianos-Museum** Szenen aus der kretischen Geschichte anschaulich nachgestellt; in verschiedenen Sprachen werden dazu ausführliche Erklärungen gegeben.

Das 3,5 km entfernte, sehr ursprüngliche Nachbardorf **Axós** ❸❸ auf 500 m Höhe lohnt wieder einen Stopp. Wer sich für mittelalterliche Wandmalereien interessiert, fragt in einem der Kaffeehäuser des Dorfes nach dem „archéofílakas", der die Schlüssel zu den Kirchen **Agía Iríni** aus dem 14./15. Jh. und **Agios Ioánnis** (14. Jh.) verwahrt.

Von Anógia zur ★Nída-Hochebene, Psilorítis und Ida-Höhle

8 km hinter Áxos liegt das bekannteste Bergdorf der Region: **Anógia** ❸❹. Im 2. Weltkrieg hatte es schwer unter deutschem Terror zu leiden. Der deutsche Befehlshaber und General von Kreipe wurde während seiner Entführung durch britische und kretische Widerstandskämpfer für kurze Zeit in Anógia versteckt; die Deutschen erschossen daraufhin alle männlichen Bewohner über 14 Jahre und brannten das Dorf nieder. Eine **Gedenktafel** in Form eines aufgeschlagenen Buches erinnert an jenen 15. August 1944. Sehenswert sind außerdem die Fresken aus dem 14. Jh. in der Kirche **Agios Ioánnis** nahe dem Rathaus und die neuen Wandmalereien im byzantinischen Stil in der Kirche Agios Charálambos im unteren Dorfteil. Dort steht auch das **Skoulás-Museum** mit Holzskulpturen und naiven Gemälden von Alkibíades Skoúlas. Der Autodidakt hat sich in seinen Werken mit der Zeit der türkischen und deutschen Fremdherrschaft auseinander gesetzt.

Vom über 700 m hoch gelegenen Anógia führt eine 20 km lange Asphaltstraße auf die einsame **★Nída-Hochebene** hinauf. Sie liegt 1370 m hoch und ist ringsum von hohen Bergen um-

Oben: Im Skoulás-Museum in Anógia.

schlossen. Seit Jahrtausenden wird sie als Sommerweide für Schafe und Ziegen genutzt. An einigen Stellen stehen an der Straße noch die typischen *mitáta* der Hirten, einfache **Steinhütten** mit kleinen Käsereien, die noch die gleiche Form wie vor 3500 Jahren haben.

Das einzige moderne Haus auf der Hochebene (4 km^2) ist ein **Touristen-Pavillon** mit Taverne, in dem man essen und übernachten kann. Der Wirt zeigt seinen Gästen von hier aus auf Wunsch die von weitem schwer erkennbare **Steinlegung** der Berliner Künstlerin Karina Raeck, der sie den Namen „Partisan des Friedens" gab. Sie soll an den deutschen Terror während des Kriegs erinnern. Der Wirt zeigt Wanderern auch den markierten Weg auf den **Gipfel des Psilorítis** (2456 m, s. S. 188), den aber nur geübte Wanderer beschreiten sollten.

30 Gehminuten und etwa 170 m höher als die Taverne liegt die legendäre **Ida-Höhle** ㉟ (Idéon Ándron, ca. 1540 m ü. M.), die teils beleuchtet und gegen Gebühr zugänglich ist.

Der kretische Archäologe Giánnis Sakellárakis hat hier von 1982-86 einige hochinteressante Funde gemacht. Die enormen Ausmaße des Eingangs (27 m breit und 9 m hoch) und die Größe einiger Räume (der größte 34 x 36 m) machen verständlich, weshalb hier der Sage nach Zeus seine Kindheit verbracht haben soll. Um ihn vor seinem Vater Kronos zu verstecken, pflegten laut Mythos die Kureten – kretische Geister – mit ihren Schilden und Speeren vor der Höhle gewaltigen Lärm zu schlagen, sobald das Kind zu schreien begann. Archäologische Funde aus dem 9. und 8. Jh. v. Chr. belegen, dass junge Kreter vor der Höhle Waffentänze zu Ehren von Zeus aufgeführt haben, einer ihrer Schilde ist im Archäologischen Museum von Iráklio zu sehen.

PRÄFEKTUR RÉTHIMNO

RÉTHIMNO

Informationsbüro EOT: Odós Sofokli Venizélou (an der Uferpromenade, meerseitig, auf Höhe der Marina).

Avlí, Altstadt-Restaurant in einem venezianischen Palazzo aus dem 16. Jh., gehobene mediterrane Küche, exzellente griechische Weine, Spezialität des Hauses ist z.B. Lamm mit Thymian und Honig; Odós Radamánthous 17, www.avli.gr.
Knossós, ältestes Fischrestaurant am venezianischen Hafen, seit 50 Jahren ein Familienbetrieb.
Samariá, gut für ein volksnahes Mittagessen, Odós El. Venizélou 39-40.
La Renzo, gepflegte Altstadt-Taverne, gehobenes Niveau; gute Steaks; O. Radamanthíou 9.
Living Room, schickes Lounge-Café der Stadt ganz im jungen kretischen Trend, hier trinkt man eher Champagner als Ouzo und Rakí, WLAN-Nutzung kostenlos; Odós El. Venizélou 5, www.living.com.gr.

Bitte bedenken Sie: Öffnungszeiten können sich ändern!
Burg, im Juli und August Di-So 8-19 Uhr, sonst in der Regel Mo-Sa 9-16, So 8.30-16 Uhr.
Museum of Contemporary Art of Crete, Mo-Sa 9-14, Mi auch 17-21 Uhr; Odós Himáras/Ecke Odós Melissínou.
Kirche San Francesco, Odós Ethnikís Antistáseos.
Volkskundliches Museum, Mo-Sa 9-14.30 Uhr; Odós Manólis Vernádou 28.

Astéria, Freiluft-Kino in der Altstadt, Odós Melissínou 23. **NYC Metrópolis** und **Envy, Café Aman** in der Odos Melissínou; Diskotheken am alten venezianischen Hafen; viele kretische Musikkneipen in der Odós Vernádou in der Altstadt.

Haupteinkaufsstraßen: Odós Arkadíou, Odós Ethnikís Antistásseos und Odós Soulíou in der Altstadt. Moderne **Mode** und Schuhe vor allem in der Odós Pávlou Koundourióti in der Neustadt. **Kopien antiker und byzantinischer Kunstwerke** im Museum Shop in der

PRÄFEKTUR RÉTHIMNO

venezian. Loggia, Mo-Fr 10-21, Sa 10-15, So 10-14 Uhr; Odós Arkadíou 220. **Wochenmarkt** Do nahe der Marina und Sa nahe dem Busbahnhof.

FLUG: **Aegean Airlines**, am Flughafen, Tel. 28210 63366.

SCHIFF / FÄHRE: **Fähren** 1x tägl. nach / von Piräus (Hauptsaison), Odós Arkadiou 250, Tel. 28310 29221, Fax 28310 55519. **Bootsausflüge** mehrmals wöchentlich zur Vulkaninsel Santorin (Tickets im Reisebüro, die Überfahrt dauert 4 Std.), täglich Bootsfahrten entlang der westlichen Küste nach Georgioúpoli und Maráthi (Akrotíri-Halbinsel), entlang der östlichen Küste nach Balí (Tickets und Auskünfte bei den Booten am venezianischen Hafen).

BUS: **Überlandbusse** ab dem Busbahnhof Ecke Igoumenóu Gavriíl / Periferiakos (westlich des Zentrums), Tel. 28310 22212. Aktuelle Fahrpläne unter http://bus-service-crete-ktel.com. Stündl. nach Haniá und Iráklio, mehrmals tägl. zur Südküste nach Agía Galíni, Plakiás, Hóra Sfakíon. Busse zu den Hotels östlich der Stadt. **Kleiner Busbahnhof** an der Platia Iroon (östlich der Altstadt in der Nähe des Strandes), von hier aus Verbindungen zu den Orten der Präfektur Réthimno (z. B. Anógia, Amári).

TAXI: Platia Iroon und Platia 4 Martiron.

AUTOVERMIETUNG: **Autocandia**, Odós Machís Krítis 125, Tel. 28310 35212, Fax 28310 46710, www.autocandia.gr. **Kosmos**, Odós S. Venizélou 70, Tel. 28310 23515, Fax 28310 52183, www.kosmos-carrental.com.

Hauptpostamt, oberhalb des Stadtparks in der Odós Moátsou, Mo-Sa 8-20 Uhr. **Postkiosk** an der Uferstraße, Mo-Fr 8-20 Uhr. **Telegrafenamt (OTE)** in der L.P. Koundouriótou (östlich des Stadtparks).

STADTRUNDFAHRT: Eine **Miniatur-Bahn** auf Autoreifen umrundet im Sommerhalbjahr täglich den historischen Stadtkern, Abfahrt an der Platia Iroon (Uferpromenade) halbstündlich zwischen 10 und 23 Uhr (Dauer ca. 20 Min.).

Cretan Diet Festival (Juli), eine Woche lang täglich von 19-23 Uhr kretische Spezialitäten, kretischer Wein und kretische Kultur und Folklore im Stadtpark. Aktuelle Infos: www.cretandietfestival.gr

Renaissance-Festival (Ende Juli/August), Theater und Konzerte.

STRAND VON RÉTHIMNO

TAUCHEN: **Atlantis Diving Centre**, im Hotel Rithímna Beach, Tel. 28310 71002, Fax 28310 71668, www.atlantis-creta. com. Tauchkurse in deutscher und englischer Sprache.

WASSERSPORT: **The Bease Watersport Station**, am Hotel Creta Palace, Tel. 28310 71002, Segeln, Surfen, Wasserski, Parasailing, Kurse auch für Kinder.

MOUNTAINBIKE-TOUREN: **Olympic Bike**, Adelianós Kámbos 32, Tel. 28310 72783, www.olympicbike.com Mountainbike-Verleih und täglich unterschiedliche geführte Touren mit verschiedenen Schwierigkeitsgraden, auch für Familien gut geeignet.

MOTORRADTOUREN: **Crete Unlimited Michael Dirksen**, Pigí/Réthimnon, Tel. 26310 71287, www.ausfluege.creta-online.com. Auf Enduro-Touren durch West-Kreta spezialisiertes kleines Unternehmen, das auch Pauschalprogramme für Enduro-Wochen auf Kreta anbietet.

WANDERN: **Happy Walker**, Aktí Tombási 56, Tel./Fax 28310 52920, www.happywalker.com. Täglich außer sonntags unterschiedliche, geführte Wanderungen inklusive Transfer. Bürozeiten von April bis Ende Oktober täglich 10-14 Uhr, jedoch ist 1. Juli-12. August am Samstag und Sonntag geschlossen. In der heißesten Zeit ist Happy Walker 13.-26. August vollständig geschlossen.

AGÍA GALÍNI

Fáros, der Inhaber ist Fischer; im Zentrum nahe dem Hafen.

Kosmás, Gemüse und Salate aus biologischem Anbau; im Zentrum an der oberen Fußgängergasse.

AGIROÚPOLI

Athivóres, frische Forellen; bei den Wasserfällen.

ANÓGIA

Tropfsteinhöhle bei Zonianá, tgl. 9-18 Uhr, Nov.-März nur Fr-So 9.30-16 Uhr, www.zoniana.gr.

PRÄFEKTUR RÉTHIMNO

Potamianos-Museum in Zonianá, tgl. 10-14.30 und 17-21 Uhr.

Kretische Webarbeiten (Taschen, Teppiche, Decken) am unteren Dorfplatz.

Anógia-Festival: In der 1. Augusthälfte abends Konzerte und Folklore auf Plätzen der Stadt. Großes Abschlussfest am 15. August.

ARKÁDI

Kloster, geöffnet tgl. bis Sonnenuntergang.

ARMÉNI

Minoischer Friedhof, Di-So 8.30-15 Uhr.

ASÓMATOS

Volkskundliches Museum, Mo-Sa 10-15 Uhr.

BALÍ

Panorama, schöne Lage mit herrlichem Blick auf Hafen und Meer, von Weinreben überdachte Terrasse.

Kloster, Sa-Do 9-12 und 16-19 Uhr.

WASSERSPORT: **Boat Rental Lefteris**, am Hafen, Bootsausflüge und Verleih von Ruder-, Segel-, Tretbooten und Kanus, Tel. 94102.

FRANGOKÁSTELLO

Burg, ständig frei zugänglich.

MARGARÍTES

Töpferwaren in zahlreichen Geschäften und Werkstätten, traditionelle *Píthoi* oberhalb des Ortskerns an der Straße nach Eléftherna.

MELIDÓNI

Höhle, geöffnet tgl. 9-17 Uhr.

Olivenölfabrik Paraskákis, vor dem Kauf des erstklassigen Olivenöls kann man die Olivenpresse besichtigen, an der Straße nach Pérama.

PLAKIÁS

GioMa, Familie Drimakis serviert gute kretische Küche am Meer, abends speist man romantisch unter einer alten Tamariske.
Manoússos, in Plakiás in der Parallelstraße zur Uferstraße auf Höhe der Post, traditionelle Küche.

Nature, schönes Kunsthandwerk, anspruchsvoll verpackte Kräuter, Rakí vom Fass, Öle und Essenzen, originelle Sonnenuhren und exzellentes Olivenöl.
In Mírthios oberhalb von Plakiás werden lokale Produkte wie Olivenöl, Honig und Webarbeiten angeboten.

MIRTHÍOS

Vrisi, empfehlenswertes Aussichtslokal mit sehr guter Küche im Bergdorf Mírthios, oberhalb von Plakiás.
Plateía, Lokal mit schöner Aussicht, kretische Speisen, im Bergdorf Mírthios.
Panórama, Aussichtslokal in Mírthios.

PRÉVELI

Píso Préveli, Mönchskloster mit Museum, Mo-Sa 8-13.30 u. 15.30-20, So 8-18 Uhr.

SPÍLI

Jánnis, gute Taverne am venezianischen Brunnen, mit großer Auswahl.

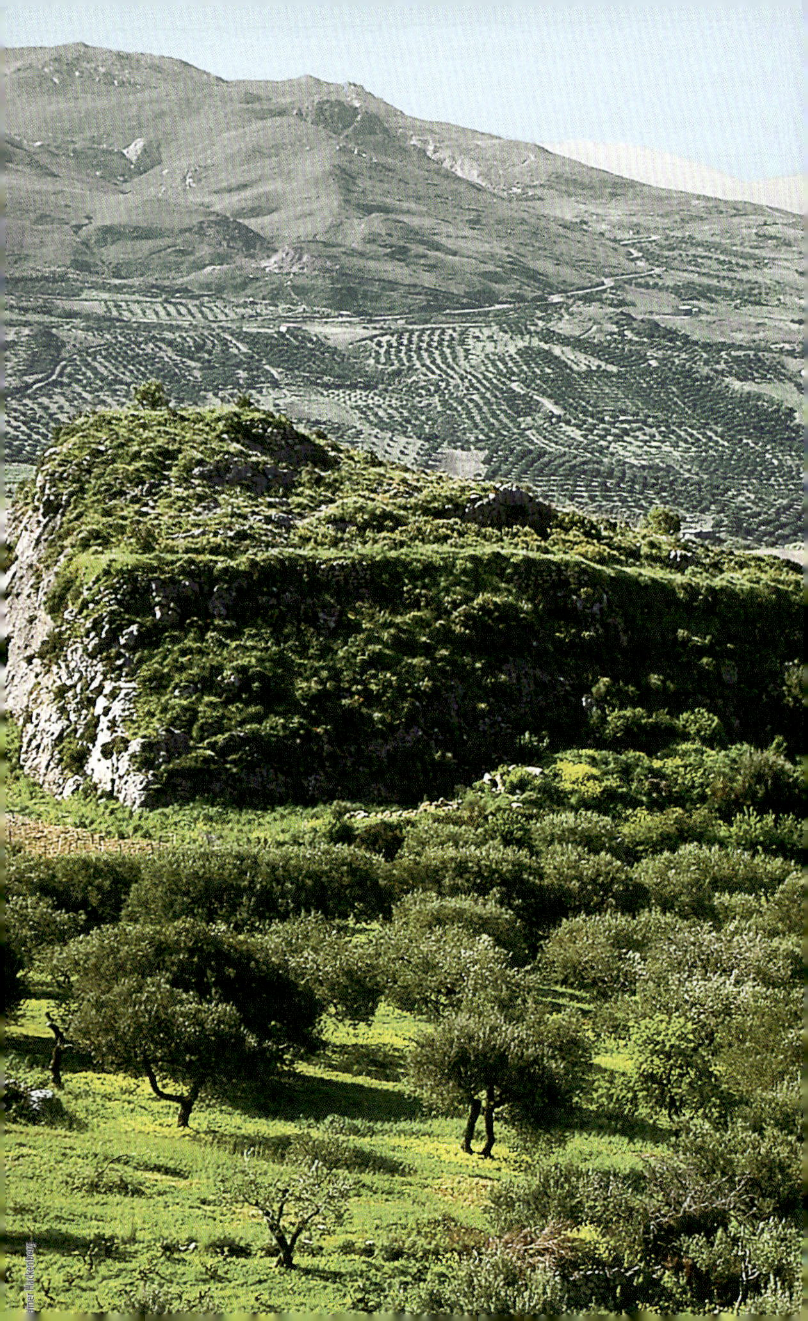
ainer Hackenberg

Frühlingslandschaft in Zentralkreta bei Houdétsi

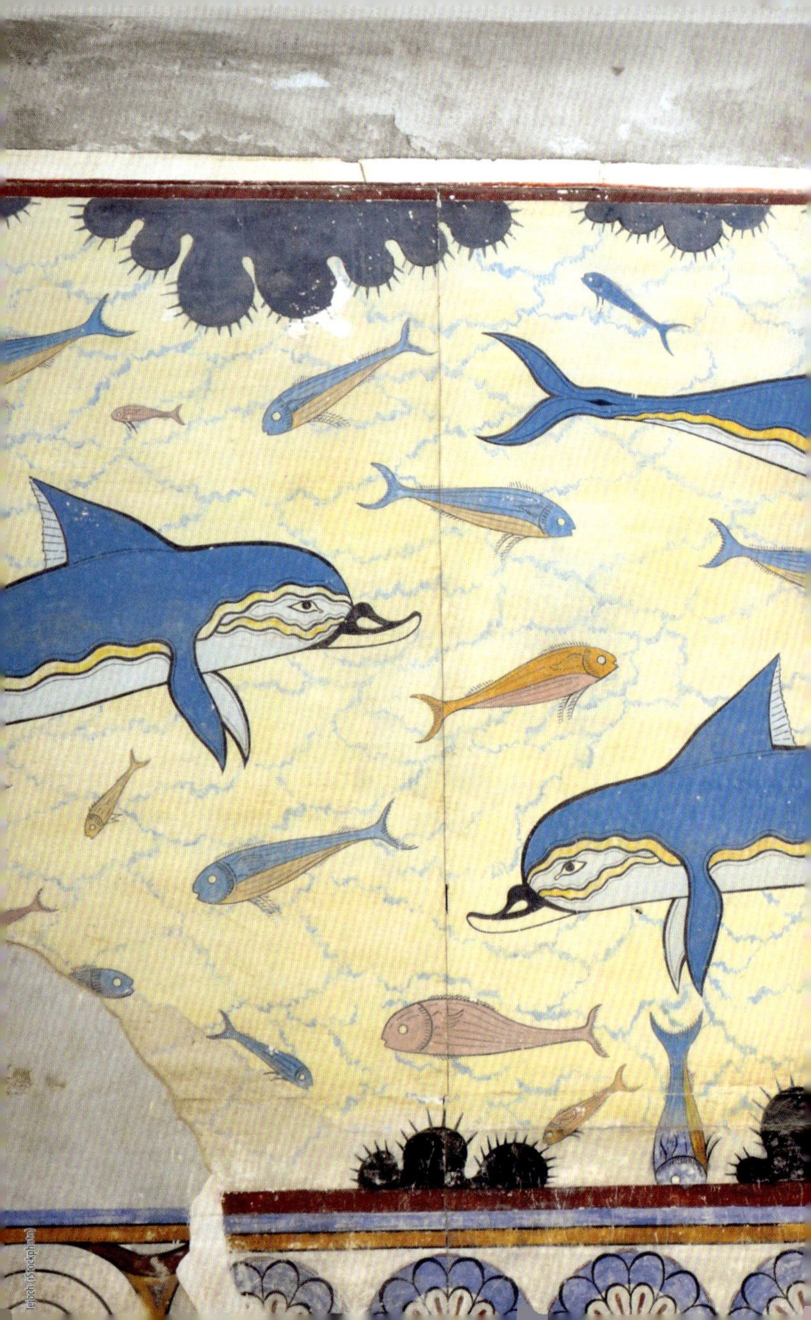
lejoch (iStockphoto)

Delfin-Fresko aus dem „Megaron der Königin" in Knossós (Original im Archäologischen Museum in Iráklio)

PRÄFEKTUR IRÁKLIO

PRÄFEKTUR IRÁKLIO

IRÁKLIO-STADT
KNOSSÓS
AUSFLÜGE VON IRÁKLIO
MESSARÁ-EBENE
FESTÓS / AGÍA TRIÁDA
VÓRI / PSILORÍTIS
MÁTALA / SÜDKÜSTE
LIMÉNAS HERSONÍSOU / MÁLIA

★★IRÁKLIO-STADT

★★**Iráklio** ❶ (Heraklion) ist die größte Stadt Kretas. Das pulsierende Leben in der Haupt- und Universitätsstadt Kretas lässt den Besucher die wuchernden Randgebiete und die Verkehrsstaus in den Gassen innerhalb der venezianischen Mauern vergessen. Die Bevölkerung stieg in den letzten Jahrzehnten durch Zuwanderung aus den umliegenden Dörfern auf über 177 000 Einwohner an, wodurch Iráklio die größte Stadt der griechischen Inseln wurde.

Die Präfektur Iráklio ist dank traditioneller landwirtschaftlicher Produkte und aufgrund einer florierenden Tourismusindustrie, die jährlich mehr als eine Million Besucher nach Kreta bringt, eine der reichsten des Landes. Ihr internationaler Flughafen – der zweitgrößte Griechenlands – ist nach dem Dichter Nikos Kazantzakis, einem Sohn der Stadt, benannt.

Als Urlaubsort ist die Stadt Iráklio, anders als Réthimno oder Haniá, wegen ihrer Hektik, ihrer schlechten Luft und ihres Flug- und Verkehrslärms weniger geeignet. Wer auf die Nähe der Stadt und die vielen guten Verkehrsverbindungen ab Iráklio nicht verzichten möchte, wohnt besser in einem der Strandhotels in den Vororten Amnisós (im Osten, mit Fluglärm ist dort zu rechnen) oder Ammoudára und Linoperámata (im Westen). Von dort bestehen gute Stadtbusverbindungen ins Zentrum.

Die Siedlung, in minoischer Zeit ein Nebenhafen von Knossós, wurde von den Griechen nach dem mythischen Landungsplatz des Herakles *Herakleion* und dann im 9. Jh. von den sarazenischen Eroberern *Rabd-el-Kandak* genannt. Die Araber betrieben hier Sklavenhandel in großem Umfang. 961 n. Chr. gelangte die Stadt nach langer Belagerung durch Nikifóros Fokás wieder unter byzantinische Herrschaft.

Die nun als Handax bekannte Stadt nannten die Venezianer, die Kreta im Jahr 1210 kauften, schließlich *Candia*. Früh schickten die Venezianer katholische Siedler, die eine Feudalherrschaft über die rebellierenden orthodoxen Inselbewohner errichten sollten. Doch Kreta blieb über vier Jahrhunderte lang das Juwel in der Krone des imperialen Venedigs. Die Hauptstadt Candia besaß einen wichtigen Hafen, der an der Route der Galeeren auf dem Weg in die Levante lag und ein Ausfuhrzentrum kretischer Erzeugnisse wie Holz, Wein, Käse und sogar Tafeltrauben war. Ein Reisender des Mittelalters, Canon Pietro Casola, der 1494 in Candia haltmachte, schrieb: „Candia ist eine sehr große,

Links: Iráklio; Fischerboote im venezianischen Hafen.

» Karte S. 172-173, Stadtplan S. 154-155, Info S. 195-197

PRÄFEKTUR IRÁKLIO

stark befestigte Stadt in einer Ebene mit schönen Häusern, obwohl diese in der Art des Ostens flach gedeckt sind. Der schöne Hafen ist in der Einfahrt vor allem für größere Schiffe ein wenig gefährlich."

Angesichts der wachsenden Bedrohung durch die osmanischen Türken wurde die Befestigung, die ein großes Gebiet mit Gärten und Obstanlagen innerhalb der Stadt umschloss, im 16. Jh. wieder aufgebaut. Von jedem Bürger wurde erwartet, dass er durch Geld und Arbeitseinsatz bei der Errichtung der Wallanlagen mithalf. Als die Türken im Jahr 1648 Kreta schließlich angriffen, eroberten sie schnell große Teile der Insel, wurden dann aber abrupt durch die energischen Verteidiger Candias gestoppt. Darauf folgte eine der längsten Belagerungen der Geschichte, die 21 Jahre dauerte, bevor sich General Francesco Morosini dem osmanischen Großwesir im September 1669 ergab und mit den übriggebliebenen Verteidigern der Stadt und den Archiven zurück nach Venedig segelte. Unter der Türkenherrschaft wurde Iráklio von einem Pascha regiert und war unter dem Namen *Kandiye* oder *Megálo Kástro* (das große Kastell) bekannt. Als Kreta 1898 mit Hilfe der Großmächte Großbritannien, Frankreich, Russland und Italien die Unabhängigkeit erlangte, wurde aus Candia Iráklio – in Anlehnung an das Herakleion der Antike –, und die Stadt entwickelte sich bald zum wichtigsten Handelshafen der Insel.

Rundgang

Der beste Ausgangspunkt, um Iráklio zu erkunden, ist die ★**Platía Venizélou**. Von den Einheimischen wird sie nach den marmornen Löwen des ★**Morosini-Brunnens** ①, einem der Wahrzeichen der Stadt aus dem 17. Jh., *ta leontaria* (die Löwen) genannt. Ein Aquädukt aus den Quellen des 15 Kilometer entfernten Ioúhtas-Berges

Oben: Der Morosini-Brunnen ist ein beliebter Treffpunkt im Zentrum Iráklios. Rechts: Auf dem Sonntagsmarkt am Neuen Hafen.

>> Stadtplan S. 154-155, Info S. 195-197

PRÄFEKTUR IRÁKLIO

führt dem Brunnen Wasser zu, auf dem ursprünglich eine römische Statue Neptuns stand. Auf dem autofreien Platz drängen sich Cafés, Zeitungs- und Bücherstände sowie Souvenirläden. Hier bekommt man Karten, Reiseführer, das Buch Aléxis Sorbás und Kassetten mit kretischer Musik. Der Platz ist auch wegen der beiden *bougátsa*-Läden, in dem man einen cremigen, ofenwarmen Vanille- oder Käsekuchen probieren kann, bekannt. Sitzt man in einem Café neben dem Brunnen, blickt man auf die gegenüberliegende Kirche **Agios Márkos** ②, die im 13. Jh. von den Venezianern erbaut und nach Markus, dem Schutzpatron der Serenissima benannt wurde. Sie wird heute für Konzerte und Kunstausstellungen genutzt.

Die **Loggia** ③, einst eine Art Klub der venezianischen Edelleute, liegt um die Ecke an der Straße des 25. August. Sie wurde im 17. Jh. vom Architekten Francesco Basilicata gebaut, im Zweiten Weltkrieg schwer beschädigt und in den 1980er-Jahren nach alten Vorlagen wiederaufgebaut. Vom Balkon aus verlas der Herzog von Kreta Proklamationen und leitete Feste und Prozessionen. Neben der Loggia befindet sich das frühere venezianische Waffenlager, das heute als **Rathaus** benutzt wird.

In den nahen, von Bars gesäumten Gassen **Milatou** und **Korai** ist abends viel los.

Nahe der Loggia steht die von der Architektur her osmanisch geprägte Kirche **Agios Títos** ④, die nach dem heiligen Schutzpatron Kretas benannt ist, der die Insulaner im 1. Jh. auf Weisung des Apostels Paulus zum Christentum bekehrte. Die Kirche wurde seit ihrer Erbauung, kurz nachdem Nikifóros Fokás die Insel zurückerobert hatte, mehrmals wiederaufgebaut. Sie war Sitz des orthodoxen Erzbischofs von Kreta und anschließend, während der venezianischen Periode, Sitz des katholischen Erzbischofs. Nach der Belagerung befahl der Großwesir ihren Umbau in eine Moschee. Nachdem die türkische Minderheit 1923 die Insel verließ, wurde sie wieder St. Titus geweiht und das Minarett durch einen Glockenturm ersetzt.

» **Stadtplan S. 154-155, Info S. 195-197**

PRÄFEKTUR IRÁKLIO

Erst 1966 wurde der **Titus-Reliquienschrein** in Form einer Mitra, der den Schädel des Heiligen enthält, von Venedig zurückgegeben, wohin General Morosini ihn kurz vor der Eroberung der Stadt durch die Türken gebracht hatte. Er ist jetzt in der Kapelle links vom Eingang aufgestellt. Ständig strömen Menschen hinein, um ein Gebet zu sprechen und das Reliquiar zu küssen, das den Schädel birgt.

Wenn man die Straße vorbei an den vielen Schifffahrtsagenturen, Autovermietungen und Reisebüros weiter hinuntergeht, kommt man zum **Alten Hafen**, wo Jachten anlegen, Fischerboote ihren Fang anlanden und Netze repariert werden.

Das dominierende Bauwerk am Alten Hafen ist eine venezianische Festung an der Spitze der Hafenmole, die bis heute den Namen ★**Koulés** ⑤ aus türkischer Zeit trägt. Mit ihren über 20 dickwandigen Räumen und Magazinen, in denen noch mittelalterliche Kanonenkugeln lagern, ist sie ein bemerkenswert gut erhaltenes Beispiel der Militärarchitektur des 16. Jh.

Von der Terrasse auf dem Dach hat man einen schönen Blick auf die Stadt, die sich entlang der Ausläufer des Idagebirges erstreckt. Man sieht das wilde Gewirr moderner Häuser, links den neuen Hafen, wo die großen Fähren anlegen und die Küsten zu beiden Seiten der Stadt. Der markante Berg im Westen der Stadt ist der Stroúmboulas. Blickt man auf die Ägäis hinaus, sieht man die Iráklio in 7 Seemeilen Entfernung vorgelagerte Insel **Día** mit einem Reservat für kretische Wildziegen. Im Sommer ist auf Día auch eine Strandtaverne geöffnet, zu der Bootsausflüge ab Iráklio und Liménas Hersonísou hinüberführen.

Das obere Stockwerk der Festung wird im Sommer als Bühne für Freilichttheateraufführungen und Konzerte benutzt. An ihren Außenwänden kann man drei Steinreliefs mit dem Markuslöwen sehen, dem Symbol der venezianischen Herrschaft, das Monumente

» Stadtplan S. 154-155, Info S. 195-197

PRÄFEKTUR IRÁKLIO

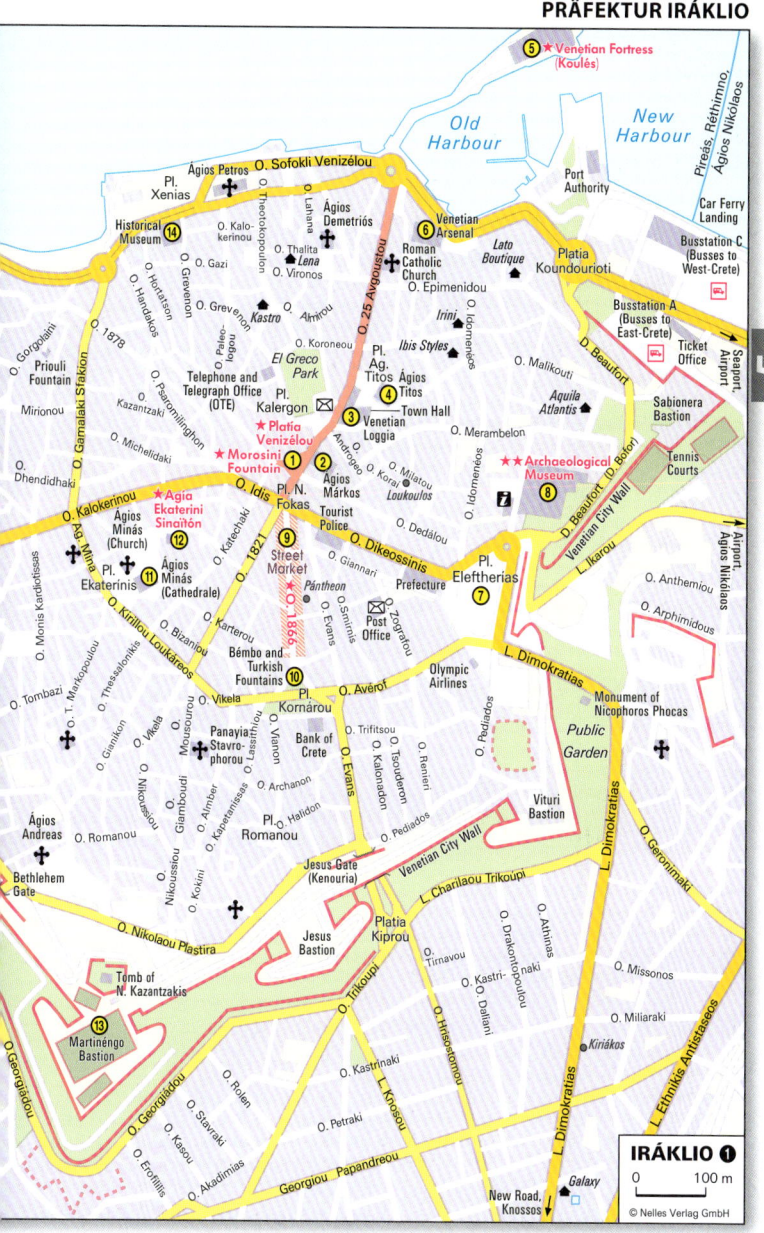

Map of Iráklio showing numbered points of interest:

- ⑤ ★ Venetian Fortress (Koúles)
- ⑥ Venetian Arsenal
- ④ Ágios Titos
- ③ Venetian Loggia
- ① ★ Platía Venizélou / ★ Morosini Fountain
- ② Ágios Márkos
- ⑭ Historical Museum
- ⑧ ★★ Archaeological Museum
- ⑦ Pl. Eleftherías
- ⑨ Street Market
- ⑫ ★ Agía Ekateríni Sinaïtón / Ágios Minás (Church)
- ⑪ Ágios Minás (Cathedrale)
- ⑩ Bémbo and Turkish Fountains
- ⑬ Martinéngo Bastion

Other labeled features: Old Harbour, New Harbour, Port Authority, Car Ferry Landing, Busstation C (Busses to West-Crete), Busstation A (Busses to East-Crete), Ticket Office, Roman Catholic Church, Ibis Styles, Lato Boutique, Irini, Aquila Atlantis, Sabionera Bastion, Tennis Courts, Venetian City Wall, El Greco Park, Kastro, Telephone and Telegraph Office (OTE), Pl. Kalergon, Town Hall, Tourist Police, Pántheon, Post Office, Prefecture, Olympic Airlines, Bank of Crete, Panayía Stavrophórou, Monument of Nicophoros Phocas, Public Garden, Vituri Bastion, Jesus Bastion, Platía Kíprou, Jesus Gate (Kenouría), Tomb of N. Kazantzákis, Bethlehem Gate, Ágios Andréas, Priouli Fountain, Gamaláki Stákion, Pl. Xenías, Pl. N. Fokás, Pl. Ekaterínis, Pl. Kornárou, Pl. Romanoú, Pl. Halidón, Galaxy

Streets include: O. Sofokli Venizélou, 25 Avgoústou, O. 1821, O. 1878, O. 1866, O. Dikeossínis, O. Evans, L. Dimokratías, L. Charilaou Trikoúpi, L. Kalokerinou, L. Kalogeridou, L. Knossou, L. Geronimáki, Georgíou Papandréou, Ethnikís Antistáseos, and many others.

IRÁKLIO ①
0 — 100 m

© Nelles Verlag GmbH

PRÄFEKTUR IRÁKLIO

im gesamten östlichen Mittelmeerraum schmückt.

Nach der Besichtigung der Festung kehrt man zum Kreisverkehr am Alten Hafen zurück und wendet sich nach links. Auf der anderen Straßenseite fallen die hohen Gewölbehallen des **venezianischen Arsenals** ⑥ ins Auge, in dem Schiffe gebaut, repariert und im Winter eingelagert wurden. Am nächsten Kreisverkehr (Richtung Südosten) hat man dann den **Neuen Hafen** erreicht, in dem die Fähren und Kreuzfahrtschiffe anlegen. Hier befinden sich auch die beiden wichtigsten **Fernbus-Bahnhöfe** der Stadt. Geht man nun rechter Hand die Stufen zum Hotel Lato hinauf, passiert das Hotel und biegt danach sogleich nach links in die Odós Idomenéos ab, gelangt man ins Stadtzentrum zurück. Die Gasse endet an der **Platía Eleftherías** ⑦, dem größten Platz der Stadt. Ganz in der Nähe befindet sich auch das ★★**Archäologische Museum** ⑧ (s. S. 159).

Der Eleftherías-Platz ist der größte Platz in Iráklio und mit seinen zahlreichen Tischen und Stühlen im Schatten der Platanen ein beliebter Treffpunkt an Sonntagen und Sommerabenden. Die Leute kommen hier zusammen, um einen Spaziergang in der Dämmerung zu machen (was hier *vólta* heißt und eine wichtige soziale Aufgabe erfüllt) oder um ins Kino zu gehen. Zur Freude der Kinder drehen sich auf dem Freiheitsplatz bei gutem Wetter auch einige Karussells und manchmal sogar ein Riesenrad. Außerdem ist er auch der bedeutendste Versammlungsplatz für Demonstrationen und Kundgebungen.

Für den Rückweg von dieser Platía zum Morosini-Brunnen sollte man die Fußgängerstraße **Odós Dedálou** wählen. Sie ist die Haupteinkaufsstraße Iraklions mit vielen auch für Urlauber interessanten Geschäften. Ihre rechte Parallelgasse, die **Odós Koraí**, ist mit

Rechts: Reichhaltiges Angebot in der Marktgasse Odós 1866.

ihren vielen eleganten Straßencafés bei Tag und bei Nacht der Treffpunkt der einheimischen Jugend und Schickeria; außerdem gibt es dort einige interessante **Antiquitätengeschäfte.**

Nur 30 Schritte südlich des Morosíni-Brunnens beginnt an der großen Ampelkreuzung die mit großen Sonnendächern überspannte ★**Marktgasse Odós 1866** ⑨. Metzgereien drängen sich neben Lebensmittelgeschäften, in denen kretische Erzeugnisse, Käse, Honig, Wein, Oliven in Salzlake und scharfe Gewürze angeboten werden; auch gibt es Friseure und Geschäfte, die Lederwaren und typisch kretische Messer verkaufen. Der Geruch gebratenen Fleisches dringt aus der überdachten Gasse mit den Tavernen an der östlichen Seite der Straße.

Am oberen Ende der Odós 1866, an der **Platía Kornárou**, befindet sich der von den Venezianern 1588 erbaute **Bémbo-Brunnen** ⑩, der aus antiken Marmorfragmenten zusammengesetzt wurde, unter anderem aus einer kopflosen römischen Statue, die der Architekt Zuane Bémbo von Ierápetra an der Südostküste Kretas hierher transportiert hat. Das polygonale Steinhäuschen davor ist ein türkisches Brunnenhaus von 1860 (heute ein Café).

Die rechte Hauptstraße **Odós Kirillou Loukáreos** führt zur Kathedrale **Agios Minás** ⑪ (19. Jh.) Wände und Gewölbe des in griechisch-byzantinischem Stil erbauten, gewaltigen Kuppelbaus sind mit Fresken in traditionellem byzantinischem Stil ausgemalt. Die in unmittelbarer Nachbarschaft erbaute, ältere und wesentlich kleinere Agios-Minás-Kirche diente während der türkischen Herrschaft als Bischofskirche Iráklions. Sie bewahrt eine prachtvolle, geschnitzte Ikonostase aus dem 18. Jahrhundert auf, ist aber leider meist verschlossen.

Ebenfalls am Platiá Ekateríni steht die hübsche ★**Agía-Ekateríni-Sinaïtón-Kirche** ⑫ aus dem Jahr 1555, eine anziehende Mischung aus byzantinischer und venezianischer Architektur. Der

PRÄFEKTUR IRÁKLIO

Innenraum birgt eine ★**Ikonensammlung**. Nachdem 1453 Konstantinopel an die Türken gefallen war, wurde die Agía Ekateríni Schule in Iráklio, ein Ableger des gleichnamigen Klosters in der Sinaiwüste in Ägypten, ein berühmtes Zentrum der Lehre und des künstlerischen Lebens. Die Ikonenmalerei auf Kreta war zu dieser Zeit besonders bedeutend, da die Maler nach Venedig reisten, wo sie von der Frührenaissance beeinflusst wurden. Die Kirche beherbergt sechs Ikonen von Mihaíl Damaskinós, einem Maler aus dem 16. Jahrhundert, der in byzantinischem und westlichem Stil arbeitete. Sie hingen früher im Vrondísi-Kloster am Fuße des Idagebirges; es handelt sich um die Bilder mit den Nummern 2, 5, 8, 9, 12 und 15 an der westlichen Wand.

Wenn man vom Platz der Kathedrale aus in Richtung Süden geht, gelangt man durch ein Gewirr von engen Gassen zur **Martinéngo-Bastion** ⑬, wo der bedeutende Schriftsteller Níkos Kazantzákis (1883-1957) begraben liegt. **Kazantzákis' Grab**, das Tag für Tag Ziel zahlreicher Verehrer ist, liegt unter einer Steinplatte, die durch ein großes hölzernes Kreuz gekennzeichnet ist. Eine Inschrift aus seinem Werk reflektiert den Geist seines bewunderten Freundes Georgis alias „Aléxis Sorbás": „Ich fürchte nichts. Ich hoffe nichts. Ich bin frei."

Die von dem venezianischen Militärtechniker Michele Sanmicheli entworfene **Befestigung** schließt die innere Stadt in einem Halbkreis ein und besteht aus sieben herzförmigen Bastionen und vier Toren. Zwei davon, das Haniá-Tor in Richtung Westen und das Jesus-Tor in Richtung Süden, sind noch erhalten. Man kann entlang des westlichen und südlichen Walls gehen, der an einigen Stellen bis zu 40 m breit ist. Im dem ehemaligen Wassergraben sind heute ein Fußballfeld und zwei Freilichttheater angelegt, in denen die Sommerfestspiele der Stadt stattfinden. Hinter dem Kinderspielplatz, außerhalb der Vituri-Bastion, an der südöstlichen Ecke der Befestigung, kann man in einem Gehege *kri-kri*, die kretischen Wildziegen, aus der Nähe betrachten.

» **Stadtplan S. 154-155, Info S. 195-197**

PRÄFEKTUR IRÁKLIO

PRÄFEKTUR IRÁKLIO

Das ★★Archäologische Museum

Das ★★**Archäologische Museum** (8) birgt die weltgrößte Sammlung minoischer Altertümer. Das 1940 eröffnete Haus wurde jüngst erweitert. Im Folgenden werden einige besonders wertvolle Museumsobjekte beschrieben.

Das ★**Stadtmosaik** aus Knossós, ein Fund aus der Zeit der alten Paläste von 1900-1700 v. Chr. (Protopalatikum), zeigt eine Sammlung bunt glasierter Platten mit der Darstellung kleiner Häuserfassaden verschiedener architektonischer Stile, die früher wahrscheinlich einen Holzschrein zierten.

Der tönerne ★**Diskos von Festós** aus der älteren Palastzeit gibt Rätsel auf: Die spiralförmig auf Vorder- und Rückseite gestempelten Schriftzeichen wurden nicht entziffert, und nicht alle Experten halten die 16-cm-Tonscheibe für echt.

Die beiden ★**Schlangengöttinnen** mit nacktem Oberkörper aus der Zeit der neuen Paläste (1700-1450 v.Chr.) tragen einen fein gearbeiteten, rüschenbesetzten Rock und sind aus glasierter Keramik. Sie wurden in zwei Schächten unter dem Boden in einem Palastschrein in Knossós gefunden, der als Tempelvorratslager bekannt ist.

Das berühmte ★**Stierkopf-Rhyton** (Kultgefäß für Blutopfer) aus dunklem Serpentin ist mit eingelegten Augen aus rotem Jaspis und hellem Bergkristall versehen. Die restaurierten Hörner waren aus vergoldetem Holz. Eine Doppelaxt ist auf der Stirn eingeritzt. Es wurde im Kleinen Palast in Knossós gefunden.

Das reich verzierte ★**Brettspiel** hat einen Rand aus Elfenbein, Einlegearbeiten aus Blattgold und -silber, Lapislazuli, Bergkristall und Glasfluss und vier dazugehörige Spielsteine aus Elfenbein.

Ein hübsches ★**Tonhausmodell** aus Arhánes zeigt verschiedene architektonische Besonderheiten des minoischen Kreta: kleine Fenster, die Hitze und Kälte abhalten, den lichtschachtartigen Innenhof, sich nach unten verjüngende Säulen und eine Terrasse im oberen Stockwerk (1450-1400 v. Chr.).

Ein Meisterwerk minoischer Goldschmiedekunst, dessen Replik in den Juweliergeschäften der Insel angeboten wird, ist ein zierlicher ★**Anhänger mit zwei Bienen**, die einen Honigtropfen in eine Bienenwabe bringen. Diese einzigartige Pretiose stammt vom Chrisólakkos-Friedhof in Mália und ist etwa um 1550 v. Chr. einzuordnen.

Ein besonders spektakulärer Fund aus der Zeit der neuen Paläste, der in Káto Zákros gemacht wurde, ist ein ★**Bergkristall-Rhyton** mit einem Griff aus Kristallperlen, die ebenso grün sind wie der oxidierte Bronzedraht, der sie zusammenhält. Es wurde aus über 300 Teilen wieder zusammengesetzt.

Von den vielen **Wandmalereien**, mit denen die minoischen Paläste und Villen ausgeschmückt waren, fanden die Archäologen nur Bruchstücke. Durch Vergleiche und mit viel Fantasie konn-

---

Links: Der „Lilienprinz" aus Knossos im Archäologischen Museum. Rechts: Tonmodell eines Heiligtums.

» Stadtplan S. 154-155, Info S. 195-197

PRÄFEKTUR IRÁKLIO

ten die Wandmalereien zumindest hypothetisch rekonstruiert werden. Was echte Bruchstücke sind und was Rekonstruktion, kann auch der Laie leicht unterscheiden. Jedenfalls gehörten die Wandmalereien zu den frühen Höhepunkten der Kunst Europas. Sie spiegeln die Vorliebe der Minoer für religiöse Zeremonien, ihre Naturverbundenheit und ihr Kunsttalent wider. Die berühmtesten Werke aus Knossos sind der **Lilienprinz**, das **Stierspiel**, die **Damen in Blau** und das **Delfinfresko**.

Ein beredtes Zeugnis von der Kunstfertigkeit minoischer Maler legt auch der ★**Steinsarkophag aus Agía Triáda** von ca. 1400 v. Chr. ab. Er ist an den Längsseiten mit Fresken geschmückt, die ein Bestattungsritual und ein Stieropfer zeigen. Auf den Schmalseiten sind eine Prozession bzw. zwei von Greifen gezogene Wagen dargestellt.

Oben: Der „Diskos von Festós" (um 1650 v. Chr.) mit Text in der Linear-A-Schrift. Rechts: Das Stierkopfrhyton ist eines der berühmtesten Exponate des Museums.

Historisches Museum und Ágios Pétros

Das **Historische Museum Kretas** ⑭ präsentiert seine Sammlungen in einer neoklassizistischen Villa aus dem frühen 19. Jh. und einem damit verbundenen, 2004 fertig gestellten Neubau.

Den **Eingangsraum** dominiert ein 4 x 4 m großes Modell im Maßstab 1:500, das die damals Chandax genannte Stadt Iráklio im 17. Jh. zeigt. Anhand von historischen Karten und Fotos wird die Stadtentwicklung gezeigt. Darauf folgt eine Sammlung kretischer Keramik von der frühbyzantinischen bis in die osmanische Zeit; hier sind auch Skulpturen und Bauplastiken ausgestellt.

Im **1. Obergeschoss** sieht man Wechselausstellungen moderner Kunst und Kopien byzantinischer Fresken. Vier Stufen höher hängen im ersten Saal links zwei Gemälde des großen **El Greco**: eine Ansicht des Berges Sinai mit dem Katharinenkloster und eine kleine Darstellung der Taufe Christi. In den anschließenden Räumen werden

PRÄFEKTUR IRÁKLIO

aus dem 13. und 14. Jh. stammende Wandmalereien aus kretischen Kirchen gezeigt. Die Münzen in der numismatischen Abteilung reichen von frühbyzantinischer Zeit bis ins 20. Jh. Aus dem 18. Jh., aus osmanischer Zeit, stammen die Wandmalereien mit Stadtansichten und Landschaftsdarstellungen aus dem Haus des Fazil Bey in Iráklio.

Im **Altbau-Teil des ersten Obergeschosses** wendet sich das Museum dem kretischen Freiheitskampf gegen die Türken und der Zeit der kretischen Autonomie zwischen 1898 und 1913 zu. Man sieht Portraits kretischer Widerstandskämpfer, eine Sammlung ihrer Waffen, historische Fotos und eine Fahne des unabhängigen Staates Kreta. Vor der Treppe hängt ein Banner mit dem Motto der kretischen Rebellen: *Elefthería i Thánatos* (Freiheit oder Tod).

Im **2. Obergeschoss des Neubaus** geht der Gang durch die Geschichte mit Fotografien aus dem Zweiten Weltkrieg weiter. Darunter sind Bilder von Geiselerschießungen durch deutsche Soldaten ebenso wie Aufnahmen deutscher Soldatengräber. Außerdem wird hier das wieder aufgebaute Arbeitszimmer des berühmten kretischen Schriftstellers Níkos Kazantzákis (1883-1957) präsentiert, dem Autor von „Alexis Sorbas" und „Griechische Passion". Ausgaben seiner Werke, in viele Sprachen übersetzt, unterstreichen seine Bedeutung.

Die Räume im **2. Obergeschoss des Altbaus** beherbergen eine schöne Textiliensammlung, vieles davon in leuchtendem Scharlachrot, das charakteristisch für viele kretische Handarbeiten ist. Neben feinen Stickereien auf Seide, Leinen und Baumwolle gibt es gewebte Decken mit lebendig wirkenden historischen Szenen. Auch Webstühle und Wasserpfeifen sind hier zu sehen.

Seit 2013 ist Iráklio um eine historische Kirche reicher: Direkt an der Uferstraße, neben dem Historischen Museum, wurde die Dominikanerkirche **Ágios Pétros** aus dem 14. Jh. auf ihren Grundmauern rekonstruiert.

Museum des Widerstands im Zweiten Weltkrieg

Das kleine, nur aus einem Raum bestehende Museum nahe dem Archäologischen Museum dokumentiert den Kampf um Kreta im Jahr 1941 und die Aktivitäten der kretischen Partisanen während der deutschen Besatzungszeit im Zweiten Weltkrieg. Der Eintritt ist frei.

★Naturgeschichtliches Museum

Am Westrand der Altstadt von Iráklio hat die Universität von Kreta im alten Elektrizitätswerk ihr neues ★**Naturschichtliches Museum** ⑮ eingerichtet. Der Neubau steht direkt am Meer. Neben Erdbebensimulator, Megadioramen und der Kretafossiliensammlung des deutschen Forschers S. E. Kuss ist das Highlight die imposante Lebendrekonstruktion des Hauerelefants **Deinotherium giganteum**, eines 6,5 m langen und 4,3 m hohen Rüsseltiers, das vor 9 Mio. Jahren auf Kreta lebte.

» **Stadtplan S. 154-155, Info S. 195-197**

PRÄFEKTUR IRÁKLIO

PRÄFEKTUR IRÁKLIO

★★KNOSSÓS

Der Weg zum 5 km von Iráklio entfernten Palast von ★★**Knossós** ❷ ist ab dem Eleftherías-Platz beschildert: Am Friedhof muss man links abbiegen und dann an der Abzweigung zur Küstenstraße wieder (Bus Nr. 2 nach Knossós fährt ungefähr alle 15 Minuten von der Haltestelle neben dem Morosini-Brunnen ab). Bei Km 3,5 biegt eine Seitenstraße rechts nach Fortétsa ab, von wo aus die Armee des Großwesirs die Stadt während der Großen Belagerung beschoss. Links ist die naturwissenschaftliche Fakultät der Universität Kreta auf dem Gelände eines ehemaligen Friedhofes, wo mehr als 300 Gräber mit Bestattungen aus einem Zeitraum von über 1000 Jahren, von der subminoischen bis zur frühchristlichen Zeit, gefunden wurden. Sonderbarerweise hat man in Knossós noch keinen Friedhof aus der Zeit der minoischen Paläste gefunden, was die abwegige Theorie erhärten sollte, dass der Palastkomplex nur ein riesiges Bestattungsgebäude war. Ein Rundgang durch die Gebäude, bei dem man immer noch die luxuriöse Atmosphäre in den Räumen spüren kann, wird solche Gedanken jedoch widerlegen.

Geschichte der Ausgrabung: Der kretische Archäologe Minás Kalokerinós grub 1878 als erster auf dem Kefála-Hügel und entdeckte einige Lagerräume und Pithoi (große Vorratsgefäße). Er erkannte in dem Gebäude bald den vor Jahrtausenden versunkenen Palast des legendären König Minos von Kreta, der in Homers *Ilias* genannt wird. Später brachte der amerikanische Journalist William Stillman den Gedanken auf, dass dieses Gebäude die Urheber des Mythos vom Labyrinth in der griechischen Sage inspiriert haben könnte.

1894 kam der später geadelte britische Archäologe Sir Arthur Evans im Alter von 43 Jahren erstmals nach Kreta. Er erwarb das Gelände und begann am 23. März 1900 mit seinen Grabungen. Bereits 1906 war ein Großteil von Knossós freigelegt. Evans führte aber noch bis zu seinem Tode im Juli 1941 immer wieder Grabungskampagnen durch. Er wohnte dabei in einem Haus nahe dem alten Palast, der für Besucher nicht zugänglichen Villa Ariadne. Während der Ausgrabungen ließ Evans auch große Teile der Palastmauern aus Stahl und Beton rekonstruieren, um die Architektur der Wohnräume und der östlichen Seite des Komplexes zu erhalten. Diese Renovierung wurde von Archäologen und Ästhetik-Puristen scharf kritisiert. Doch wurde es so möglich, einen Eindruck von der einstigen Größe des Palastes zu bekommen.

Mythologie: In der Mythologie ist Knossós bekannt als Sitz des Königs Minos und als Ort des Labyrinths, in dem der Minotaurus gefangen gehalten wurde. Dieses Ungeheuer, halb Stier und halb Mensch, war der Liebe der Königin Pasiphae zu einem weißen Stier entsprungen. Dem Minotaurus wurden alle neun Jahre je sieben Jünglinge und Jungfrauen geopfert, die Athen als Tribut zu schicken hatte. Die grausame Pflicht endete erst, als der athenische Königssohn Theseus in einer Gruppe der Todgeweihten nach Kreta gelangte und den Minotaurus töten konnte. Dabei half ihm Ariadne, Tochter des Minos. Sie gab ihm ein Schwert, um das Ungeheuer zu erlegen, und eine Spule mit rotem Faden, damit er nach dem Kampf den Weg zurück aus dem Labyrinth fände. Die Tat gelang, und Theseus floh mit Ariadne auf die Insel Naxos – wo er sie schmählich sitzen ließ. Architekt des Labyrinths, so geht die Legende, sei Dädalus gewesen, der im Vogelflug von Kreta floh. Sein Sohn Ikaros fand dabei, im Übermut, den Tod.

Geschichte: Das Gelände von Knossós ist ein flacher Hügel, der schon in neolithischer Zeit von mindestens 6000 v.

Links: Die „Schlangengöttin" aus Knossós, Symbol für den höfischen Luxus im 17. Jh. v. Chr. in minoischer Zeit (Archäologisches Museum Iráklio).

PRÄFEKTUR IRÁKLIO

Chr. an besiedelt war. In der frühminoischen Zeit wuchs die Siedlung ständig an, bevor dann um 1900 v. Chr. die Hügelkuppe abgetragen wurde, um den alten Palast zu erbauen. Nach seiner Zerstörung durch ein starkes Erdbeben um 1700 v. Chr. wurde der neue Palast errichtet: Die meisten restaurierten Arbeiten gehören dieser Zeit an. Ein halbes Dutzend beeindruckender Stadthäuser, die in der Nähe des Palastes gefunden wurden und der Kleine Palast neben der Villa Ariadne wurden um 1600 v. Chr. nach einem weiteren Erdbeben, das Teile des Palastes beschädigt hatte, erbaut. Zur gleichen Zeit entstanden überall auf Kreta Landhäuser und Stadtvillen, die den wirtschaftlichen und künstlerischen Höhepunkt der Minoer markieren. Knossós war am dichtesten besiedelt. Es gab Stadthäuser in der Nähe des Palastes und viele andere Gebäude auf den umliegenden Hügeln. Es gibt keinen Hinweis auf eine Stadtmauer. Schätzungen bezüglich der Bevölkerung von Knossós in der späten Bronzezeit sind unterschiedlich, es ist jedoch unwahrscheinlich, dass damals über 50 000 Menschen dort lebten.

Um 1450 v. Chr. wurde die Insel von einem großen Unglück heimgesucht: Paläste und Villen wurden durch heftige Brände zerstört. Ob der Vulkanausbruch von Thera (Santorin) oder archaische Invasoren vom Festland die Ursache waren, bleibt nach wie vor umstritten. Nur in Knossós dauerte die Besiedlung ohne Unterbrechung an, obwohl der Palast teilweise vernichtet war. 70 Jahre später zerstörte ein Brand im Palast und den dazugehörigen Gebäuden die Linear B-afeln, die die Vorratshaltung im Palast in der frühesten Form des Griechischen festhielten. Das Vorhandensein der Tafeln und Töpferwaren in mykenischem Stil lassen darauf schließen, dass Knossós in seinen letzten Jahren das Verwaltungszentrum der Mykener auf der

Oben: Der Thronsaal mit dem Original-Alabasterthron und dem Fresko der heraldischen Greife in einem Lilienfeld. Rechts: Diesen Raum mit dem Delfin-Fresko nannte Evans das „Megaron der Königin".

PRÄFEKTUR IRÁKLIO

Insel war. Teile des Palastes scheinen um 1200 v. Chr. wieder bewohnt gewesen zu sein, wurden aber zum Ende der Bronzezeit verlassen, und das Gelände scheint dann ein Heiligtum geworden zu sein.

Später kämpfte Knossós mit dem südlicheren Gortys (Górtina) um die Vormachtstellung. Nach der Eroberung durch die Römer im Jahr 67 n. Chr. wurde *Gortys* die Hauptstadt der Provinz Creta und Cyrenaica (die Region um Benghazi an der libyschen Küste). Schöne Villen, mit Statuen und Mosaikfußböden geschmückt, wurden während der römischen Zeit in Knossós gebaut: Eine, die Villa Dionysos, wurde ausgegraben, ist aber der Öffentlichkeit nicht zugänglich. In der frühchristlichen Zeit war Knossós Bischofssitz, und man fand zwei Basiliken aus dem 5. und 6. Jh. nördlich der römischen Siedlung. Zur Zeit der Arabischen Eroberung im Jahr 824 hatte Knossós seine Bedeutung bereits verloren. Iráklio, damals Rabd-el-Kandak genannt, wurde die Hauptstadt der Insel.

Rundgang

Man nähert sich dem Palast von Westen aus, geht an einer Büste von Evans vorbei über den gepflasterten **Westhof** 1 mit erhöhten Fußwegen. Links befinden sich drei tiefe, runde **Schächte** 2, die vielleicht als Kornspeicher dienten. Während des Wiederaufbaus am Ende der Zeit der alten Paläste, wurden sie mit Müll und Tonscherben gefüllt und überteert. In der südlichen Ecke befinden sich der **Westeingang** 3 und die Vorhalle. Durch schwere Holztüren – die Türbefestigungen sind noch erkennbar – gelangt man in den **Prozessionskorridor** 4. Er ist mit Gipsplatten verkleidet und führt auf den **Mittelhof** 5. Teile des Korridors sind der Erosion des Hügels zum Opfer gefallen und so betritt man den Hof heute durch eine rekonstruierte Tür.

An einer sich nach unten verjüngenden Säule vorbei kommt man zu den **südlichen Propyläen** 6, einem beeindruckenden, überdachten Torbogen, der durch vier mächtige, teilwei-

» Plan S. 167, Info S. 195–197

se restaurierte Säulen gestützt wird. (Minoische Säulen waren aus Holz, es gibt aber keine befriedigende Erklärung dafür, warum sie sich nach unten verjüngen.) Die Freskoreproduktion ist ein Ausschnitt des Prozessions-Wandbildes, das im Archäologischen Museum in Iráklio ausgestellt ist. Steigt man die **monumentale Treppe** 7 hinauf, kommt man in die oberen Propyläen, die zum **Piano Nobile** führen, wie Evans die Etage, wo wahrscheinlich die Empfangsräume lagen, in Anlehnung an die italienische Renaissance nannte. Diese Etage wurde unter Verwendung der architektonischen Reste, die auf die darunter liegende Etage gestürzt waren, wieder aufgebaut. Der Vorraum, das von Säulen getragene Vestibül Evans, führt in eine große Halle. An der einen Seite ist ein kleiner Raum, in dem viele Steinrhyta waren, unter anderem der Löwinnenkopfrhyton im Archäologischen Museum. Ein langer, oberer Korridor an der Nord-Süd-Achse hatte Räume zu beiden Seiten, bei der Rekonstruktion wurde jedoch eine Lücke gelassen, sodass man auf den unmittelbar darunter liegenden **Korridor der Magazine** 8 und den langen, schmalen, angrenzenden **Lagerräume** 9 hinunterblicken kann. Ursprünglich gab es 23 Magazine, manche mit zusätzlichem Lagerraum in Steinbehältern unter dem Boden, manche mit Blei umgeben. Pyramidenförmige Sockel mit Doppeläxten standen auf dem Korridor. Sie sahen aus wie die aus Nírou Háni, die im Museum in Iráklio zu sehen sind. In den großen Pithoi der Magazine wurde Öl, Wein und Getreide aufbewahrt: Nach einer Schätzung war Platz für gut 400 Vorratsbehälter mit 75 000 Liter Öl oder Wein.

Eine zweite Treppe führt vom Piano Nobile wieder hinunter auf den **Mittelhof** in die Nähe des Thronraumkomplexes. Der Hof ist ca. 50 m lang und 25 m breit und war früher gepflastert. Er ist nach Nordosten und Südwesten ausgerichtet wie die Höfe in Festós und Mália. Experten streiten darüber, ob er einstmals für das Stierspiel benutzt wurde.

Im **Vorraum des Thronsaals** 10 verlaufen steinerne Sitzbänke entlang der Wände. Außerdem ist hier die hölzerne Rekonstruktion eines an der gleichen Stelle gefundenen Holzthrones zu besichtigen.

Der **Thronsaal** 11 ist heute abgesperrt, aber vom Durchgang aus kann man den Originalthron aus Alabaster mit einem gewellten Rückenteil sehen, der rechts und links von Steinbänken flankiert ist. Das Fresko der heraldischen Greife in einem Lilienfeld aus der Zeit des mykenischen Einflusses verleiht dem kleinen Raum Erhabenheit. Evans fand umgestürzte Vorratsgefäße und große Alabastersteine am Boden, die er als Teil eines in letzter Minute stattfindenden Rituals zur Abhaltung des Unglücks ansah. Gegenüber vom Thron führen Stufen hinunter zu einem sakralen Reinigungsbassin, einem der kleinen, mit Gips verkleideten Räume, die die Archäologen noch immer beschäftigen. Allgemein wird angenommen, dass sie für religiöse Rituale verwendet wurden. Südlich des Thronsaales kommt man zur **Schatzkammer des Heiligtums** 12 mit einer dreiteiligen Kultfassade. In den Boden des nördlichen der beiden Räume sind zwei große Schächte eingelassen, die ursprünglich mit einer Deckelplatte verschlossen werden konnten. Der äußere Kasten enthielt die drei Fayencefiguren der Schlangengöttinnen und andere Objekte, die heute in Saal IV des Archäologischen Museums in Iráklio ausgestellt sind. Der südliche der beiden Räume wird auch **Raum des Großen Pithos** 13 genannt, da in seinem Mittelpunkt ein solch mannshohes Keramikgefäß steht. An diesen Raum schließt die **Vorhalle der Pfeilerkrypten** 14 südlich an. Durch sie gelangt man in die beiden **Pfeilerkrypten** 15, die wahrscheinlich das zentrale Heiligtum des Palastes waren. Sie sind offenbar in Stein nachgebaute Kulthöhlen. In die Mittelpfeiler beider Räume ist das heilige Symbol der

PRÄFEKTUR IRÁKLIO

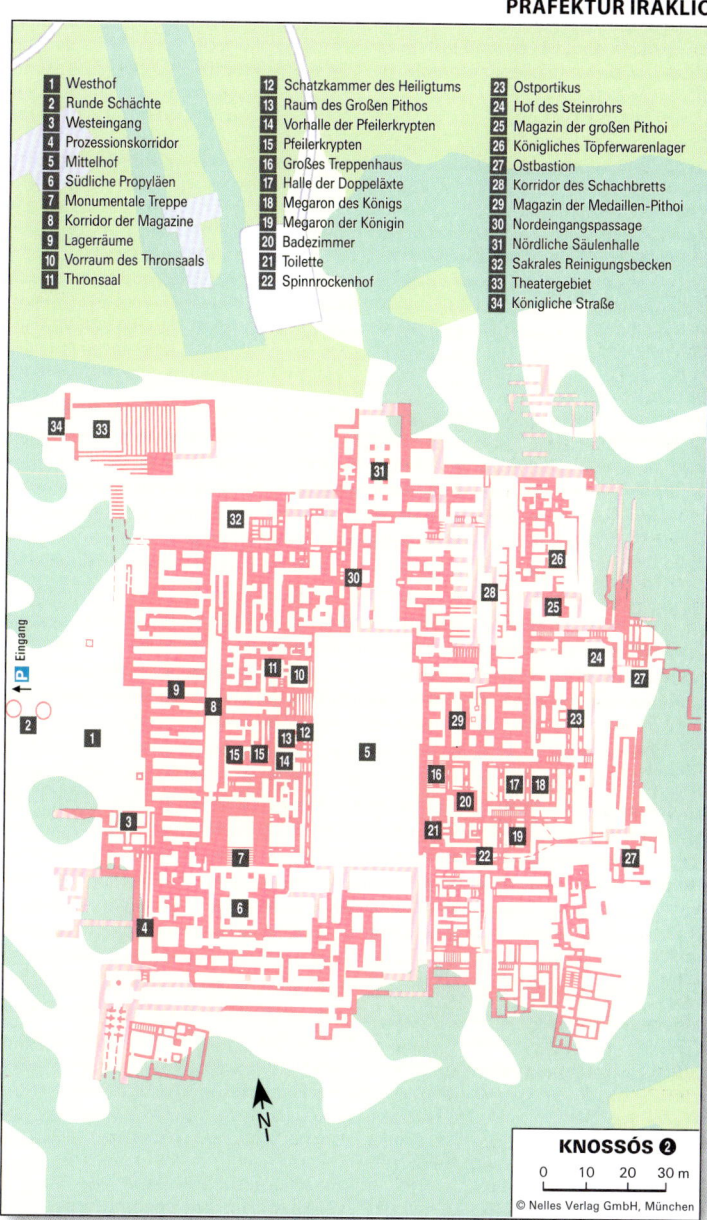

1. Westhof
2. Runde Schächte
3. Westeingang
4. Prozessionskorridor
5. Mittelhof
6. Südliche Propyläen
7. Monumentale Treppe
8. Korridor der Magazine
9. Lagerräume
10. Vorraum des Thronsaals
11. Thronsaal
12. Schatzkammer des Heiligtums
13. Raum des Großen Pithos
14. Vorhalle der Pfeilerkrypten
15. Pfeilerkrypten
16. Großes Treppenhaus
17. Halle der Doppeläxte
18. Megaron des Königs
19. Megaron der Königin
20. Badezimmer
21. Toilette
22. Spinnrockenhof
23. Ostportikus
24. Hof des Steinrohrs
25. Magazin der großen Pithoi
26. Königliches Töpferwarenlager
27. Ostbastion
28. Korridor des Schachbretts
29. Magazin der Medaillen-Pithoi
30. Nordeingangspassage
31. Nördliche Säulenhalle
32. Sakrales Reinigungsbecken
33. Theatergebiet
34. Königliche Straße

KNOSSÓS ❷

0   10   20   30 m

© Nelles Verlag GmbH, München

PRÄFEKTUR IRÁKLIO

Doppelaxt eingeritzt. Wahrscheinlich fanden in diesen Pfeilerkrypten blutige Tieropfer statt.

Überquert man nun den Hof, kommt man zum eleganten **Großen Treppenhaus** 16, das zu den ursprünglich in den Hügel hinein gebauten Wohnräumen führt. Vier von anfangs wahrscheinlich fünf flachen Treppen aus Gips sind noch vorhanden. Ein tiefer Lichthof sorgt für das nötige Licht. Dieser Teil des Palastes zeigt die minoische Architektur in ihrer besten Form: Die Räume sind durch Pfeiler- und Türaufteilungen voneinander getrennt, um Wärme zu halten und Abgeschirmtheit zu ermöglichen, wenn sie geschlossen sind, und um im Sommer eine luftige Kühle in den Räumen zu schaffen. Drei kleinere Treppen verbinden die verschiedenen Stockwerke, und eine Folge von Korridoren zwischen den Räumen trägt zu einer labyrinthähnlichen Atmosphäre bei. Das Fresko der achtförmigen Schilde zierte vielleicht die darunter liegende **Halle der Doppeläxte** 17, gerade entlang des Korridors von der Säulenhalle. Sie hat ihren Namen von den Doppelaxtzeichen der Steinmetze auf den Steinblöcken des angrenzenden Lichthofes und bildet den Vorraum zum **Megaron des Königs** 18. Der Raum ist durch Doppeltüren geteilt und hatte einen überdachten, L-förmigen Portikus auf der einen Seite. Ein Durchgang im Südwesten führt in das **Megaron der Königin** 19, das mit Kopien des lebhaften Delfinwandbildes und farbigen Rosetten verziert und mit Steinbänken möbliert ist. Neben dem Megaron der Königin ist ein **Badezimmer** 20 mit einer Tonbadewanne. Dahinter führt ein schmaler Gang zu einer **Toilette** 21 mit einem Entwässerungssystem, das die Spülung ermöglichte. Rillen im Fußboden und an den Wänden lassen darauf schließen, daß ein Holzsitz über dem Rohr angebracht war. Ein raffiniertes Entwässerungssystem kanalisierte Abwasser hinunter zum Kératos. Der **Spinnrockenhof** 22, ebenfalls nach den Steinmetzzeichen an den Wänden benannt, sorgt in diesem Abschnitt für Licht.

Wenn man die Wohnräume von der Veranda der Königin aus verlässt und dann links geht, kommt man an der Terrasse neben der Halle der Doppeläxte vorbei zum **Ostportikus** 23. Das ist der Bereich der Palast-Werkstätten. Ein paralleler Gang führt vorbei an einem engen Lagerraum mit Stücken von Lapis Lacedaimonios, einem gesprenkelten grünen Stein, der nur im Süden der Peloponnes auf dem griechischen Festland gefunden wird und für Steinvasen und Siegel verwendet wurde. Es scheint die Werkstatt eines Steinmetzen gewesen zu sein. Nördlich ist ein Raum mit einer Steinbank, der die Werkstatt eines Töpfers gewesen sein könnte.

Weiter nördlich kommt man auf den **Hof des Steinrohrs** 24, das hoch oben an der Westmauer erkennbar ist und offensichtlich das Regenwasser zu einer Zisterne außerhalb des Hofes leitete. Geradeaus liegen die **Magazine der großen Pithoi** 25, die Teile eines Lagerkomplexes des Alten Palastes waren: Die großen Behältnisse sind von ungefähr 1800 v. Chr. Dahinter befinden sich die **königlichen Töpferwarenlager** 26, ebenfalls Relikte des alten Palastes, wo man schöne Töpferwaren im Kamáres-Stil fand.

Eine Treppe führt zur **Ostbastion** 27 hinunter, dem Palasteingang über dem Kératos. Neben den Stufen ist eine Wasserleitung aus Stein, die in Kurven hinunterführt und von Senkkästen unterbrochen wird – das minoische Gegenstück eines Flutungs-Bewässerungssystems. Steigt man wieder hinauf, kommt man an den großen Pithoi vorbei zum **Korridor des Schachbretts** 28, wo das reich verzierte Spielbrett in Saal IV des Archäologischen Museums gefunden wurde. Eine Anzahl sich nach unten verjüngender Tonröhren sind Teil des Bewässerungssystems und unter dem

Rechts: Die Nordseite des Mittelhofes von Knossós.

PRÄFEKTUR IRÁKLIO

Gang zu sehen, bevor man das **Magazin der Medaillen-Pithoi** 29 erreicht. Von hier aus kann man zum großen Treppenhaus zurückgehen oder über die Treppe rechts zurück zum Mittelhof.

Vom Mittelhof geht man rechts in die **Nordeingangspassage** 30. Links waren Räume, wo der „Krokuspflücker" und Miniaturfresken gefunden wurden. Unter ihnen waren tiefe, steingesäumte Schächte aus der Alten Palastzeit, die vielleicht Kornkammern oder, wie Evans vermutete, Verliese waren. Der Eingang selbst ist mit einer Kopie des reliefartigen Wandbildes eines angreifenden Stieres geschmückt. Evans glaubte, das Fresko sei lange Zeit nach der Zerstörung des Palastes in den Ruinen in situ geblieben. Wenn dies der Fall war, hätte dies das Eindringen der Sage des Minotaurus in den Sagenschatz des Volkes begünstigt. Der Eingang wurde verkleinert, als der neue Palast gebaut wurde und die **nördliche Säulenhalle** 31 mit einer Reihe Doppelsäulen aus Gips hinzukam. Vermutlich war die Bankettshalle des Palastes über der Säulenhalle.

Links am Nordportikus vorbei liegt das **nördliche sakrale Reinigungsbecken** 32, das größte der Reinigungsbecken in Knossós. Evans glaubte, dass sich jeder Palastbesucher einer rituellen Waschung und Salbung unterziehen musste.

Außerhalb des Palastes, im Nordwesten, befindet sich ein gepflastertes **Theatergebiet** 33.

Von dort blickt man auf eine flache Treppe, die zur **Königlichen Straße** 34 im Westen führt. Vielleicht war dies ein Empfangsbereich für offizielle Gäste. Die Straße ging westlich weiter in die minoische Siedlung und bog dort nördlich zum Kleinen Palast ab. Sie war mit Häusern gesäumt: In einem fand Evans Freskenfragmente von ungefähr 1600 v. Chr., die zusammengesetzt das „Blauer-Vogel-Bild" ergaben. Im umliegenden Gelände sind das Südhaus, das Haus der geopferten Ochsen und das Haus der herunterfallenden Steinblöcke am einfachsten zugänglich, wo herunterstürzendes Mauerwerk von der Südfassade des Palastes die Gewalt des Erd-

>> **Plan S. 167, Info S. 195-197**

PRÄFEKTUR IRÁKLIO

PRÄFEKTUR IRÁKLIO

bebens, das den Alten Palast zerstörte, veranschaulicht. Sie liegen südlich des Hauptkomplexes. Weiter unten im Tal steht die Karawanserei, wo Besucher anhielten, bevor sie über einen Viadukt den Vlichiás überquerten und sich dem südwestlichen Palasteingang näherten.

Der **Kleine Palast**, Fundort des Stierkopf-Rhytons aus dem Archäologischen Museum und eine Villa (die erst in den 1970er-Jahren ausgegraben wurde) liegen auf der anderen Seite der Straße nach Iráklio. Sie sind für Besucher geschlossen. Im Westen förderten weitere Ausgrabungen in der minoischen Siedlung ein Haus aus der Zeit der neuen Paläste zutage, das offensichtlich als ein Kultzentrum benutzt wurde. In einem Raum im Untergeschoss wurden die Knochen von mindestens drei Kindern gefunden: sie wiesen Messerspuren auf, die darauf hindeuten, dass das Fleisch von den Knochen gelöst wurde. Der Fund, der eine erhebliche Kontroverse unter den Archäologen auslöste, wurde als vereinzelter ritueller Kannibalismus in der minoischen Religion gedeutet. Er lässt berechtigte Zweifel an dem Bild aufkommen, das Evans vom geordneten und friedlichen Leben in Knossós entworfen hatte.

AUSFLÜGE VON IRÁKLIO

Verlässt man Iráklio auf der Straße Richtung Knossós, kommt man erst am minoischen Palast, dann an Spília vorbei und nimmt 5 km nach Knossos die Abzweigung rechts nach Arhánes. 1 km weiter kommt eine scharfe Kurve, wo im April 1944 die beiden britischen Offiziere Patrick Leigh Fermor und Stanley Moss zusammen mit einer Gruppe kretischer Widerstandskämpfer General von Kreipe gefangen nahmen. Der Kommandant der Deutschen auf Kreta war auf dem Weg vom Hauptquartier in Arhánes zu seiner Unterkunft in der

Links: Blick vom Gipfel des Ioúhtas auf die Stadt Iráklio und die Nordküste.

Villa Ariadne in Knossós. Kreipe wurde nach einem beschwerlichen 18-Tage-Marsch, während dem man immer wieder in Höhlen vor den Verfolgern Schutz suchte, durch die Berge an die Südküste geführt und von dort an Bord eines U-Bootes der Royal Navy nach Ägypten gebracht.

Arhánes ❸ ist ein fast 4000 Einwohner zählendes Doppeldorf in einem grünen Hochtal, das vor allem zum Anbau von großen Tafeltrauben genutzt wird. Der touristisch und historisch interessante Ortsteil ist **Áno Archánes**. Schon kurz hinter dem Ortsanfang zweigt dort nach rechts ein ausgeschilderter Weg zur **Nekropole von Foúrni** ab, die zwischen 2400 und 1200 v. Chr. als Bestattungsort diente. Zu sehen sind Kuppel- und Schachtgräber sowie die Grundmauern eines Gebäudes, in dem Rotwein gekeltert wurde. Man verwendete ihn zur Waschung der Gebeine der Toten.

Am Nordhang des markanten Ioúhtas-Berges wurde 1979 das kleine, heute meist nur über die Umzäunung hinweg erkennbare Heiligtum **Anemospília ❹** freigelegt, in dem deutliche Spuren eines Menschenopfers entdeckt werden konnten. Ein ausgeschilderter Feldweg führt 2,8 km weit von der Hauptstraße in Áno Arhánes aus dort hin.

Im Zentrum von Arhánes stehen im Viertel Tourkogitonía die wegen der heutigen Bebauung nur zum Teil freigelegten **Überreste eines minoischen Palastes**. Das kleine **Archäologische Museum** an der Dorfstraße präsentiert einmal keine Kunstwerke, sondern stellt anhand von Modellen, Fotos, Schaubildern und guten Texten in englischer Sprache das Leben im minoischen Archánes dar und erläutert die Vorgänge beim Menschenopfer im Heiligtum von Anemospília.

4 km südlich von Áno Archánes liegen, über eine schmale Asphaltstraße gut zu erreichen, die Überreste eines minoischen Landhauses in der Gemarkung **Vathípetro ❺**. Eine gut erhal-

» Karte S. 172-173, Info S. 195-197

PRÄFEKTUR IRÁKLIO

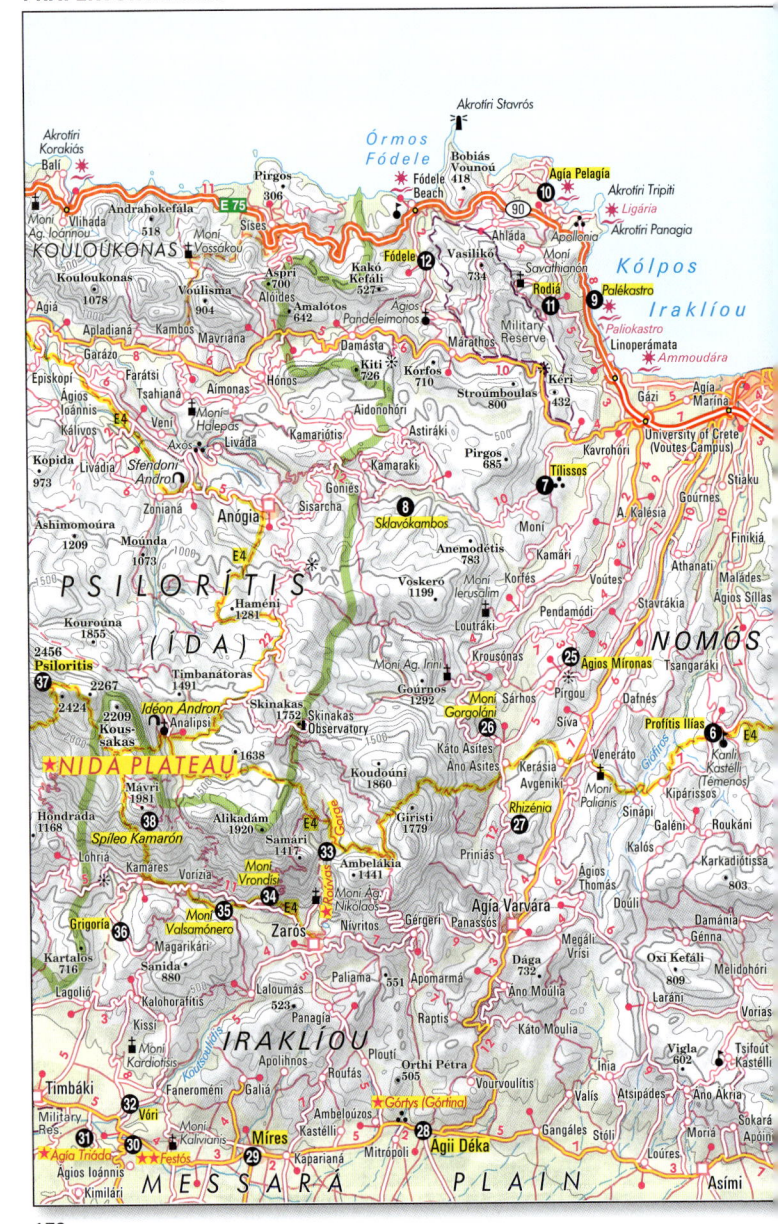

PRÄFEKTUR IRÁKLIO

DER SÜDEN VON IRÁKLIO
❶ - ❸❽

0 — 2,5 — 5 km

© Nelles Verlag GmbH, München

PRÄFEKTUR IRÁKLIO

tene Weinpresse aus minoischer Zeit beließen die Archäologen ebenso wie einen Töpferofen, eine Ölpresse und 16 mannshohe Pithoi an Ort und Stelle.

Von Vathípetro kann man entweder nach Arhánes zurückkehren oder weiterfahren ins Dorf Houdétsi zwischen Iráklio und der Messará-Ebene.

Von Iráklio nach Kanlí Kastélli

Man verlässt Iráklio durch das Haniá-Tor und biegt nach der Stadtmauer links ab. Die Straße führt durch Weinberge und an einem Flussbett entlang und steigt dann hinauf ins 19 km entfernte **Profítis Ilías** ❻. Es war früher wegen der Schlacht, in der die Venezianer 1647 die Türken schlugen, als *Kanlí Kastélli* bekannt, was auf türkisch „blutiges Kastell" heißt: Auf dem felsigen Hügel über dem Dorf liegt die – auch **Témenos-Burg** genannte – Festung, die der byzantinische Feldherr und spätere Kaiser Nikifóros Fokás 961 baute, nachdem er die Araber vertrieben hatte. Er wollte sie zum Zentrum einer neuen Hauptstadt im Landesinneren machen und die Kreter so vor Piratenüberfällen schützen. Aber nur wenige Inselbewohner waren bereit, von Iráklio wegzuziehen, und Fokás wurde nach Konstantinopel zurückgerufen, ohne mehr als die Burg gebaut zu haben. Die Festung wurde im 14. und im 16. Jh. wieder aufgebaut, als moslemische Piraten Kreta erneut bedrohten. Vom oberen Teil des Dorfs führt ein Pfad entlang der Nordseite des Hügels zur Festung hinauf. Der Haupteingang im Norden ist durch Mauern, die wie Vorhänge übereinanderlappen, geschützt. Nur wenige Überreste sind auf dem Doppelgipfel des Hügels zu sehen, die **Aussicht** ist jedoch beeindruckend.

Tílissos

Der Weg nach Tílissos führt von Iráklio zunächst über die Old National Road in Richtung Réthimno. Nach 10 km steht

Oben: Ein Weinberg im Frühjahr. Aus frischen Weinblättern werden Dolmádes bereitet. Rechts: Kunsthandwerk in Fódele.

PRÄFEKTUR IRÁKLIO

rechts von der Straße das 1987 erbaute Hotel Arólithos, das einem alten kretischen Dorf nachempfunden ist. Zeitweise demonstrieren hier mehrere kretische Kunsthandwerker ihre Fertigkeiten. 5 km weiter ist dann das Dorf **Tílissos** ❼ erreicht.

Der Komplex dreier minoischer Villen (aus der gleichen Zeit wie der neuere Palast in Knossós) liegt im Randgebiet des Dorfes. Er wurde erst Anfang des 20. Jahrhunderts ausgegraben, nachdem durch Zufall die drei großen Bronzekessel, die im Archäologischen Museum ausgestellt sind, gefunden wurden.

Das mittlere Haus A besteht aus zwei Gebäudeteilen, die durch einen offenen Hof verbunden sind. Es weist alle Kennzeichen eines vornehmen zweistöckigen Hauses auf, unter anderem Lagerräume mit großen Vorratsgefäßen.

Haus B ist auf einem rechteckigen Grundriss erbaut, der aber nur wenige architektonische Eigenarten erkennen lässt. Haus C hat gut erhaltene, erstaunlich hohe Mauern und eine runde Zisterne, die um 1200 v. Chr. entstand, als das Gelände wieder besiedelt wurde. Eine gepflasterte minoische Straße säumt die Westseite der Villen.

Hinter Tílissos steigt die Straße hinauf in bergige Landschaft. Sie führt durch eine Schlucht mit fast senkrechten Felswänden, an deren Ausgang (nach weiteren 9 km) ein anderes minoisches Gelände erreicht ist.

Hier steht das große Landhaus **Sklavókambos** ❽. Seine Mauern wurden aus grob behauenen Steinen anstatt des üblichen feinen Mauerwerks erbaut. Von hier hat man eine Aussicht über das Sklavókambos-Tal, das nach den Slaven, die hier vom byzantinischen Kaiser Nikifóros Fokás im 10. Jh. angesiedelt wurden, benannt ist. Die Straße führt weiter – vorbei an Goniés – in das große Bergdorf Anógia (s. S. 142), das 32 km von Iráklio entfernt ist.

Von Iráklio nach Fódele

Man verlässt Iráklio durch das Haniá-Tor und nimmt die Schnellstraße nach Westen. Nach 10 km sieht man rechts die Ruinen der **Festung Palékastro ❾**, die die Venezianer von den Genuesen eroberten und die 1573 als Teil des massiven Befestigungsprogramms gegen die Türken wieder aufgebaut wurde. 3 km weiter zweigt eine unbefestigte Straße nach rechts zur **Ligária-Bucht** ab, einem sehr schönen Badeplatz – perfekt nach einem Vormittag mit vielen Besichtigungen.

Dahinter liegt **Agía Pelagía ❿**, ein moderner Badeort mit mehreren großen Hotels und exzellenten Wassersportmöglichkeiten, aber nur schmalem **Strand**.

Eine Abzweigung nach Süden führt hinauf nach **Rodiá ⓫**, das eine überwältigende Aussicht auf die Bucht von Iráklio bietet; einige Häuser aus dem Mittelalter stehen noch. Ganz in der Nähe (3 km in Richtung Nordwesten) liegt wunderschön das **Savathianón-Kloster**.

Wieder auf der Schnellstraße zweigt man (22 km von Iráklio) links nach Fódele ab, wo sich die Straße durch Orangenhaine in ein schmales Tal hinunter schlängelt. Auf dem **Strand** gegenüber, an dem jetzt das farbenfroh gestrichene Hoteldorf **Fódele Beach** steht, landete im Jahr 1668 eine osmanische Armee unter General Mehmet Köprülü, die im darauf folgenden Jahr die venezianischen Verteidiger Iráklios zur Kapitulation zwang.

Traditionell wird angenommen, dass **Fódele ⓬** der Geburtsort des manieristischen Malers Doménikós Theotokópoulos (1541-1616) ist, besser bekannt als **El Greco**, obwohl neuere Forschungen ergaben, dass er wahrscheinlich in Iráklio geboren wurde. An El Greco, der wie viele junge ehrgeizige Inselbewohner in der Renaissance nach Venedig emigrierte und von da dann weiter nach Toledo in Spanien reiste, erinnert hier eine **Büste**. Der Stein mit der Inschrift auf Griechisch und Spanisch stammt aus einem Steinbruch im spanischen Toledo.

Aus dem Dorfzentrum mit seinen Straßencafés und Tavernen führt eine Asphaltstraße zum angeblichen **Geburtshaus des Malers** auf der anderen Seite des Flusses. Hier hat man ein altes Bauernhaus ansprechend restauriert und davor ein besonders schönes Kafeníon eingerichtet. Im Haus werden sehr simple Reproduktionen einiger Werke El Grecos gezeigt; ein paar billige Drucke können erworben werden. Am Parkplatz unterhalb des Hauses ist die mit Fresken geschmückte Kirche der Panagía aus dem 13. Jh. leider nur im Juli und August regelmäßig geöffnet.

Von Iráklio zum Kazantzákis-Museum und nach Kastélli Pediádas

Man verlässt Iráklio auf der Straße in Richtung Knossós, kommt am Palast vorbei und einem Aquädukt des Kératos-Tals aus dem frühen 19. Jh. Bei km 10 biegt man links nach **Skaláni** ab. Dort steht die moderne Weinkellerei Boutári Besuchern ganzjährig für Besichtigungen und Weinproben offen. Ein Schild weist kurz vor dem Dorf rechts nach **Mirtiá ⓭**, dem alten Várvari, zum **Nikos-Kazantzákis-Museum**. Es ist der Geburtsort von Kazantzákis' Vater, einem Kaufmann aus Iráklio. Er erscheint ungeschminkt als starker Trinker und Patriot *kapetán* Mihális in dem Roman *Freiheit oder Tod*.

Das Museum ist in einer schön restaurierten Villa am Dorfplatz untergebracht. Eine interessante Sammlung von Fotografien und Erinnerungen, die Kazantzákis literarischen Werdegang, seine Reisen und sein politisches Engagement illustrieren, sind zu sehen. Die Ausstellung beginnt mit seiner Kindheit auf Kreta, als die Familie mehr als einmal von der Insel fliehen musste, um Repressalien seitens der Türken bei einem Aufstand zu entgehen. Nach einer juristischen Ausbildung in Athen und philosophischen Studien in Frankreich,

Rechts: Hoteldorf Fódele Beach.

Deutschland und Italien verbrachte er seine Zeit teils in Athen und teils in seinem Haus auf Ägina. Er war 1945 kurze Zeit Erziehungsminister bevor er sich in Frankreich niederließ. Er starb 1957 in Freiburg im Breisgau an den Folgen einer asiatischen Grippe.

Hinter Mirtiá führt die Straße nach Agía Parakies, wo man links abbiegt. Nach weiteren 3,5 km biegt man rechts Richtung Vóni ab. Fährt man vor dem Dorf links, kommt man nach 4 km nach **Thrapsanó** ⓮, das für seine Töpfertradition berühmt ist. Es werden hier vor allem die großen Vorratsgefäße, die *pithária* hergestellt, von denen jeder bis zu einer Woche Arbeit erfordert.

3 km nach Thrapsanó kommt man auf der Straße Richtung Kastélli nach **Evangelismós** ⓯, mit der gleichnamigen kreuzförmigen Kuppelkirche. Innen befinden sich einige seltene Fresken aus dem 14. Jh. mit Szenen aus dem Alten Testament, unter anderem die Erschaffung von Adam und Eva und das Paradies. Den Schlüssel zu der Kirche bekommt man im Café auf der gegenüberliegenden Straßenseite bei *kiría* Kateŕina.

Auf der Weiterfahrt nach Kastélli kommt man erst durch Arhángelos, dann durch **Sklaverohóri** ⓰, wo es in der Isodía-Theotókou-Kirche (auch Panagía) einige gut erhaltene Fresken aus dem 15. Jh. zu sehen gibt, unter anderem eine Szene mit St. Georg, der den Drachen erschlägt und eine Prinzessin rettet.

Kastélli ⓱, das Zentrum des **Pediáda**-Bezirks, ist nach einem venezianischen Schloss benannt, das jedoch nicht mehr existiert. Die einzige Sehenswürdigkeit ist heute die kleine Kirche **Agios Panteleímonas** südöstlich des Städtchens. Um hinzukommen, folgt man der ausgeschilderten Straße nach Hersónissos und Iráklio. Nach knapp 1 km zweigt nach rechts ein Feldweg zur von hier noch 2 km entfernten Kirche ab. Direkt neben ihr stehen zwei Eichen und eine nette Taverne, in der auch der Schlüssel aufbewahrt wird. (Wenn die Taverne geschlossen ist, bekommt man den Schlüssel in Pigí, das 1 km weiter

» **Karte S. 172-173, Info S. 195-197**

PRÄFEKTUR IRÁKLIO

liegt.) Die Kirche in Form einer dreischiffigen Basilika wurde im 11./12. Jh. unter Verwendung zahlreicher antiker Quader und Inschriftensteine erbaut. Eine Säule in der Kirche ist kurioserweise ganz und gar aus antiken Kapitellen zusammengesetzt, vier korinthischen und einem toskanischen.

LIMÉNAS CHERSONÍSOU

Eine Fahrt von Iráklio entlang der Nordküste Richtung Agios Nikólaos ist eine Reise durch das Touristenzentrum der Insel. Am besten fährt man von Iráklio auf der Schnellstraße in Richtung Osten und verlässt diese erst in Liménas Chersonísou. Nur für historisch besonders Interessierte lohnt die Fahrt auf der alten Nationalstraße, weil sie in **Nírou Háni** an der Ausgrabung eines minoischen Landhauses vorbeiführt, dessen Mauer noch bis in 1 m Höhe erhalten ist.

Oben: Liménas Chersonísou ist Kretas bettenreichster Badeort. Rechts: Siesta.

Auf halbem Weg zwischen Iráklio und Liménas Chersonísou liegt auf dem Gelände der ehemaligen US-amerikanischen Militärbasis **Goúrnes** das große, moderne ★**CretAquarium Thalassokosmos**. Es ist Teil des Hellenic Centre for Maritime Research und verspricht eine vergnügliche und lehrreiche Stunde für die ganze Familie. In 32 Becken leben auf einer Grundfläche von 1600 m² über 5000 Meeres- und Landlebewesen – Fische, Reptilien und Amphibien.

Das 26 km von Iráklio entfernte **Liménas Chersonísou** ⑱ ist Kretas bettenreichster Badeort mit vielen Diskos und Tavernen, aber relativ wenig Strand (lang, aber schmal). Ortsrundgang: Man geht ans Meeresufer und wendet sich nach links Richtung Fischerhafen. Dort steht auf einem niedrigen Kap eine **Kapelle** auf den Resten einer frühchristlichen Basilika aus dem 5./6. Jh. Geht man in die andere Richtung zurück, passiert man 20 m westlich eines kleinen Platzes einen unter dem heutigen Bodenniveau gelegenen **Römischen Brunnen** mit rekonstruierten Kaskadenstufen aus dem 3. Jh., den schöne Mosaiken mit Darstellungen von Fischern, Fischen und an derem Meeresgetier zieren.

Am Ostrand von Liménas Chersónissou steht an der Küste das private ★**Freilichtmuseum Lychnostátis** (an der Beach Road, neben Caravan Camping), das sehr anschaulich über Volkskunde und traditionelles Leben auf Kreta informiert.

Wer in Liménas Hersoníou Urlaub macht, sollte einmal zu den beiden am Berghang hinter dem Badeort gelegenen Dörfer **Koutouloufári** und **Piskopianó** hinauf wandern. Auch dort kann man Unterkunft finden, vor allem aber gut essen.

Falls Sie den Tag beschaulich in einem schönen Ort ausklingen lassen wollen, empfiehlt sich ein Abstecher in das alte Binnendorf **Chersónisos** ❿ mit seiner modern gestalteten und trotzdem stimmungsvollen **Platía**, wo die Restaurants ausgezeichnete griechische Küche servieren.

Nicht weit von Liménas Chersónisou lockt das große Spaßbad **Acqua Plus** ⓴ mit seinen Riesenrutschen. Dahinter liegt ein **18-Loch-Golfplatz**.

Bei Stalida lohnt der serpentinenreiche Abstecher ins schöne Bergdorf **Mohós** ㉑ mit seiner urigen **Platía** und weiter nach **Krási** ㉒ mit der mächtigsten **Platane** Kretas, unter der Tische einer Taverne stehen – schön für eine Pause.

Nördlich des nächsten Dorfs, **Kerá**, liegt eines der schönsten Klöster Kretas: **Moní Kardiótissis** ㉓. Die Zellen der Nonnen sind modern gestaltet; die Kirche **Panagia Kera** mit ihren **Wandmalereien** stammt jedoch aus dem 14. Jh.

Hinter Kerá passiert man das eher kuriose, private **Homo Sapiens Museum**, in dem liebenswert-naiv die Entwicklung unserer Spezies vom Steinzeitmenschen bis zur Eroberung des Weltraums dargestellt wird.

Anschließend erreicht man die landschaftlich schöne **Lasíthi-Hochebene** (s. S. 206)

MÁLIA

Mália ㉔ ist einer der bedeutendsten Badeorte der Insel mit langem, breitem **Sandstrand**, vielen Wassersportangeboten, Restaurants, intensivem Nachtleben und trinkfreudigen britischen Touristen. Idyllische Winkel findet man nur noch im alten Ortskern südlich der Ortsdurchgangsstraße und am alten **Fischerhafen** neben der Kapelle Agios Pnéfma, die am Pfingstsonntag Schauplatz eines Kirchweihfestes mit Musik und Tanz ist. Den Ort Mália muss man nicht gesehen haben, wohl aber die Ausgrabungen des minoischen Palastes 4 km östlich des Ortszentrums.

Der ★**Minoische Palast von Mália** stammt von 1900 v. Chr. und entstand etwa zur gleichen Zeit wie die Paläste von Knossós und Festós. Er wurde von dem griechischen Archäologen J. Hatzidákis 1915 entdeckt. Der erste Palast von Mália wurde 1650 v. Chr. zerstört. Heute sieht man die Reste des zweiten Palastes, der 1450 v. Chr. gleichzeitig mit Knossós und Festós durch das

PRÄFEKTUR IRÁKLIO

schwere Erdbeben und eine Flutwelle zerstört wurde.

Man beginnt den Palastrundgang am besten mit einem Besuch des kleinen **Ausstellungsgebäudes** gleich hinter der Ticket-Kontrolle. Hier informieren anschauliche Modelle über das einstige Aussehen des Palastbezirks und historische Fotos über die Ausgrabungsarbeiten. Danach sind es nur ein paar Schritte bis zum minoischen **Westhof** 1. Auch hier durchquert ein Prozessionsweg den Platz, in der äußersten Südwestecke des Gebäudes kann man die Grundmauern von acht kreisrunden **Getreidespeichern** 2 besichtigen.

Beim Betreten des Palastinneren kommt man an den **westlichen Magazinen** 3, zahlreichen Vorratsräumen, vorbei. Man folgt links dem Korridor, biegt an seinem Ende rechts ab und erreicht die erhöht neben dem Vorbereitungsraum gelegene **Loggia** 4. Grundmauern von Thron und Altar sind hier noch zu erkennen, von diesem zum Mittelhof hin offenen Saal aus konnte der Herrscher die Zeremonien und Veranstaltungen im **Mittelhof** 5 verfolgen. Im Zentrum des 48 m langen und 22 m breiten Hofes erkennt man die Überreste des **Brandopferaltars** 6. Die geschlachteten Tiere wurden während einer Zeremonie, bei der der Oberpriester anwesend war, verbrannt. Der Opferaltar ist eine spezielle Eigenart dieses Palastes, die sich in keinem der anderen minoischen Paläste auf der Insel wiederfindet. Auf dem Mittelhof wurden wohl Stierspiele abgehalten, was eine Reihe Löcher und Säulen zur Umzäunung belegen könnten, die die Zuschauer schützen sollten.

In der Südwestecke des Hofs ist der berühmte **Kernos** 7, ein Opferstein, in den Boden eingelassen. Der runde Kalkstein hat einen Durchmesser von 90 cm und weist 34 kleine Vertiefungen an seinem Außenrand auf. Vermutlich wurden hier landwirtschaftliche Produkte als Dank für Fruchtbarkeit und Ernte geopfert.

Oben: Sein langer Sandstrand hat Mália zu einem der größten Badeorte Kretas werden lassen.

PRÄFEKTUR IRÁKLIO

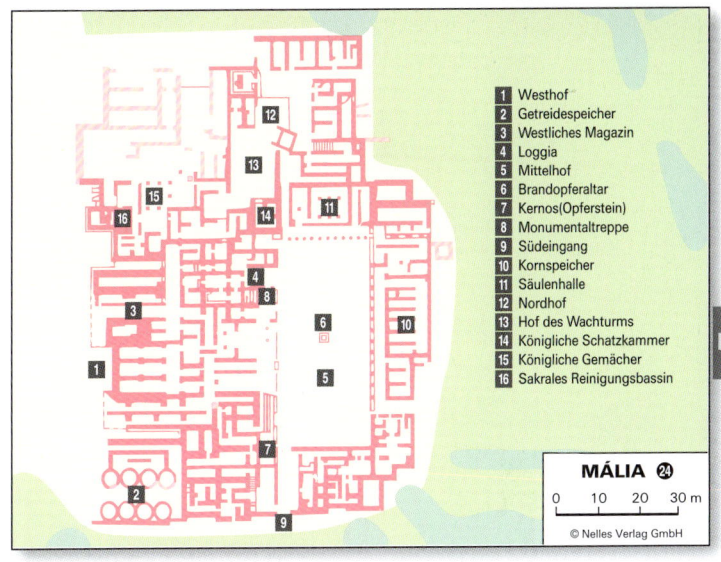

1. Westhof
2. Getreidespeicher
3. Westliches Magazin
4. Loggia
5. Mittelhof
6. Brandopferaltar
7. Kernos (Opferstein)
8. Monumentaltreppe
9. Südeingang
10. Kornspeicher
11. Säulenhalle
12. Nordhof
13. Hof des Wachturms
14. Königliche Schatzkammer
15. Königliche Gemächer
16. Sakrales Reinigungsbassin

MÁLIA ㉔

0   10   20   30 m

© Nelles Verlag GmbH

Das Erdgeschoss war mit dem oberen Stock des Palastes über eine **Monumentaltreppe** 8 in der Nordwestecke des Hofes verbunden, wo auch die Hauptküche lag. Die Räume neben dem **Südeingang** 9 wurden als Werkstätten genutzt, während die Ostseite aus langen, schmalen Räumen bestand, die als **Kornspeicher** 10 dienten. Auf der Nordseite des Mittelhofs geht man durch einen Korridor an einer **Säulenhalle** 11 vorbei und gelangt zum **Nordhof** 12 mit einem schräg in den Raum gebauten Heiligtum. Südlich schließen sich der **Hof des Wachturms** 13 und die **königliche Schatzkammer** 14 an. Etwas weiter westlich liegen die **königlichen Gemächer** 15 in typisch minoischer Architektur – getrennte Räume für König und Königin und ein gemeinsames **sakrales Reinigungsbassin** 16.

SÜDWÄRTS ZUR MESSARÁ-EBENE

Um in den Inselsüden zu gelangen, verlässt man Iráklio in Richtung Míres und Festós. Wer nur einen Tag für Besichtigungen in der Messará-Ebene zur Verfügung hat, bleibt am besten auf der Hauptstraße. Hat man mehr Muße, lohnt die Fahrt über kleinere Nebenstraßen. Dafür biegt man schon ca. 1 km nach Unterquerung der Schnellstraße Iráklio-Haniá nach rechts in Richtung Agios Míronas ab. Die Straße führt vorbei an den Gebäuden der neuen Universitätsklinik von Kreta, die hinter den Weinbergen liegen und eigentlich nicht in die Landschaft passen. Dann öffnet sich der Blick: Man sieht Iráklio, das Meer und links und rechts Täler, die mit Weinbergen und Olivenhainen überzogen sind.

13,5 km weiter gelangt man nach **Agios Míronas** ㉕, einem anziehenden Dorf mit einer Statue des örtlichen Revolutionshelden *Giánnis Makrákis* und einer Kirche aus dem 13. Jh., die dem Heiligen Mirón gewidmet ist, der als Bischof von Kreta im 13. Jh. den Märtyrertod starb. Einer Ortslegende zu Folge tötete er einen Drachen, der die Gläubigen verschlang. Auf dem Weg aus dem Dorf heraus kommt man an seiner

» Plan S. 181, Karte S. 172–173, Info S. 195–197

PRÄFEKTUR IRÁKLIO

Einsiedelei vorbei, einer Höhle auf der linken Straßenseite mit Ikonen und Räuchergefäßen an den Tropfsteinwänden.

Nach 19 km erreicht man Káto Asítes, von wo eine Straße zum **Gorgoláni-Kloster** ㉖ hinunterführt, das in 2 km Entfernung liegt und eine herrliche Aussicht über einen Großteil Zentralkretas bietet.

Fährt man weiter in Richtung Süden, kommt man vorbei an Áno Asítes in ein Vorgebirge mit einer Kapelle (Agios Panteléimon) auf dem Gipfel. Hier stand einst die Akropolis der antiken Stadt **Rhizénia** ㉗. Italienische Archäologen fanden hier eine spätminoische Zufluchtsstätte vom Ende des Bronzezeitalters mit einem Heiligtum, das bis ins 7. Jh. v. Chr. benutzt wurde.

Die Straße führt weiter durch Priniás und mündet dann in **Agía Varvára**, das genau in der Mitte der Insel liegen soll,

Oben: Das Akropolis-Areal war in der Antike Zentrum der Römerstadt Gortys. Rechts: Im Odeion von Gortys wurde das in Steinblöcke geritzte Stadtrecht gefunden.

auf die Hauptstraße, die nach Festós führt.

Hinter Agía Varvára rückt die **Messará-Ebene**, das reiche landwirtschaftliche Herz Kretas, ins Blickfeld. Man sieht Olivenhaine und Tausende plastikbedeckter Gewächshäuser, in denen Gurken und Tomaten wachsen. Es ist hier merklich wärmer als im Norden der Insel. Die Ebene verläuft parallel zur Südküste, ist aber durch das Asteroússia-Gebirge von ihr getrennt. In frühminoischer Zeit war dieses Gebiet schon dicht besiedelt, bevor von 2000 v. Chr. an Festós zum Zentrum wirtschaftlicher Aktivität wurde.

AGII DÉKA / GORTYS

44 km südlich von Iráklio erreicht man **Agii Déka** ㉘, das nach zehn christlichen Märtyrern benannt ist, die bei der Verfolgung durch den römischen Kaiser Decius im 3. Jh. starben. Ein Schild leitet um das Dorf zu der **Kirche** aus dem 13. Jh., die ebenfalls nach ihnen benannt ist und die, wie viele andere Gebäude

PRÄFEKTUR IRÁKLIO

im Dorf, teilweise aus Steinen der römischen Stadt ★**Gortys** *(Górtina)* erbaut wurde. Die eindrucksvollen Überreste dieser Stadt liegen 2 km westlich zu beiden Seiten der Hauptstraße nach Míres.

Zunächst besichtigt man den eintrittspflichtigen Teil von Gortys mit der Basilika des hl. Titus, des Schutzheiligen der Insel. Ihre Apsis ist noch sehr gut erhalten. Unmittelbar nördlich davon liegt das Odeion, ein kleines Amphitheater aus dem 1. Jh. v. Chr., das im 2. Jh. wieder aufgebaut wurde. Dahinter, geschützt durch einen Ziegelsteinbau, befindet sich das in Steinblöcke eingeritzte Stadtrecht von *Gortys*. Es ist das älteste Stadtrecht Europas aus der ersten Hälfte des 5. Jh. v. Chr. und ist in einem dorischen Dialekt geschrieben. Die Schrift verläuft abwechselnd von links nach rechts und von rechts nach links, so wie ein Ochse pflügt (der so genannte *Boustrophedon*-Stil). Es ist 600 Zeilen lang und enthält Bestimmungen über Heirat, Scheidung, Körperverletzung, Vergewaltigung, Erbrecht, Eigentumsrecht und die Stellung der Sklaven.

Eine venezianische Wassermühle liegt am Ufer des Flusses hinter dem Odeion: Einige Steinblöcke des Gesetzwerkes wurden im Fluss in der Nähe gefunden. Vom Odeion aus führt ein Pfad zur Akropolis von Górtina hinauf, die in klassisch-griechischer Zeit, als die Stadt mit Knossós um die Vormacht konkurrierte, das Herz der Stadt war. Die Überreste bestehen aus Tempeln, einem gut erhaltenen kleinen Theater und einem öffentlichen Bad. Górtina wurde im 7. Jh. durch einen Überfall der Araber zerstört und nie mehr aufgebaut.

Kaum besucht und viel romantischer gelegen als das Odeion sind die Ruinen südlich der Hauptstraße inmitten eines Olivenhains. Um sie zu erreichen, geht man einige Meter in Richtung Iráklio zurück, biegt dann rechts ab und nimmt den ersten Pfad links in den Olivenhain hinein. Zu sehen sind u. a. die Überreste eines Tempels für die ägyptischen Götter, eines Apollo-Tempels, eines Theaters, eines Nymphäums, der Thermen und des Prätorium genannten Palastes des römischen Statthalters von Kreta.

» **Karte S. 172–173, Info S. 195–197**

PRÄFEKTUR IRÁKLIO

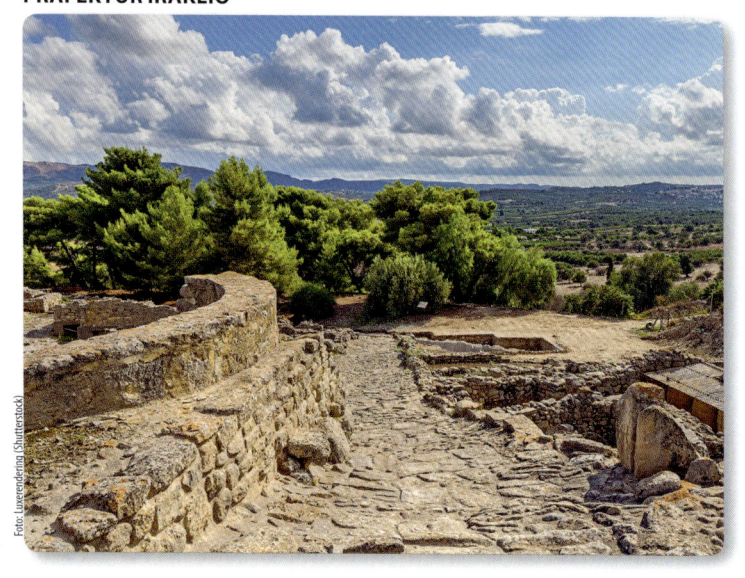

Oben: Blick auf Festós.

★★FESTÓS

Fährt man weiter nach Westen auf der Hauptstraße Richtung Agía Galíni, kommt man nach 9 km durch **Míres** ㉙ (jeden Samstagvormittag großer ★**Wochenmarkt**), und nach weiteren 8 km zu einer Abzweigung, die in Richtung Süden nach Festós (*Phaistos*) und Agía Triáda führt.

Man überquert den Geropótamos-Fluss und fährt den Hügel zum minoischen Palast von ★★**Festós** ㉚ hinauf. Er liegt wunderschön auf einer Anhöhe, die die Messará-Ebene um etwa 70 m überragt. Man hat einen herrlichen Rundblick über die Ebene im Süden und hinauf zum Doppelgipfel des Idagebirges, der auf Kreta heute Psilorítis genannt wird.

Die Stätte war schon in neolithischer und frühminoischer Zeit, bevor der Alte Palast um 1900 v. Chr. erbaut wurde, besiedelt. Wie in Knossós wurde der Palast bei einem vernichtenden Erdbeben um 1700 v. Chr. zerstört, allerdings sofort wieder aufgebaut und dabei sogar vergrößert. Der neuere Palast fiel um 1450 v. Chr. der großen Welle der Zerstörung, die über die Insel ging, zum Opfer. Festós wurde dann am Ende der Bronzezeit wieder besiedelt und war eine florierende griechische Stadt, bis diese von Górtina im 2. Jh. v. Chr. endgültig zerstört wurde.

Italienische Archäologen gruben Festós aus. Der erste war Frederico Halbherr, der 1900 mit den Arbeiten begann. Der Palastgrundriss gleicht dem von Knossós in vielerlei Hinsicht: Der beeindruckende Eingang im Westen führt in den Mittelhof, Schreine und Vorratsräume liegen nebeneinander, Empfangsräume befinden sich im Norden und Werkstätten im Nordosten.

Rundgang: Vom **Nordwesthof** 1 mit seinen Grundmauern aus hellenistischer Zeit gelangt man über eine einstmals überdachte **Treppe** 2 hinunter zum **Westhof** 3. Hier fanden kultische Zeremonien statt, der Hof wird von einem gepflasterten Prozessionsweg

» Karte S. 172-173, Plan S. 185, Info S. 195-197

PRÄFEKTUR IRÁKLIO

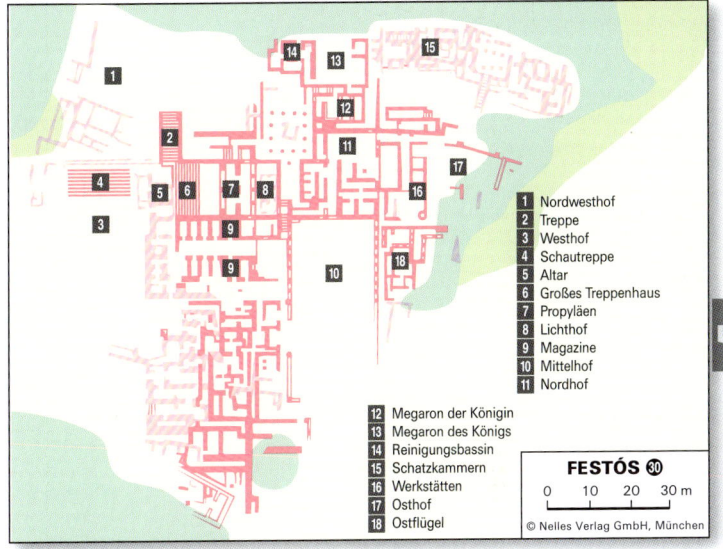

Legende:
1. Nordwesthof
2. Treppe
3. Westhof
4. Schautreppe
5. Altar
6. Großes Treppenhaus
7. Propyläen
8. Lichthof
9. Magazine
10. Mittelhof
11. Nordhof
12. Megaron der Königin
13. Megaron des Königs
14. Reinigungsbassin
15. Schatzkammern
16. Werkstätten
17. Osthof
18. Ostflügel

FESTÓS 30
0   10   20   30 m
© Nelles Verlag GmbH, München

durchquert. An der Ostseite des Platzes wurde die Westfassade des Alten Palastes freigelegt, dessen Grundmauern aus der Zeit um 1900 v. Chr. stammen. Beim Wiederaufbau des Neuen Palastes wurde die Fassade ca. 10 m zurückversetzt. Die große **Schautreppe** 4 bildet den nördlichen Abschluss des Hofes. Sie wurde vermutlich als Theater genutzt, die Kultprozessionen konnten von hier aus gut beobachtet werden. In der Nordostecke befindet sich der **Altar** 5 für die Kulthandlungen während der Zeremonien.

Schließlich gelangt man durch das monumentale **Große Treppenhaus** 6 mit seinen zwölf flachen Stufen zu den **Propyläen** 7, der Eingangshalle des Neuen Palastes. Vorbei am **Lichthof** 8 steigt man über eine schmale Treppe hinunter in eine quadratische Säulenhalle, die zum Mittelhof hin gerichtet ist. Westlich dieser Vorhalle sieht man die **Magazine der Vorratsräume** 9, auf beiden Seiten des Gangs öffnen sich Kammern, in denen teilweise heute noch die großen minoischen Vorratsgefäße, die *Pithoi*, stehen. Entlang beider Längsseiten des **Mittelhofes** 10 sieht man die Steinbasen von Holzsäulen, die einen Portikus stützten. An der Nordseite des Hofes lag eine feingearbeitete Tür, mit Holzwänden an beiden Seiten, wo vielleicht eine Wache stand. Die Wände sind mit einem einfachen Diamantmuster, rot auf weißem Grund, bemalt.

Der Durchgang auf der Nordseite des Mittelhofs führt zum **Nordhof** 11 und weiter zu den Privatgemächern, die überdacht und abgesperrt wurden. Geht man den Korridor entlang, blickt man zuerst links in das **Megaron der Königin** 12 hinein, ein kleinerer Saal mit einer Sitzbank aus Gips, vier Säulen, gepflastertem Fußboden und einem Lichthof in der Mitte. Dahinter schließt sich das **Megaron des Königs** 13 an, ein mit Alabasterplatten gepflasterter Raum mit Pfeiler- und Türunterteilungen. Ein Portikus befindet sich im Osten und eine Veranda mit Blick auf das Idagebirge im Norden.

Westlich des größeren Megarons

» Plan S. 185, Info S. 195–197

PRÄFEKTUR IRÁKLIO

befinden sich ein sakrales **Reinigungsbassin** 14, das mit neuen Gipsplatten umgeben ist, und eine Toilette. Nordöstlich dieses Gebäudetrakts liegen die **Schatzkammern** 15 des Palastes. In einer von ihnen wurde 1903 der berühmte Diskos von Festós gefunden, der heute im Archäologischen Museum von Iráklio ausgestellt ist.

Man geht weiter zur Treppe, die nach Süden führt, und kommt an den **Werkstätten** 16 vorbei, die entlang der Westseite des **Osthofes** 17 liegen. Ein Schmelzofen zur Bronzegewinnung in der Mitte dieses Gebäudeteils ist abgesperrt. Im Süden erreicht man die Räume des so genannten **Ostflügels** 18, wo sich eine Haupthalle, ein Hof mit Säulengang, ein Reinigungsbassin und ein Kolonnadenhof mit Blick auf das Asteroússia-Gebirge befanden.

★ AGÍA TRIÁDA

Die Straße zum 3 km westlich von Festós gelegenen Gelände von Agía Triáda führt an einer Kirche vorbei, die früher zum Agios-Geórgios-Kloster gehörte, und schlängelt sich dann um die westliche Kante der Hügelkette. Ein Fußweg, auf dem man durch Orangenhaine in 30 Minuten zur Ausgrabungsstätte gelangt, ist beschildert. ★**Agía Triáda** 31 wurde in der Zeit um 1550 v. Chr. erbaut. Man vermutete, dass es eine Sommerresidenz der Herrscher von Festós war, aber neuere Forschungen haben ergeben, dass es aus zwei einzelnen, miteinander verbundenen Villen bestand, ähnlich wie in Tílissos. Das Gelände wurde nach der Zerstörung um 1450 v. Chr. wieder besiedelt, das im Norden anschließende Gebiet der Unterstadt mit einer Agorá und einer Ladenzeile wurde in spätminoischer Zeit erbaut.

Man beginnt die Besichtigung im großen **Südhof**, auf dem eine gepflasterte, aus Festós kommende Straße endete. Von hier aus sieht man auf einer kleinen Anhöhe die im 14. Jh. erbaute, mit Fresken geschmückte byzantinische Kapelle **Agios Geórgios Gálatas**. In der Nordostecke des Hofes gelangt man über eine **Treppe** hinunter auf den unteren Hof. Westlich der Treppe liegen **Wohnräume**, die mit einem gut erhaltenen minoischen **Bewässerungssystem** ausgestattet sind. Der Hof wurde im Osten von einem pfeilgestützten Portikus und im Norden durch Gebäude mit dicken Mauern, die wahrscheinlich als Lagerräume dienten, begrenzt.

Eine gepflasterte minoische Straße führte von hier entlang der gesamten Nordseite des L-förmigen Gebäudes nach Westen. Geht man diesen Weg entlang, erreicht man am Westende des Gebäudetrakts die **Privatgemächer**, denen zum Hang hin eine große **Terrasse** vorgelagert ist. Die Räume im Westflügel boten einen schönen Blick aufs Meer. Von der Halle mit Pfeiler- und Türaufteilungen gelangt man in zwei hintereinander gebaute Säulengänge und weiter auf einen Lichthof. Dahinter befindet sich ein kleinerer, heute überdachter Raum mit Gipsbänken an den Wänden und hervorragend erhaltener Wandtäfelung. Einer der nördlich angrenzenden Räume war mit Fresken einer Frau in einem Garten und einer Katze, die einen Fasan jagt, geschmückt. Sie sind heute im Archäologischen Museum in Iráklio zu sehen; auch die massiven Bronzebarren, die dort im Saal VII ausgestellt sind, wurden in einem angrenzenden schmalen Magazin gefunden. Die Räume waren nach Nordwesten hin offen, damit die häufig aus dieser Richtung wehenden kühlenden Winde ins Gebäude eindringen konnten, um die Hitze des Sommers erträglicher zu machen.

Im südlich anschließenden Gebäudeflügel befanden sich **Wohn- und Lagerräume** und ein langer **Korridor**, in dem der berühmte Prinzenbecher (ebenfalls Saal VII) gefunden wurde.

Rechts: Das Kloster Valsamónero liegt am Südhang des Ida-Gebirges.

PRÄFEKTUR IRÁKLIO

Man geht zurück zum unteren Hof und die Treppe zur nördlichen **Markt- und Wohnsiedlung** hinunter, die größtenteils aus dem 14. und 13. Jh. v. Chr. stammt, obwohl einige Gebäude auch über Häusern aus der Zeit der alten Paläste gebaut wurden. Auf der rechten Seite des für Kreta einzigartigen Marktbereichs, der sog. *Agorá*, liegt eine Halle mit acht ladenartigen Räumen. Es sind die einzigen Läden, die aus der Bronzezeit auf Kreta bekannt sind. Westlich schließen sich die Reste der minoischen Wohnsiedlung an.

VÓRI, VRONDÍSI UND VALSAMÓNERO

Nach dem Besuch von Festós und Agía Triáda fährt man auf die Hauptstraße zurück und biegt links ab, in Richtung Messara-Bucht und Timbáki, einem Bauerndorf, das durch den Frühgemüseanbau in Gewächshäusern zu einem wohlhabenden Ort geworden ist. Ein Schild weist 4 km vor Timbáki rechts ins 1 km entfernte **Vóri** ❷, wo ein sehr gutes ★★**Volkskunstmuseum** in einem restaurierten Dorfhaus das ländliche Leben und die Sitten auf Kreta dokumentiert: das Weben, Korbflechten und Schmieden wird dargestellt und auf Informationstafeln auch auf Englisch beschrieben.

Auf der Hauptstraße fährt man zurück Richtung Iráklio und biegt vor Agii Déka links nach Zarós ab. Die Straße steigt langsam durch die Ausläufer des Idagebirges an. Wer gern wandert, kann oberhalb von **Zarós**, ab dem Parkplatz am **Teich** der **Forellenzuchtstation** (wo man gut Fisch essen kann!) auf einem guten **Wanderweg**, vorbei am noch bewohnten **Kloster Agios Nikolaos**, die imposante ★**Roúvas-Schlucht** ❸ hochsteigen.

In Zarós, einem großen Dorf mit Quellen, die früher über einen Aquädukt Wasser ins antike *Górtina* lieferten, nimmt man die Straße Richtung Vorízia und Kamáres. Bei Km 5 weist ein Schild rechts zum 1 km entfernten **Vrondísi-Kloster** ❹. Ein venezianischer Brunnen aus dem 15. Jh. vor dem Kloster ist mit

>> Karte S. 172-173, Info S. 195-197

PRÄFEKTUR IRÁKLIO

beschädigten Figuren von Adam und Eva geschmückt. Die zweischiffige Kirche enthält **Fresken** aus dem 14. Jh., u. a. ein beeindruckendes Abendmahl in der Apsis des Südschiffs.

Nach weiteren 3 km erreicht man **Vorízia**, wo ein Schild am Ortsende links nach **Valsamónero** ❺ weist. Der *fílakas* öffnet die Agios-Fanoúrios-Kirche am Morgen für Besucher; sein Haus liegt auf dem Weg zur Kirche, am Fuß des Hügels, gegenüber einem *kafenío*. Die seltsam geformte Kirche ist der einzige Überrest des Valsamónero-Klosters. Sie hat zwei Längsschiffe und im Westen ein Querschiff mit Fresken aus dem 14. und 15. Jh.

Bei **Grigoria** ❻, südlich von **Kamares**, lohnt die vom deutschen Künstlerehepaar Kerber zum Gedenken an die deutsche Besetzung gestiftete und ausgemalte **Friedenskapelle** einen Blick.

Auf der Fahrt nach Agía Varvára durch Nívritos und Gérgeri genießt man wunderschöne Ausblicke.

Oben: Hirten im Ida-Massiv (Psilorítis).

Ein kurvenreiches, auf den ersten zehn Kilometern bereits geteertes Bergsträßchen führt von **Gérgeri** hinauf zur ★**Nída-Hochebene** – etwas für geübte Jeep-Fahrer. Nach ca. 20 km erreicht man die Asphaltstraße Anógia – Ida-Höhle (s. S. 143). Auch dort beginnt ein Wanderweg zum Psilorítis.

AUFSTIEG ZUM PSILORÍTIS-GIPFEL VON KAMÁRES

Der **Psilorítis** ❼, im deutschen Sprachraum unter dem Namen **Ida** bekannt, ist mit 2456 m der höchste Berg auf Kreta und hat Naturpark-Status. Es heißt, dass jeder Kreter mindestens einmal in seinem Leben auf diesem Gipfel stehen soll. Eine Kapelle ziert den Psilorítis; die Berge hatten schon in vorchristlicher Zeit eine mythologische Bedeutung. Die **Kamáreshöhle** ❽ an den südlichen Abhängen der Bergkette diente einstmals als religiöser Opferplatz. Die Keramikgegenstände, die man hier fand, gaben einer ganzen Epoche ihren Namen und sind im Archäo-

PRÄFEKTUR IRÁKLIO

logischen Museum in Iráklio ausgestellt.

Die andere große Ausgrabungsstätte ist die **Ida-Höhle** (s. S. 143) am Osthang des Gebirges, über dem ★**Nída-Plateau**. Hier soll Zeus unter dem Schutz der Kureten, die ihn vor seinem kannibalischen Vater Kronos versteckt hielten, aufgewachsen sein.

Mehrere Wege führen auf den Psilorítis. Der schönste Weg ist der von **Kamáres** aus, da man auf diesem einen unvergleichlichen Ausblick auf die Messará-Ebene und die Südküste genießt. Es ist fast unmöglich, den Weg an einem Tag zurückzulegen, deshalb sollte man auf jeden Fall eine Übernachtung auf der Kollitá-Alm einplanen. Das Bergsteigen in diesen höheren Lagen erfordert gute Kondition und Trittsicherheit sowie bequeme Wanderschuhe, Sonnenschutz, Trinkwasser, einen Schlafsack, evtl. ein Zelt, eine Taschenlampe, Essen für zwei Tage und wettergerechte Kleidung.

Der **Aufstieg** beginnt am Ostende von Kamáres an einem Supermarkt, wo eine Rinne über die Straße verläuft. Man steigt in Serpentinen aufwärts und nach kurzer Zeit sieht man eine weitere Rinne aus Zement, die man auf dem Weg nach oben noch öfter antreffen wird. Je höher man steigt, desto faszinierender wird die Aussicht über die dichtgedrängten Häuser von Kamáres und die Hügel dahinter. Es empfiehlt sich, den Aufstieg früh am Morgen zu beginnen, aber selbst dann kommt man sehr schnell ins Schwitzen und muss immer öfter eine Rast einlegen. Der Weg führt zum Rand einer Schlucht und später zu einer weiteren. Dann sieht man wieder die Rinne und geht eine Weile an ihr entlang.

Nach ungefähr 1 3/4 Stunden erreicht man eine Wasserstelle und ein Schafgatter (Mándra Kalamáfka). An dieser Stelle teilt sich der Weg: Der rechte führt zur Kamáreshöhle, der nördliche zum Psilorítis. Der Weg zur **Kamáreshöhle** geht entlang einer Wasserleitung und führt zu einem Reservoir, das als Rebhuhn-Wasser (*perdikónero*) bekannt ist. Vor der Höhle fällt ein steiler Hang ab. Von Mándra Kalamáfka wandert man knapp zwei Stunden bis zur Kamáreshöhle.

>> Karte S. 172–173, Info S. 195–197

PRÄFEKTUR IRÁKLIO

Der Weg zum Psilorítis schlängelt sich durch eine der wildesten, schroffsten Berglandschaften Kretas. Wenn man Glück hat, kann man sogar Lämmergeier sehen, die hier sehr selten geworden sind. Der Pfad steigt steil entlang einer tiefen Schlucht nach oben. Nach ungefähr 1,5 Stunden kommt man auf einer Höhe von 1650 m zur Geierquelle **Skarónero**. Die **Kollitá-Alm** erreicht man von hier aus in etwa 45 Min. Man kann die Nacht in der sehr bescheidenen Steinhütte der Hirten verbringen, wenn man nicht lieber in einem Zelt oder unter freiem Himmel schlafen will. Der Gipfel liegt knapp 3 Stunden über der Hütte.

Der Pfad führt in nördlicher Richtung und trifft kurz darauf mit dem östlichen Pfad (von der Nída-Ebene kommend) zusammen. Ein langer Einschnitt in nordwestlicher Richtung führt nach ungefähr 1,5 Stunden zu einer kraterähnlichen Vertiefung, die man rechts umrunden kann. Man geht in der gleichen Richtung auf einem Bergsattel weiter, der eine wunderbare Aussicht auf die Nordküste und Iráklio bietet. Von hier aus hält man sich westlich auf dem Höhenzug den restlichen Weg zum Gipfel und zur Kapelle (vom Krater bis zum Gipfel nochmals ca. 1,5 Stunden). Eine Warnung: Im Frühling kann es gefährlich sein, Eis und Schnee zu überqueren. Sollten Sie nicht über entsprechende Ausrüstung verfügen, ist von der Gipfelbesteigung dringend abzuraten.

An einem klaren Tag ist die Aussicht vom **Psilorítis-Gipfel** einfach fantastisch: Das Meer liegt beiderseits glitzernd zu Füßen, und der Blick nach Osten und Westen umschließt die Dikti- und die Lefká-Ori-Bergkette. Im Süden funkeln die zahlreichen Gewächshäuser der Messará-Ebene in der Sonne. Die südwestlich unterhalb liegende kleine **Steinhütte** gehört dem Bergsteigerverein von Réthimno.

Wenn man nicht den gleichen Weg

Oben: Ein lohnendes Ziel für Wanderer – der naturbelassene Strand Agiofarago. Rechts: Am Strand von Mátala; in den Höhlen – Gräber zur Römerzeit – hausten in den 1960er Jahren Hippies.

190　　　　》 **Karte S. 172-173, Info S. 195-197**

zurück nach Kamáres gehen will, kann man den südwestlichen Weg nehmen. Er führt nach Kouroútes oder Foúrfouras im Amáribecken.

★MÁTALA

Von Festós sind es 12 km bis an die Bucht von Mátala, dem bedeutendsten Badeort an der mittleren Südküste Kretas. Zunächst passiert man hinter Agios Ioánnis zwei unmittelbar an der Straße gelegene Tavernen, deren vielgerühmte Spezialität gebratenes Kaninchen ist, dann fährt man an den Dörfern Sívas und Pitsídia vorbei. **Pitsídia** ❸ ist ein großes Dorf, in dem sich insbesondere jüngere deutsche Individualtouristen das ganze Jahr über wohlfühlen. Eine Straße führt zum etwa 2 km entfernten, kilometerlangen **★Sandstrand von Kommós**, der trotz seiner Schönheit nicht überlaufen ist. An dieser Bucht lag einer der beiden Häfen des antiken Festós. Archäologische Grabungen haben auf einem Hügel an der südlichen Strandhälfte **Gebäudereste** ans Licht gebracht, die nicht öffentlich zugänglich, aber über den Zaun einsehbar sind.

★Mátala ❹ war der zweite Hafen von Festós und behielt seine Bedeutung bis in römische Zeit. Während des Vietnam-Krieges machte der winzige Fischerort dann als Hippie-Zentrum Schlagzeilen. Heute ist Mátala ein überwiegend von Pauschalreisenden besuchter Badeort, der eine ganz eigene Atmosphäre bewahrt hat. Besonders schön sind seine zwar kurze, aber dennoch fast afrikanisch anmutende Basargasse und das alte Fischerviertel mit Bootsgaragen in Felshöhlen an der nördlichen Seite der Bucht. Dort sitzt man in kleinen Bars und Fischtavernen auch abends besonders schön.

Die vielen **Felshöhlen** am südlichen Ufer dienten den alten Römern als Gräber, später den Hippies als Wohnstätten. In einigen von ihnen sind Tische und Betten von den alten Römern aus dem weichen Sandstein gemeißelt; sie können besichtigt werden. Überreste der römischen Wohnstadt aus dem 1. Jh. n. Chr. liegen in der Nähe, am Wander-

» Karte S. 189, Info S. 195–197

PRÄFEKTUR IRÁKLIO

weg zum ★**Red Beach**, einem etwa 200 m langen, ockerbraunen Sandstrand, an dem überwiegend nackt gebadet wird.

Eine besondere Rolle kommt Mátala in der griechischen Mythologie zu. Hier entstieg Zeus, der sich in einen schönen Stier verwandelt hatte, um die phönizische Prinzessin Europa zu entführen, mit seiner Geliebten dem Meer, zog mit ihr dann nach Górtina und zeugte dort mit ihr Minos, den ersten Europäer.

DIE SÜDKÜSTE ZWISCHEN MÁTALA UND IERÁPETRA

Im Dorf Sívas beginnt die Straße zur Südküste. Über Lístaros erreicht man nach 7 km das in wilder Landschaft gelegene **Kloster Odigítrias** ❹ am westlichen Rand des **Asteroússia-Gebirges**. Sein höchster Gipfel ist der Kófinas (1231m). Die Karghei des Asteroússia-Gebirges eignet sich bestens zum Rückzug aus der allzu menschlichen Welt, und so ist es kein Wunder, dass man hier einige abgelegene Klöster findet. Die Kirche beherbergt schöne **Ikonen**, unter anderem eine von Christus mit den zwölf Aposteln an einem verzweigten Weinstock, von Angelos, einem Maler aus dem 15. Jh., signiert. Die Tür zum quadratischen Turm wird mit einem riesigen Eisenschlüssel geöffnet. Es wird erzählt, dass im 19. Jh. ein ehemaliger Priester und kretischer Rebell türkische Angreifer durch das Herunterschleudern von Bienenstöcken vom Turm abhielt, er wurde aber schließlich doch zusammen mit seiner Familie umgebracht. Andere Räume des Komplexes enthalten eine alte Olivenmühle und eine Presse zur Ölgewinnung.

3 km südlich zweigt ein Fahrweg ab, der später zum **Wanderweg** durch eine oleandergesäumte **Schlucht** zu der herrlichen, von Felswänden umrahmten Badebucht ★**Agiofarago** ❷ wird. Kurz vor dem Strand erreicht man eine kleine Kuppelkirche **Agios Antonios** mit **Brunnen** unter einer Felswand.

Die Schotterstraße erreicht nach weiteren 5 km **Kalí Liménes** ❸, wo es einen **Strand** am Libyschen Meer und einladende Tavernen gibt. Eine bessere

» Karte S. 189, Info S. 195–197

PRÄFEKTUR IRÁKLIO

DIE SÜDKÜSTE VON IRÁKLIO
㊼ - ㊶
0   4   8 km
© Nelles Verlag GmbH, München

Straße führt von Míres über Pómbia und Pigaïdákia (23 km) hierher. Kalí Liménes wird in der Apostelgeschichte des Lukas (Kapitel 27,8) als die Stelle erwähnt, wo der Apostel Paulus auf dem Weg von Caesarea nach Rom Rast machte. Eine Kapelle zur Erinnerung an den Apostel wurde westlich des Dorfes errichtet.

Eine andere unbefestigte Straße führt entlang der Küste Richtung Osten, von Kalí Liménes nach Léndas, das 10 km entfernt ist, aber leichter von Górtina erreicht werden kann. Biegt man dort bei der Basilika Agios Títos nach Süden ab, kommt man durch Mitrópoli und über die Messará-Ebene nach Plátanos und Plóra, wo eine Abzweigung rechts in das 10 km entfernte, einsam gelegene **Apezanón-Kloster** ㊹ führt. Die Klosterkirche ist dem heiligen Andónios Agiofarangítis geweiht. Während der türkischen Besatzung der Insel war das Kloster ein bedeutendes Zentrum der Gelehrsamkeit.

Biegt man links ab, kommt man nach **Apesokári** ㊺, wo Kuppelgräber entdeckt wurden, älter als die großen Paläste. An dieser Stelle biegt man rechts ab nach **Miamoú**, einem kleinen Bergdorf. Um 1900 führte die italienische archäologische Gesellschaft in dieser Gegend Ausgrabungen durch und fand Grabstätten aus dem Neolithikum. Die Straße steigt hoch ins Asteroússia-Gebirge, und man hat wunderschöne Ausblicke auf die zum Meer abfallenden Berge.

Nach 29 km (von Gortína) erreicht man **Léndas** ㊻, das antike *Lebena*, einst ein berühmtes Asklepios-Heiligtum, geweiht dem antiken griechischen Gott der Heilkunst. Mit großer Wahrscheinlichkeit stammt der Name *Lebena* oder *Levin* von einem Wort für Löwe aus dem Phönizisch-Semitischen ab und bezieht sich in diesem Fall auf einen Gebirgsausläufer, der wie ein Raubtier aussieht, das gerade ins Meer springt.

Der Ort erlangte die größte Bedeutung im 5. und 6. Jh., als er als Hafen von Górtina diente und zum Mekka für viele wurde, die sich von dem heilenden Wasser Besserung erhofften. Nur 100 m vom Strand entfernt entdeckten die Archäologen zwischen den Hügeln von

» Karte S. 189, Info S. 195-197

PRÄFEKTUR IRÁKLIO

Léndas und Psamidomoúri die Reste eines heiligen Schreines des Asklepios. Nur zwei der ursprünglich 16 **Säulen** stehen noch. Unter einem Mosaikfußboden in der nordwestlichen Ecke des Tempels befindet sich ein unterirdischer Tunnel, wo wahrscheinlich der Schatz aufbewahrt wurde, den die Bürger von Gortína dem Asklepios weihten. Der **Kieselmosaikfußboden** aus dem 3. Jh. v. Chr. zeigt ein von Wellen umgebenes Seepferd. Den Heilquellen auf dem Gelände wurde die Linderung von Ischiasbeschwerden und anderen Gebrechen zugeschrieben, und es gab auch ein Gästehaus für die Pilger. Das Heiligtum wurde vom 4. Jahrhundert v. Chr. bis in römische Zeit benutzt.

Hinter der Landzunge westlich von Léndas erstreckt sich, 15 Gehminuten entfernt, der schöne **Sandstrand** von **Dyskós**, den vor allem Rucksackreisende bevölkern. Quasi als „Wohnzimmer" der alternativen Strandtouristen dient die Taverne **Odysseas**.

Das Asteroússia-Gebirge fällt östlich von Léndas steil ins Meer ab. Das **Koudoumás-Kloster ㊼** liegt vom Meer umgeben, unterhalb des zackigen Gipfels des **Kófinas** (1231 m). Um dorthin zu gelangen, kann man die Straße nach Agii Déka über Vagyonia und Loukia nehmen. Die Straße am südlichen Ende Loúkias windet sich durch die Landschaft 8 km bis nach **Kapetanianá**, das in einer grünen Mulde liegt. Von dort erreicht man das Kloster und den einsamen **Strand** nach weiteren 6 km über eine schlechte, kurvenreiche Straße.

Durch die südlichen Hügel des Asteroússia-Gebirges gibt es keine Straßen. Um in den östlichen Teil des Bezirkes Iráklio zu gelangen, muss man zurück auf den südlichen Abschnitt der Nationalstraße, an der schon seit Jahren gebaut wird. 15 km nach Agii Déka führt die Straße durch Asími und 12 km später durch Pírgos. Weitere 15 km entfernt liegt **Káto Kastellianá**, ein kleines Dorf im Osten der Messará-Ebene. Eine Straße führt von hier südlich zum **Tsoútsouros-Strand ㊽**, der für seinen feinen Sand bekannt ist. Hinter dem Strand beginnt ein Tal; Krebse leben unter dem Oleander am Flussufer. In Tsoútsouros gibt es Hotels und Privatquartiere, viele Tavernen und *kafenía*.

Über eine Teerstraße gelangt man von Tsoútsouros entlang der Südküste nach Osten nach **Keratókambos ㊾**, einem ruhigen Weiler mit einem schönen **Strand**, Privatquartieren und Tavernen.

Eine Asphaltstraße führt steil von Keratókambos zwischen den beeindruckenden Felsen von Kefála Hóndrou und Megáli Kefála nach Ano Viános (550 m ü. M.) hinauf. Die weißen Häuser des schön gelegenen Ortes **Áno Viános ㊿**, in den südwestlichen Ausläufern des Díkti-Gebirges, sind wie in einem Theaterhalbrund angeordnet. Der üppige Blumenschmuck und die vielen Brunnen sind außergewöhnlich. Das kleine Dorf, von Olivenhainen umgeben, steht auf den Fundamenten der antiken Stadt Viano, die im Altertum Münzrecht besaß. Im **Historischen Museum** erfährt man mehr dazu.

Die deutsche Wehrmacht richtete, nach einem Partisanenüberfall, am 14. September 1943 hier 358 einheimische Männer, Frauen und Kinder hin und zerstörte den Ort. An das **Massaker von Viannos** erinnert ein **Mahnmal** mit Kapelle, Gedenktafeln und Museum bei **Amirás**.

7 km östlich von Áno Viános in Amirás beginnt eine Straße, die hinunter zu dem netten, etwas kieseligen **Strand** von **Arvi ㊿** (14 km) führt. Schwarze Plastikschläuche bringen Wasser von Quellen in den Südhängen des Díkti-Gebirges hinunter zu den Gewächshäusern und Bananenplantagen am Strand. Es gibt hier auch ein Kloster. Privatquartiere und Tavernen machen Arvi zu einem ganzjährig beliebten Ziel. Der schönste Teil der Fahrt beginnt von **Amirás**; man verlässt die Präfektur Iráklio kurz vor dem Badeort **Mírtos** (s. S. 215), von wo eine gute Straße nach Ierápetra führt.

PRÄFEKTUR IRÁKLIO

IRÁKLIO

Crete Tourism Directorate, Mo-Fr 8.30-14.30 Uhr, Odós Xanthoudídou 1 (gegenüber dem Archäologischen Museum), Tel. 28102 28203, Fax 28102 26020. Informationsschalter am Flughafen nur sporadisch besetzt.

Kiriákos, besonders beliebt beim kretischen Mittelstand, Mi geschlossen; Leofóros Dimokratías 53, Neustadt. **Kírkor**, berühmt für sein Bougátsa; am Morosíni-Brunnen, Altstadt.
Loukoulos, gehobenes Niveau, italienische Küche, Pizza aus dem Holzofen, schöner Garten; Odós Korai 5, Altstadt.
Pántheon, typische traditionelle Markttaverne, große Auswahl; Marktgasse Odós 1866.

Bitte bedenken Sie: Öffnungszeiten können sich ändern!
Archäologisches Museum, April-Okt. 8-20 Uhr, Nov.-März Mo 11-17 Uhr, Di-So 8-15 Uhr; Platía Eleftherías. **Historisches Museum**, Apr.-Okt. Mo-Sa 9-17, sonst 9-15 und Mi auch 18-21 Uhr; Leof. Sofoklí Venizélou 27/Odós Kalokerinoú 7, www.historical-museum.gr.
Ikonen-Museum, z. Zt. geschlossen; Platía Ekaterínis. **Kirche Agios Márkos**, Mo-Sa 10-13 und 18-21 Uhr; Platía El. Venizélou. **Kirche Agios Minás**, tgl. 6-12 und 17-20 Uhr; Platía Ekaterínis. **Kirche Agios Títos**, tgl. 7-12 und 17-20 Uhr; Platía Agíou Títou.
Koúles-Festung, Mo-Sa 8-18, So 10-15 Uhr (Okt.-Apr. Mo geschlossen); am alten Hafen.
Museum des Widerstands im Zweiten Weltkrieg, täglich geöffnet; Doukos Beaufort / I. Chatzidaki. **Naturgeschichtliches Museum**, Mo-Fr 8.30-15.30, Sa/So 10-16 Uhr; Leof. Sof. Venizélou, www.nhmc.uoc.gr .

Kritiká Kéntra, in denen abends kretische Live-Musik zur Aufführung kommt, liegen vor allem an der Straße nach Knossós. Aushänge informieren dort über das aktuelle Programm.
Ein sommerliches Erlebnis sind die **Freiluftkinos** Galaxás und Romántika in der Neustadt, Programmaushänge an der Platía Eleftherías, von wo aus auch der Stadtbus zu den Kinos abfährt.
Diskotheken sind vor allem in den Straßen Odós Handákou und Odós Epimenídou zu finden.

Haupteinkaufsstraßen: Odós Dedálou, Odós Korai, Odós Idís, Odós O. Kalokerinoú, Odós Evans. **Handgemalte Ikonen** in der Odós Chándakos. **Lebensmittel** und **kulinarische Souvenirs** in der Marktgasse Odós 1866. **Kopien antiker und byzantinischer Kunst** im Museum Shop auf dem Gelände des Archäologischen Museums. Kostbaren **Gold-** und **Silberschmuck** an der Platía Eleftherías. **Großer Flohmarkt** jeden Sonntagmorgen an der Uferstraße entlang des Handelshafens.

Post, Mo-Fr 7.30-20 Uhr; Platia Daskalogiánni 10. **Telegrafenamt (OTE)**, tägl. 7-23 Uhr (Hauptsaison); Odós Theotokopoulos 28, El Greco Park.

FLÜGE: **Inlandsflüge** mit mehreren griechischen Fluggesellschaften mehrmals täglich nach Athen und Thessaloniki sowie mehrmals wöchentlich nach Mykonos, Kos, Sámos und Rhodos. Flughafen 5 km östlich des Stadtzentrums, Stadtbus pendelt 20minütig zwischen Flughafen und Platia Eleftherías (Stadtzentrum).
SCHIFFE / FÄHREN: Tgl. mehrere Verbindungen mit Piräus mit **Minoan Lines**, Odós 25is Avgoústou 78, Tel. 28102 29602, Fax 28102 26479, www.minoan.gr, und mit **ANEK**, Odós 25is Avgoústou 33. Tel. 28102 22481, Fax 28102 46379, www.anek.gr. Außerhalb des Hochsommers verkehren die Fähren nur nachts.
BUSSE: **Überlandbusse** fahren mehrmals tägl. von den drei Busbahnhöfen zu allen größeren Städten Kretas: **Busbahnhof A**: am Hafen gegenüber der Anlegestelle der großen Fährschiffe, Busse in den Osten und Süden Kretas, Tel. 28102 45017, **Busbahnhof B**: außerhalb des Haniá-Tores, Busse zur Südküste Zentralkretas, Tel. 28102 55965, **Busbahnhof C**: gegenüber von Busbahnhof A, Busse nach Réthimno und Haniá alle halbe Stunde, Tel. 28102 21765.
Blaue **Stadtbusse**, Tickets vor der Fahrt an Fahrkartenkiosken kaufen, Linie 1: Platia Eleftherías zum Flughafen, Linie 2: vom Busbahnhof A (am Hafen) über Morosini-Brunnen und Jesus-Tor nach Knossós, Linie 6: Pl. Eleftherías nach Ammoudára, Linie 7: Platia Eleftherías zum Strand von Amnisós.
TAXI: Standplätze u: a: an der Platia Eleftherías, Platia Kornarou sowie am Busbahnhof A.

PRÄFEKTUR IRÁKLIO

AUTOVERMIETUNG: Die meisten Agenturen befinden sich in der Odós 25is Avgoústou und am Flughafen.

Kulturfestival (Juli bis Sept.), Theater, Konzerte, Folklore und Ausstellungen an verschiedenen Orten.

AGÍA PELAGÍA

TAUCHEN: **Crete Divers Club**, Kurse für Anfänger und Fortgeschrittene, Verleih von Ausrüstung; im Hotel Capsis Beach, Tel. 28108 11755, Fax 28103 22085, www.diversclub-crete.gr.

AGÍA TRIÁDA

Minoische Villa, tgl. 10-16.30 Uhr.

ÁNO VIÁNOS

I Léfkes, Taverne mit rustikalem Essen, Zimmervermietung; am Kirchplatz, Tel. 28950 22719.

Volkskundliches Museum, Mo-Sa 9.30-14.30 und 16.30-19.30 Uhr, So 9-13 Uhr; am westlichen Ortsende.

ARHÁNES

Lýkastos, eine stimmungsvolle Abend-Taverne auf dem Dorfplatz, im Winter Gastronomiebetrieb innen, stimmungsvoll mit offenem Kamin, kretische Spezialitäten; Platía Archanón.

Archäologisches Museum, geöffnet Mi-Mo 8.30-15 Uhr, **Nekropole von Foúrni**, Di-So 8-14 Uhr, **Vathípetro**, Di-So 8.30-15 Uhr, im Winter geschl.

Traubenfest (10.-15. August), Folkloreveranstaltungen.

ARKALOHÓRI

Großer und noch sehr **ländlicher Wochenmarkt** jeden Samstagvormittag.

ARVÍ

Diktina, schöne Fischtaverne östlich des Dorfs, Tische direkt im Sand.

FESTÓS

Minoischer Palast, April-Okt. tgl. 8-20, Nov.-März tgl. 8-18 Uhr.

FODELE

Geburtshaus von El Greco, Di-So 9-17 Uhr. **Panagía-Kirche**, nur Juli/August Di-So 9-15.30 Uhr.

GÓRTINA

Ruinen einer griechisch/römischen Stadtanlage, tgl. 8-20 Uhr (im Winter 8-18 Uhr).

GOÚRNES

CretAquarium Thalassocosmos, Mai-Sep. tgl. 9.30-21, sonst tgl. 9-17 Uhr.

KNOSSÓS

Minoischer Palast, Apr.-Okt. tgl. 8-19 Uhr, Nov.-März tgl. 8-15 Uhr.

LIMÉNAS HERSONISOU

Castéllo, griechische und zypriotische Spezialitäten, Gitarre spielender Wirt; Odós Evangelístras.
Harákas, empfehlenswerte Taverne an der Platía des Binnendorfes Hersónnissos, große Auswahl auch an ausgefallenen kretischen Spezialitäten.

Zahlreiche Bars und große Diskotheken finden sich besonders an der Uferpromenade.

Lychnostátis Museum, Apr.-Okt. So-Fr 9-14 Uhr.

TAUCHEN: **Creta Maris Dive Centre**, im Hotel Creta Maris, Tel. 28970 22122, Fax 28970 22130, und **Scuba Kreta Diving Club**, im Hotel Nana Beach, Tel. 28970 24076, Fax 28970

PRÄFEKTUR IRÁKLIO

24916. Beide geben auch Tauchkurse in deutscher Sprache.
MOUNTAINBIKE-TOUREN: **HellasSports**, im Hotel Cretan Mália Park, Tel./Fax 28970 33378
BUNGEE: Sprungkran im Spaßbad Star Water Park am östlichen Ortsrand
GOLF: **The Crete Golf Club**, Kretas erster 18-Loch-Golfplatz, 2003 eröffnet; 7 km außerhalb an der Straße nach Kastélli, Tel. 69367 27710, www.thecretegolfclub.com.
SPASSBÄDER mit Wasserrutschen, Liegeflächen, Restaurants und Bars: für jugendliches Publikum der Star Water Park (am östlichen Ortsrand), Eintritt frei; für Familien mit Kindern der Aqua Splash Water Park (5 km außerhalb an der Straße nach Kastélli), hoher Eintritt. Ein drittes Spaßbad, Water City, liegt 5 km landeinwärts von Kokkíni Háni.

MÁLIA

Avli, kleine Taverne, gutes u. preiswertes Essen, familiäre Atmosphäre; an der Hauptstraße zum Strand.
Kalesma, Tischreservierung empfehlenswert, traditionelle Taverne mit einer Riesenauswahl griechischer und kretischer Vorspeisen; tgl. ab 18 Uhr; Odós Omiroú 8, Altstadt, Tel. 28970 33125.

Minoischer Palast, Di-So 8.30-15 Uhr.

MÁTALA

Scála, exzellente Fischtaverne mit traumhaften Blick auf die Bucht; im alten Fischerviertel. **Plaka**, Fischtaverne am Südrand der Bucht.

Grabhöhlen, tgl. 10-16.30 Uhr. **Ausgrabungen**, Ruinen einer römischen Hafensiedlung, frei zugänglich; am Weg zum Red Beach.

Hand Craft in Olive Wood, umfangreiche Auswahl an Olivenholzschnitzereien.
Kirilos, Töpferei mit schönen farbigen Keramikprodukten; zwischen Fischerviertel und Platía.

MÍRES

Großer und noch sehr ländlicher **Wochenmarkt** jeden Samstagvormittag auf der Hauptdurchgangsstraße mitten im Ort; geparkt werden muss dann etwas weiter weg am Stadtrand.

MIRTIÁ

Kazantzakis-Museum, April-Oktober täglich 9-17 Uhr, sonst nur So 10-15 Uhr.

NÍROU HÁNI

Minoische Villa, Di-So 8.30-15 Uhr.

PITSÍDIA

O Mylos, Taverne in einer ehemaligen Ölmühle, auch vegetarische Speisen; ausgeschildert.

SKALÁNI

Weinkellerei Boutári, tgl. 9-17 Uhr, www.boutari.gr

TÍLISSOS

Minoische Landhäuser, Di-So 8.30-15 Uhr.

VÓRI

Volkskundliches Museum, Mai-Sept. tgl. 10-18 Uhr.

ZARÓS

Vengerá, Kaffeehaus an der Hauptstraße, in dem es stets frische Kleinigkeiten wie Schnecken oder Moussaká gibt, auf Wunsch kann man sich hier seinen griechischen Mokka selbst am Tisch in einem Kupferkännchen zubereiten, das so lange in heißem Sand gedreht wird, bis der Kaffee aufwallt. **Vótomos**, die Taverne gehört zu einer Forellenzuchtstation; an der Straße zwischen Hotel Idi und See.

Traditionelle kretische Musikinstrumente kann man im Ortszentrum bei Herrn Stefanákis erstehen.

Die einstige Festungs- und spätere Leprainsel Spinalónga/Kalidónia bei Eloúnda

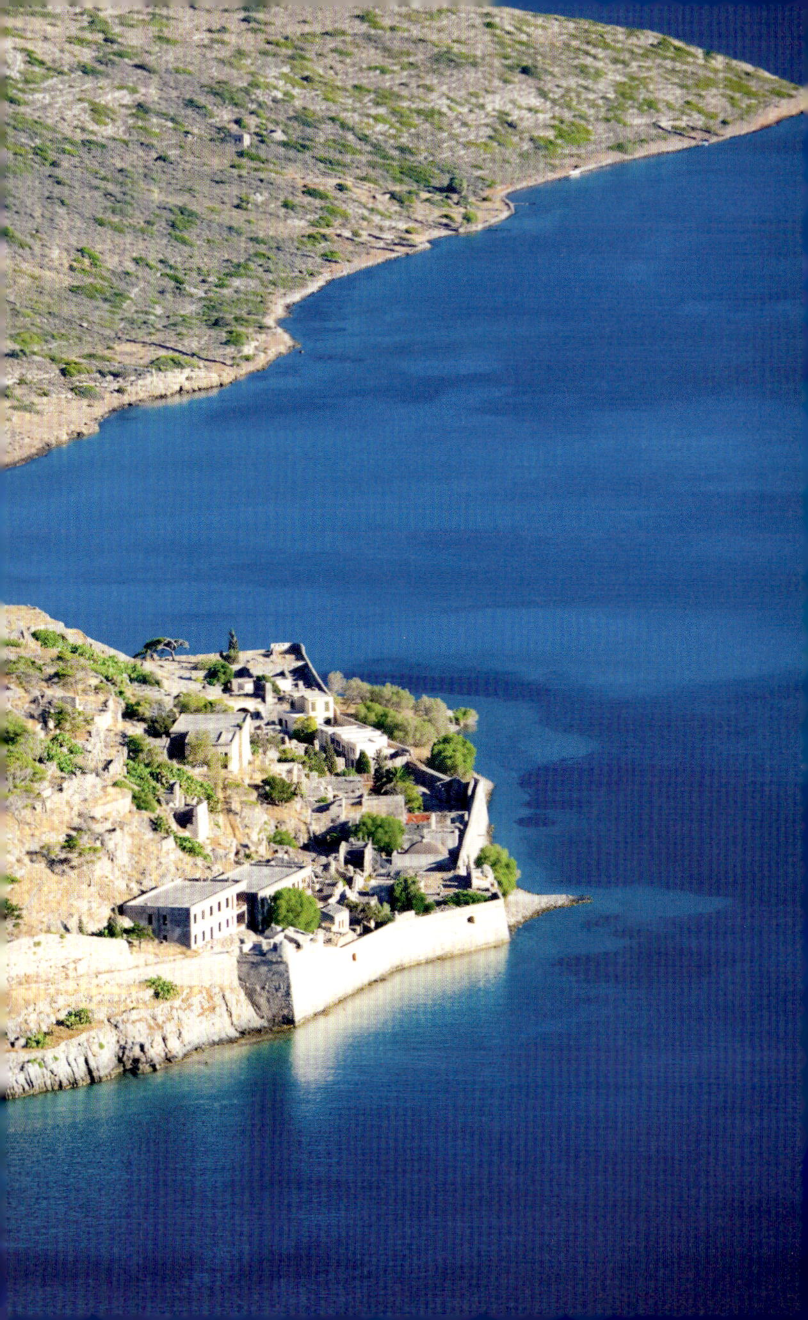

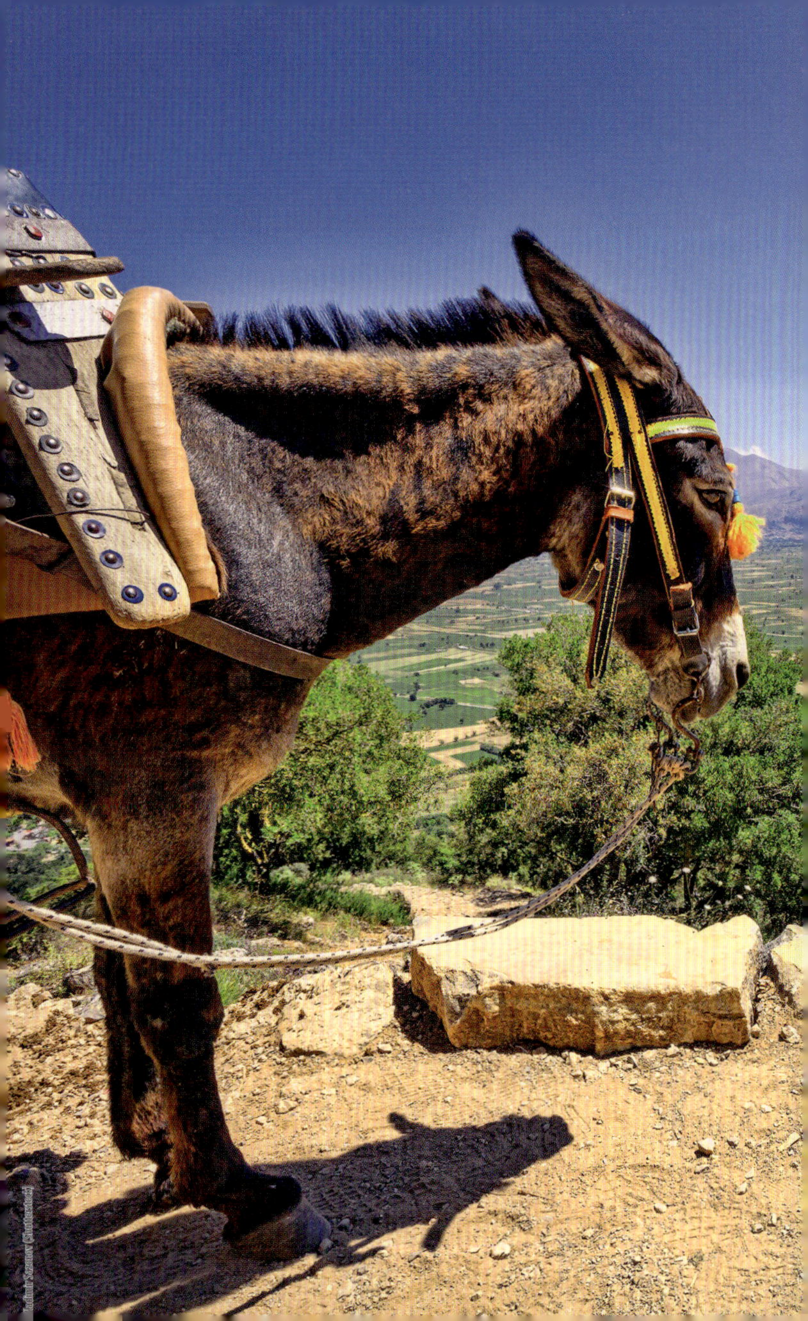

Ein Reitmuli wartet am Rand der Lasíthi-Hochebene auf Besucher der Díktäischen Höhle.

PRÄFEKTUR LASÍTHI

PRÄFEKTUR LASÍTHI

LASÍTHI-EBENE
AGIOS NIKÓLAOS / ELOÚNDA
KRITSÁ / LATO
GOURNIÁ / IERÁPETRA
SITÍA
TOPLOÚ / VÁI
KÁTO ZÁKROS
HANDRÁS-EBENE / SÜDKÜSTE

Die im Osten Kretas gelegene Präfektur (Landkreis) Lasíthi bedeckt eine Fläche von 1823 km², auf der etwa 76 000 Menschen leben. Lasíthi liegt eingebettet zwischen zwei Gebirgszügen, dem Díkti (2418 m) im Westen und den Sitía-Bergen (1476 m) im Osten. Im Norden bildet das Kretische Meer die Mirabéllo-Bucht, und an der Südküste umspült das Libysche Meer Ierápetra, Griechenlands südlichste Inselstadt.

Hauptstadt und touristisches Zentrum der Präfektur ist das idyllisch am Meer und an einem felsgerahmten Binnensee gelegene Städtchen Agios Nikólaos an der Mirabéllo-Bucht. Hier, an deren Westufer und bis hinauf nach Eloúnda, erstreckt sich das Gebiet Kretas mit den meisten Luxus-Hotels.

An der Südküste, in Ierápetra und Umgebung dagegen wohnen die Urlauber überwiegend in Ferienhäusern und -apartments. Sitía hat sich von den drei Städten der Präfektur seinen ländlichen Charme am besten erhalten. Der Fremdenverkehr spielt dort noch eine relativ geringe Rolle. Die gesamte Ostküste der Insel ist schließlich bisher kaum durch Hotels erschlossen; dort wohnt man überwiegend in Privatzimmern und kleinen Pensionen.

Typisch für die Region sind ihre fruchtbaren, zumeist ganzjährig bewohnten Hochebenen. Am berühmtesten ist sicherlich die Lasíthi-Hochebene, auf der sich früher Zehntausende von segeltuchbespannten Windrädern drehten, um Grundwasser zu fördern. Heute sind sie durch wenig fotogene Motorpumpen ersetzt; die alten Windräder sieht man nur noch auf Werbeplakaten für Ausflüge zur Hochebene, auf alten Postkarten und gelegentlich als Blickfang neben einem Restaurant oder Souvenirgeschäft. Während auf der Lasíthi-Hochebene überwiegend Kartoffeln und Gemüse angebaut werden, gedeiht auf der Thríphti-Alm vor allem Wein. Die Bauern auf der Handrás-Hochebene haben sich auf den Anbau von Sultaninen spezialisiert.

Ein weiteres Merkmal der Region sind die vielen *thermokípia* genannten Gewächshäuser in den Küstenebenen. Ein Holländer hatte in den 1960er-Jahren die Bauern bei Ierápetra auf die Idee gebracht, die Sonnenenergie zum Anbau von Tomaten, Gurken und Frühgemüsen zu nutzen. Heute glitzern die Plastikplanen der Warmhäuser wie spiegelblanke Wasserflächen im Sonnenschein, verschandeln aber auch leider – zerfetzt und nicht entsorgt – so manche Landschaft.

Romantische Altstädte wie in Haniá und Réthimno hat die Präfektur Lasíthi zwar nicht zu bieten, dafür aber eine

Links: Hotelstrand im Norden der Mirabello-Bucht, nahe Eloúnda.

» Karte S. 204-205, Info S. 225-227

PRÄFEKTUR LASÍTHI

ganze Reihe anderer Kunstschätze und historischer Bauten. Gerade in den letzten Jahren haben die Archäologen immer mehr Beweise für die Bedeutung des Inselostens in minoischer Zeit erbracht. Er lag ja auch besonders verkehrsgünstig am Weg zu den kulturellen Zentren im östlichen Mittelmeerraum, insbesondere Ägypten. Eine minoische Palaststadt wurde bei Káto Zákros freigelegt; minoische Wohnstädte entdeckten die Archäologen bei Gourniá und Palékastro. Die Museen von Sitía und Agios Nikólaos bergen erst in den letzten Jahren gefundene Exponate, die jedes in Iráklio gewonnene Bild der minoischen Epoche eindrucksvoll abrunden.

Hinzu kommen als Attraktionen für den geschichts- und kunstinteressierten Reisenden eine Vielzahl von byzantinischen Kirchen und Klöstern. Der Naturliebhaber wird vom Palmenwald von Vái und den wüstenhaften Schluchten im äußersten Osten der Insel ebenso begeistert sein wie der Strandliebhaber von den unbewohnten Inselchen im Libyschen Meer, zu denen Ausflugsboote von Ierápetra und Makrigialós hinüberfahren.

VON MÁLIA NACH PLÁKA

Von Mália aus gelangen Sie auf der Schnellstraße in weniger als einer halben Stunde nach Agios Nikólaos. Es lohnt aber, sich einen halben Tag für die Strecke zu gönnen und die Fahrt auf der alten Nationalstraße zu unternehmen. Ein erster Abstecher führt in den Küsten- und Badeort **Sísi** ❶, der recht malerisch an einer Art Miniatur-Fjord liegt. Von dort geht es über Epáno Sísi weiter nach **Mílatos** ❷ mit seinem wenig besuchten Kieselsteinstrand und der 4 km außerhalb gelegenen, gut ausgeschilderten Tropfsteinhöhle **Milatoú Cave**, aus der heraus man einen herrlichen Blick aufs Meer genießt (Taschenlampe nicht vergessen!). Die Straße führt von dort durch eine einsame Gebirgsland-

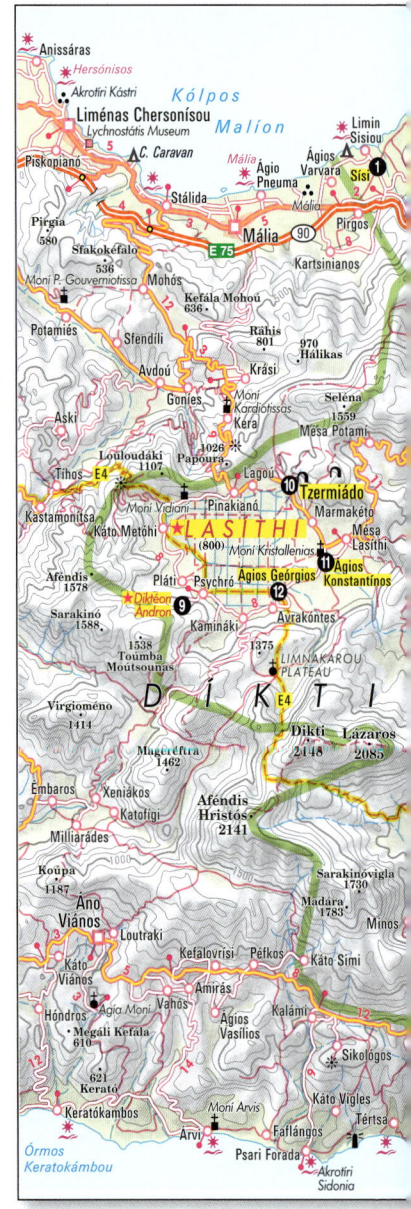

PRÄFEKTUR LASÍTHI

Map of western Lasíthi prefecture, Crete

DER WESTEN VON LASÍTHI
❶ – ㉔
0 — 4 — 8 km

© Nelles Verlag GmbH, München

205

PRÄFEKTUR LASÍTHI

schaft, über der noch viele Greifvögel kreisen, zurück zur alten Nationalstraße und ins große, sehr moderne Binnenstädtchen **Neápoli**. Hier wurde 1340 der spätere Papst Alexander V. als Pétros Phílargos geboren.

Von Neápoli aus lohnt sich nur für unermüdliche Hobby-Archäologen der 4 km lange Abstecher in Richtung Kouroúnes zum Standort der antiken Stadt **Dréros** ❸, von der aber fast nur noch die Grundmauern eines 5 x 7,5 Meter kleinen Tempels aus dem 7. Jh. v. Chr. auf dem Gipfel des Hügels Agios Antónios erhalten sind.

Sehr viel reizvoller ist hingegen die Weiterfahrt auf der alten Nationalstraße nach **Límnes** ❹. In dem kleinen, blumenreichen Dorf kann man noch einigen traditionellen Hand- und Kunsthandwerkern bei der Arbeit zuschauen. Der Barbier arbeitet in einem über 100 Jahre alten Salon, ein Steinschneider stellt Souvenirs her, Frauen sticken und weben. Das Idyll wird nur leider manchmal durch den zu hartnäckigen Verkaufswillen der Dorfbewohner beeinträchtigt.

Vor allem des Landschaftserlebnisses wegen lohnt es sich bei genügend Zeit, von Límnes noch einmal etwa 1 km in Richtung Neápoli zurückzufahren und dann nach rechts in Richtung **Kastélli** und **Foúrni** ❺ abzubiegen. Beide Dörfer besitzen noch viel Bausubstanz aus venezianischer Zeit und sind noch sehr ursprünglich.

Am Ortsende von Foúrni befindet sich rechter Hand das Atelier von Vater und Sohn Falconi, die in der ganzen Region bekannte Ikonenmaler sind. Sie lassen sich gern von Besuchern bei der Arbeit zuschauen. 100 m weiter biegt eine kleine Straße nach links durch einsame Landschaft nach **Doriés** ❻ ab, einem weiteren sehr ursprünglich gebliebenen Dorf. Anschließend geht es bergan nach Karídi und dann zum zwischen Zypressen und wilden Feigenbäumen gelegenen **Kloster Aretíou** ❼ aus der Zeit um 1600, das nur noch zeitweise bewohnt ist.

Über die Dörfer Skiniás und Vroúhas fährt man nun weiter nach **Pláka** ❽ am **Golf von Mirabéllo**. Der Blick hinunter auf die Bucht, die vorgelagerte Insel Spinalónga und die hohen Berge im Hintergrund ist wunderschön. Über Elóunda (s. S. 211) erreicht man Agios Nikólaos.

★LASÍTHI-HOCHEBENE

Ausflüge zur **★Lasíthi-Hochebene** werden von vielen kretischen Urlaubsorten aus angeboten. Die Tour lohnt, wenn man keine segeltuchbespannten Windräder mehr erwartet – und wird vielleicht sogar zum Erlebnis, wenn man sie auf eigene Faust unternimmt und einmal auf der Hochebene übernachtet. Erst wenn die Myriaden von Ausflugsbussen wieder fort sind, entwickelt sie nämlich noch ihren ganzen ländlichen Charme. Man kann einen Besuch auf der Lasíthi-Hochebene gut als Rundfahrt gestalten: Für einen Weg wählt man die Straße, die von Neápoli aus hinaufführt, für den anderen die Straße zwischen der Nordküste bei Mália und der Lasíthi-Hochebene, vorbei am schön gelegenen **Kloster Kardiótissas**.

Die fast völlig flache Lasíthi-Hochebene liegt auf einer Höhe von etwa 840 m und wird von den bis zu 2148 m hohen Gipfeln des Díkti begrenzt, die oft bis ins Frühjahr hinein Schnee tragen. Da die etwa 10 km lange und 5 km breite Ebene außerordentlich fruchtbar ist und zudem gut vor den Augen von Piraten versteckt war, wuchs sie zur bevölkerungsreichsten Hochebene der Insel heran. Um keinen kostbaren Boden zu verschenken, liegen ihre 21 Dörfer fast alle am Rande des Plateaus, das zudem im Winter auch häufig unter Wasser steht. Die reichen, nur in geringer Tiefe gelegenen Grundwasservorräte, die früher mit den Windrädern geför-

Rechts: Die Lasíthi-Hochebene mit dem Dorf Messa Lasíthi.

PRÄFEKTUR LASÍTHI

dert wurden, ermöglichen auch heute noch eine lukrative Bodenbestellung. Kartoffeln, Weizen und vielerlei Gemüsesorten gedeihen hier ebenso wie Äpfel und Birnen. Ein Zubrot verdienen sich viele Bewohner der Dörfer mit dem Tourismus.

Die Ausflugsbusse steuern meist direkt die ★**Díktäische Höhle von Psychró** ❾ (Diktéon Ándron) an, die seit jeher als Geburtsort von Göttervater Zeus galt. Am **Parkplatz** wartet eine Heerschar von **Maultiertreibern** auf Kundschaft, deren Preisforderungen allerdings recht gepfeffert sind. Man kann auch in etwa 15 Minuten zu Fuß zu der in 1025 m Höhe gelegenen Höhle hinaufsteigen. Die **Tropfsteinhöhle** ist elektrifiziert. Der Höhlenboden ist recht glitschig, sodass rutschfeste Sohlen dringend zu empfehlen sind. Kostenpflichtigen Führungen kann, muss man sich aber nicht anschließen.

Dem Mythos zufolge wurde der Gott aller Götter, Zeus, in dieser Höhle geboren, nachdem seine Mutter Rhea vor dem Zorn ihres Gatten Kronos hierher geflohen war. Kronos, der Titan der griechischen Mythologie, verschlang seine übrigen Kinder aus lauter Angst, sie könnten ihn eines Tages seiner Macht berauben. Um 1900 wurde die Höhle von britischen Archäologen freigelegt. Sie fanden einige Opfergaben an Zeus, darunter bronzene Doppeläxte und Statuetten. Die Stalagmiten und Stalaktiten verleihen der Höhle beeindruckende Schönheit.

Unternehmungslustige, die den 2148 m hohen Berg **Díkti** (Spathi) bezwingen möchten, sollten für den Auf- und Abstieg von **Avrakontes**, via Limnakaro, etwa acht Stunden einkalkulieren. Man muss auf diese Tour (mehr als 1000 Höhenmeter) unbedingt genügend Wasser mitnehmen – und gute Schuhe.

Wesentlich weniger schweißtreibend ist eine **Genusswanderung** in der Lasíthi-Hochebene, z. B. in zwei Stunden vom Ort **Psychró** nach **Tzermiádo** ❿. Ein kleiner Bummel durch den Hauptort Tzermiádo mit seinen vielen Souvenir-Geschäften und Kaffeehäusern empfiehlt sich. Außerhalb des Dorfes liegt

>> **Karte S. 204–205, Info S. 225–227**

PRÄFEKTUR LASÍTHI

in 30 Gehminuten Entfernung die gut ausgeschilderte **Trapéza-Höhle**. Vom Eingang der etwa 30 m langen, noch nicht elektrifizierten Höhle (Taschenlampe nötig) hat man einen schönen Blick über das Hochtal.

Fährt man von hier weiter im Uhrzeigersinn um die Hochebene, passiert man hinter Marmarkéto das noch von einem Mönch bewohnte **Kloster Kristallénias** und kommt dann ins Dorf **Agios Konstantínos** ⓫, wo noch Frauen traditionelle kretische Webarbeiten herstellen. In der großen Ortschaft **Agios Geórgios** ⓬, in der man auch gut übernachten kann, lohnt das **Volkskundemuseum** in einem etwa 200 Jahre alten Bauernhaus einen. Angeschlossen ist eine kleine Gemäldegalerie mit Werken kretischer Künstler des 20. Jh. Hinter Psihró mit seiner berühmten Zeus-Höhle wandeln sich dann die Ortsbilder: Dort sind die Dörfer ursprünglicher und beschaulicher.

Oben: Am Abend füllen sich die Restaurants rund um den Voulisméni-See in Agios Nikólaos.

★AGIOS NIKÓLAOS

★**Agios Nikólaos** ⓭ (11 500 Einwohner, 63 km östlich von Iráklio) ist eine der Hauptattraktionen der Insel. Wegen seiner hochentwickelten Hotellerie, des milden Klimas und des kristallklaren Wassers entwickelte es sich zu einem der beliebtesten Ferienzentren Griechenlands. Die Strände in der Stadt selbst sind zwar klein, doch Agios Nikólaos bietet einen weiten Ausblick auf die **Mirabéllo-Bucht**, und diese säumen einige der meistbesuchten **Sandstrände** Kretas. Außer Schwimmen und Wassersport locken hier eine Reihe origineller Tavernen mit ausgezeichneten Fischgerichten vor einer Kulisse aus Meer und Bergen. Zudem bieten Bars und Diskos den unermüdlichen Nachtschwärmern Unterhaltung bis in die frühen Morgenstunden.

Agios Nikólaos bekam seinen Namen von der alten byzantinischen Agios-Nikólaos-Kapelle an der nördlichen Seite des Hafens. Siedler aus Kritsá und Sfakiá gründeten die Stadt im Jahr 1870.

» Karte S. 204–205, Info S. 225–227

PRÄFEKTUR LASÍTHI

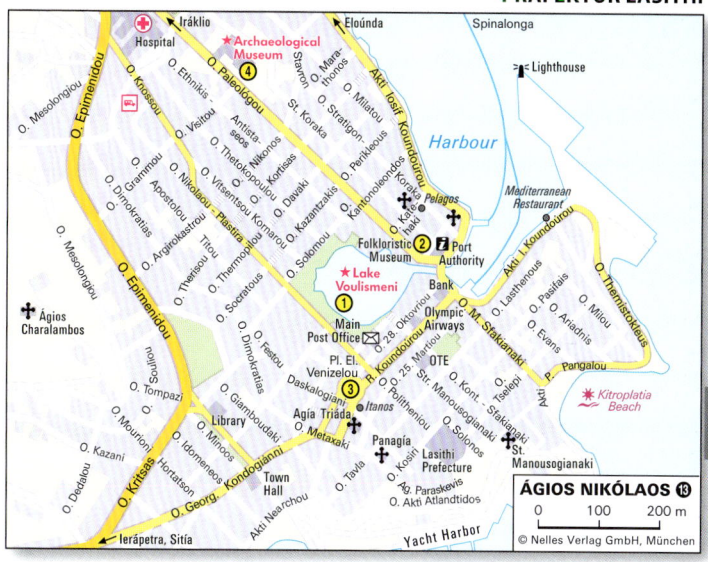

Während der venezianischen Periode hieß der Hafen Porto di San Nicolo nach dem Schutzpatron der Seefahrer. Der 6. Dezember, der Tag des hl. Nikolaus, wird alljährlich rund um die Kapelle mit großen Feierlichkeiten zelebriert.

Im Jahr 1870 wurde der Hafen durch einen Kanal mit dem kleinen ★**Süßwassersee Voulisméni** ① verbunden. Der See ist 60 m breit und 64 m tief. Die Legende nennt ihn jedoch den „bodenlosen Teich", in dem vor 3000 Jahren die Göttin Athene gebadet haben soll. Während der Sommermonate wird eine Reihe von kulturellen Veranstaltungen rund um den See geboten: Die Gemeindeverwaltung organisiert alljährlich im Sommer ein Kulturfestival mit dem Namen *Lato*, bei dem Volkstänze der Umgebung und von außerhalb, Filmvorführungen, Kunstausstellungen und Wettkämpfe im Kunstschwimmen stattfinden, außerdem wird kretisches Kunsthandwerk verkauft.

In Jahren mit geraden Zahlen erstrahlt, falls das Geld reicht, die Stadt in fantastischen Feuerwerken über dem Hafen, wenn im Juni die Griechische Marinewoche hier stattfindet, während der Wettkämpfe im Schwimmen, Wasserski, Windsurfen etc. ausgetragen werden. In der Karwoche wird am Abend vor der Osternacht eine Puppe in der Gestalt des Judas auf einer Plattform in der Mitte des Sees verbrannt. Diese Zeremonie stammt aus dem 18. Jh. Die Szenerie gewinnt noch an Gespenstigkeit, wenn die Besucher rund um den See ihre Kerzen anzünden, um die Dunkelheit zu durchbrechen. In der Silvesternacht fahren geschmückte Fischerboote in den Hafen ein, um die Ankunft des neuen Jahres anzukünden. Wenn die Uhr Mitternacht schlägt, erleuchtet ein farbenfrohes Feuerwerk den Himmel. Ob Feierlichkeiten oder nicht, ein kleiner Spaziergang (*vólta*) um den See lohnt sich auf jeden Fall, denn er besticht durch seine landschaftliche Schönheit.

Auch bei einem Kurzaufenthalt sollte man sich drei Besichtigungen nicht entgehen lassen: An der Brücke über den kurzen Kanal, der den See mit dem Hafen von „Ágios", wie die Einheimischen

» Stadtplan S. 209, Info S. 225–227

PRÄFEKTUR LASÍTHI

ihre Stadt nennen, verbindet, zeigt das kleine **Volkskundliche Museum** ② (direkt neben der Touristen-Information) wie die Menschen der Region in vortouristischen Zeiten lebten.

Geht man anschließend die Haupteinkaufsstraße Odós Roussoú Kondoúrou hinauf, kommt man zur **Platia Eleftheriou Venizelou** ③, dem Hauptplatz der Stadt. An ihm steht die moderne Hauptkirche des Ortes, die in den 1980er-Jahren mit schönen Wandmalereien im traditionellen byzantinischen Stil ausgeschmückt wurde.

Das ★**Archäologische Museum** ④ bietet eine Sammlung von Kunstwerken aus minoischer und post-minoischer Zeit bis in die Anfänge des Mittelalters, ist allerdings vorübergehend wegen Renovierung geschlossen.

Die bedeutendste Sammlung umfasst Funde aus etwa 250 minoischen Gräbern in Agía Fotiá, die auf das Jahr

Oben: Oliven, Tomaten, Käse, Brot, Wein – der kleine Imbiss schlechthin. Rechts: Blick auf die Bucht von Eloúnda und die Insel Spinalónga.

3000 v. Chr. zurückgehen. In der Goldabteilung ist ein prächtiges minoisches Diadem zu sehen, das mit drei Figuren des *kri-kri* geschmückt ist, der langhörnigen kretischen Wildziege. Das Stück wurde auf dem Eiland Móhlos in der Mirabéllo-Bucht gefunden, zusammen mit einer Haarnadel in Form eines Gänseblümchens, einer lilienförmigen Perle und anderen Schmuckstücken minoischer Frauen. Das Museum hat außerdem eine bedeutende Sammlung an Töpferwaren zu bieten, die etwa 700 Vasen aus der frühen minoischen Periode umfasst, die benutzt wurden, um Öl und andere Güter aufzubewahren. Besonders reizvoll ist die so genannte „Göttin von Mírtos", ein Keramikgefäß in Form einer Frau. Auf ihrem glockenförmigen Körper sitzt ein lang gestreckter, phallusförmiger Hals und darauf ein kleiner Kopf. Der Fruchtbarkeitscharakter der Figur wird durch zwei aufgesetzte Brüste und ein aufgemaltes Schamdreieck betont. Sehr interessant ist auch ein Totenschädel aus römischer Zeit. Er ist mit einem Kranz aus golde-

PRÄFEKTUR LASÍTHI

nen Olivenbaumblättern geschmückt. In der Mundhöhle des Toten fanden die Archäologen eine silberne Münze. Man gab sie Verstorbenen mit, damit sie den Fährmann Charon bezahlen konnten, der ihre Seele über den antiken Totenfluss Styx ins Totenreich Hades brachte.

ELOÚNDA UND ★★SPINALÓNGA

Einen Ausflug zu der kleinen Lepra-Insel Spinalónga/Kalidónia lässt sich niemand entgehen, der am Golf von Mirabéllo Urlaub macht. Es gibt drei Möglichkeiten, dort hinzukommen: einen Schiffsausflug von Agios Nikólaos oder von Eloúnda sowie die sehr viel kürzere und billigere Überfahrt von Pláka aus. Bis Eloúnda und Pláka fahren von Agios Nikólaos den ganzen Tag über Linienbusse.

Das 11 km nördlich von Agios gelegene **Eloúnda** ⑭ hat sich vom Fischerdorf zur feinsten Adresse im Osten Kretas entwickelt. Die eher mäßigen Strände dürften nicht der Grund dafür sein; eher wohl die grüne Küstenlandschaft, das milde Klima und der herrliche Blick auf Meer und Berge.

Eloúnda ist durch einen **Damm** mit der dem Ufer direkt vorgelagerten **Halbinsel Spinalónga** verbunden (die kleine Ausflugsinsel im Norden wird jedoch meist genauso genannt; s. u.). In der Antike gehörte die Insel wohl noch zum Festland, denn auf dem seichten Meeresboden zwischen Spinalónga und Eloúnda hat man Spuren der antiken Stadt **Olous** entdeckt. *Olous* gehörte zu den hellenistischen Städten, die ihre eigenen Münzen prägten, was als Zeichen ihrer Unabhängigkeit gilt. Auf der einen Seite der Münzen war der Kopf der Göttin Artemis abgebildet, auf der anderen waren der Kopf des Zeus und das Wort *Olontion* geprägt. Alles, was man ohne zu tauchen heute noch von der antiken Siedlung sehen kann, sind die Überreste einer frühchristlichen Basilika. Französische Archäologen legten sie 1937 frei. Außer einigen Grundmauern ist lediglich noch ein kleiner Teil des einstigen Bodenmosaiks zu erkennen (Zugang von der Canal Bar

» Karte S. 204–205, Info S. 225–227

PRÄFEKTUR LASÍTHI

nördlich des Damms). Am Ostufer lockt der feine kleine ★**Kolokithia-Strand**.

Ziel der als „**Bootsfahrt nach Spinalónga**" ausgeschriebenen Touren ist allerdings nicht die über den Damm mit dem Festland verbundene große Halbinsel, sondern das ihrer Nordspitze vorgelagerte Inselchen **Kalidón**, das oft ebenfalls ★★**Spinalónga** ⓯ genannt wird. Die kleine Insel Kalidón trägt eine mächtige **Festung**, die nahezu das gesamte Eiland einnimmt. Venedigs Gouverneur Jacopo Foscarini ließ sie 1579 erbauen. Sie blieb auch noch in venezianischer Hand, als das kretische Festland bereits von den Türken erobert worden war. Erst 1715 mussten die Venezianer von hier abziehen, also über 45 Jahre nach dem Verlust der Stadt Iráklio. Die Festung allein schon lohnt den Ausflug. Eine besondere sozialgeschichtliche Note bekommt er dadurch, dass das alte türkische Dorf innerhalb ihrer Mauern

Oben: Die Panagía i Kerá bei Kritsá. Rechts: Die Panagía i Kerá ist innen vollständig mit Fresken ausgemalt.

von 1903-1954 als **Verbannungsort für Lepra-Kranke** diente. Die Häuser sind heute zwar nur noch Ruinen, die Erzählungen der Fremdenführer aber lassen ein schauriges Bild jener Zeit entstehen. Wer hierher gebracht wurde, war im Grunde schon lebendig begraben. Erstaunlich ist in Anbetracht dieser Tatsache, wie sich die Kranken selbst auf der Insel mit ihrem Leben arrangierten. Sie unterhielten sogar Kaffeehäuser, ein Kranker arbeitete als Friseur, ein anderer als Priester. Lebensmittel wurden ihnen per Boot gebracht, eine ärztliche Versorgung gab es nur sehr sporadisch. Sogar Ehen zwischen Kranken wurden auf Kalidónia geschlossen. Gebar jedoch eine kranke Frau ein gesundes Kind, wurde es ihr weggenommen und in ein Waisenhaus auf Kreta gebracht.

KRITSÁ

Ein weiterer beliebter Ausflug führt in das Dorf **Kritsá** ⓰. Um dorthin zu gelangen, nimmt man zunächst die Straße, die von Agios Nikólaos in Rich-

» **Karte S. 204-205, Info S. 225-227**

PRÄFEKTUR LASÍTHI

tung Sitía und Ierápetra führt. Biegen Sie dann aber einen Kilometer hinter der Stadt nach Südwesten ab und folgen Sie der Beschilderung nach Kritsá, das elf Kilometer von Agios Nikólaos entfernt liegt.

Kurz vor dem Ort Kritsá sieht man die weißgetünchte Kapelle ★★**Panagía i Kerá**. Die Kirche liegt inmitten eines wunderschönen Olivenhains. Panagía i Kerá (Allheilige Frau) ist das besterhaltene Gebäude byzantinischer Baukunst auf Kreta. Diese Kirche aus dem 13. Jh. besteht aus drei Schiffen und dementsprechend drei halbkreisförmigen Apsiden. Stützpfeiler und Tambour wurden zu einem späteren Zeitpunkt hinzugefügt.

Das Innere der Kirche ist mit ausgezeichneten Fresken aus dem 14. und 15. Jh. geschmückt, die als die schönsten Beispiele byzantinischer Malerei aus der Zeit der Palaiologen-Dynastie gelten. Das Mittelschiff ist der Himmelfahrt Marias gewidmet und enthält u. a. Fresken über das Leben Christi, seine Geburt, die Enthauptung Johannes des Täufers, das Abendmahl und die Kreuzigung. Das Südschiff ist der hl. Anna gewidmet, der Mutter der Jungfrau Maria, und ist u. a. geschmückt mit Bildern aus ihrem Leben. Das Nordschiff ehrt den hl. Antoniós und zeigt u. a. Szenen des Jüngsten Gerichts, das Paradies und die „Waage der Gerechtigkeit". Darstellungen anderer Heiliger und Märtyrer vervollkommnen die Schönheit des Innenraums.

Nach kurzer Weiterfahrt auf der Hauptstraße erreicht man dann die Ortschaft **Kritsá**. Das sich in die Berge schmiegende Dorf fungierte als attraktive Kulisse für die Verfilmung von Kazantzákis' Roman *Griechische Passion* (Filmtitel: *Der Mann, der sterben musste*). Der amerikanisch-französische Regisseur Jules Dassin, der später *Sonntags... nie!* drehte, ließ die Dorfbewohner in Nebenrollen an der Seite von bekannten französischen und griechischen Schauspielern agieren.

Kritsá ist außerdem für seine handgefertigten Textilien bekannt, die man im Ort günstig erstehen kann.

» **Karte S. 204-205, Info S. 225-227**

PRÄFEKTUR LASÍTHI

Oben: Minarett und Brunnenhaus der osmanischen Moschee in Ierápetra.

★LATO

Kurz vor dem Ortseingang von Kritsá zweigt rechts eine Straße nach ★**Lato** ⓱ ab, einer alten dorischen Stadt, die im 5. Jh. v. Chr. ihre Blütezeit erlebte. Ausgrabungen brachten ab 1900 die Überreste einer Stadt zum Vorschein, die ein Theater, einen Marktplatz (*agorá*), Häuser, zwei Akropolen und ein Apollo-Heiligtum besaß. Ein Spaziergang zur nördlichen Akropolis eröffnet einen schönen Blick auf die Mirabéllo-Bucht.

★GOURNIÁ

Die folgende Tagestour von Agios Nikólaos an die Südküste, nach Ierápetra und Mírtos, unternimmt man am besten mit einem Mietfahrzeug. Einen Abstecher von der Küstenstraße lohnt nach 16 km das auf fast 500 m Höhe in den Bergen gelegene **Kloster Faneroménis** ⓲ (weitere 6 km von der Abzweigung), das nur noch im Sommer bewohnt ist. Neben dem grandiosen **Panoramablick** über den Golf bietet der 1885 gegründete Konvent eine teils ausgemalte **Höhlenkirche** und schöne Steinreliefs an den Außenmauern.

Nahe der Küstenstraße liegt die 1901 wiederentdeckte minoische Stadt ★**Gourniá** ⓳, die um 1550 v. Chr. ihre Blütezeit erlebte, dann aber um 1450 schwere Erdbebenschäden erlitt. Die Grundmauern sind noch hüfthoch erhalten. Die damalige Stadt ähnelte mit ihren schmalen Gassen und gedrängt stehenden Häusern einem großen, kretischen Dorf. Die Hauptstraße des Ortes verlief in Nord-Süd-Richtung und bildete zusammen mit dem Marktplatz, der Agora, den Mittelpunkt der Handelsaktivitäten der Stadt, was die große Anzahl an aufgefundenen Handwerksprodukten, Werkzeugen und anderen Objekten belegt. Nach 1200 v. Chr. geriet Gourniá, nie mehr bewohnt, vollkommen in Vergessenheit. Die Stadt, deren minoischer Name nicht bekannt ist, ist nach den steinernen Viehtränken (*goúrnes*) benannt, die während der Ausgrabungen vor jedem Haus gefunden wurden.

IERÁPETRA

Im Küstenort **Pahía Ámmos** ⓴ ist die schmalste Stelle Kretas erreicht. Quer über die Insel sind es von hier nur 14 km bis **Ierápetra** ㉑, der einzigen griechischen Stadt am Libyschen Meer. Vom antiken Hierypytna ist nichts erhalten; Ierápetra ist heute ein geschäftiges Landstädtchen, das von den Kleintransportern der reichen Gemüsebauern der Umgebung geprägt wird. An der weitgehend autofreien **Uferpromenade** reiht sich ein Lokal ans andere; ansonsten aber wirkt der Ort wenig touristisch.

Das kleine **Archäologische Museum** ① in einer ehemaligen türkischen Schule birgt vor allem hellenistisch-römische Statuen und vier schöne minoische

PRÄFEKTUR LASÍTHI

Sarkophage. Noch recht dörfliche Atmosphäre prägt die Altstadt mit einer zwar restaurierten, aber geschlossenen **Moschee** ② mitsamt Minarett und Reinigungsbrunnen. Einen guten Blick über die Stadt hat man von der kleinen, 1626 erbauten venezianischen **Festung Koúles** ③ am südlichen Ende der Uferpromenade.

Vom Hafen fahren Ausflugsboote hinüber auf die Insel **Chríssi** (auch **Gaidouroníssi** genannt) mit zwei Tavernen, schattigen Pinien und Zedern sowie einem weiten **Dünenstrand**, an dem stellenweise FKK üblich ist.

Bei sehr großem archäologischen Interesse kann man von Ierápetra einen Abstecher in westlicher Richtung in den 16 km entfernten kleinen Badeort **Mírtos** ㉒ unternehmen, dessen **Sand-Kies-Strand** einige Tavernen säumen. Nach knapp 13 km weist rechter Hand ein Schild zu den Überresten der frühminoischen Siedlung **Foúrnous-Korfí**, in der die berühmte "Göttin von Mírtos" gefunden wurde, die heute im Archäologischen Museum von Agios Nikólaos zu sehen ist. Unmittelbar vor der Brücke, hinter der Mírtos beginnt, zweigt nach rechts ein Trampelpfad mit einem Wegweiser auf den Hügel **Pírgos** ab, den man nach etwa fünfzehn Minuten erklommen hat. Dort oben legten britische Archäologen die recht spärlichen Überreste einer minoischen Villa aus der Zeit um 1600 v. Chr. frei.

Für die Rückfahrt von Ierápetra nach Agios Nikólaos kann man eine landschaftlich schöne Strecke durch die Berge wählen. Am westlichen Stadtrand von Ierápetra folgt man dem Wegweiser nach Bramianá und fährt an Kretas größtem **Stausee** vorbei hinauf in den 450 m hoch gelegenen Ort **Kalamáfka** ㉓ mit einer schattigen Taverne an einer Quelle und der über 225 Stufen zu erreichenden **Kapelle** Timíou Stavroú auf einem bizarren Fels.

Über **Prína** ㉔ mit seiner für gute Lyra-Musik bekannten **Taverne** Pitópoulos geht es zurück zur Nordküste.

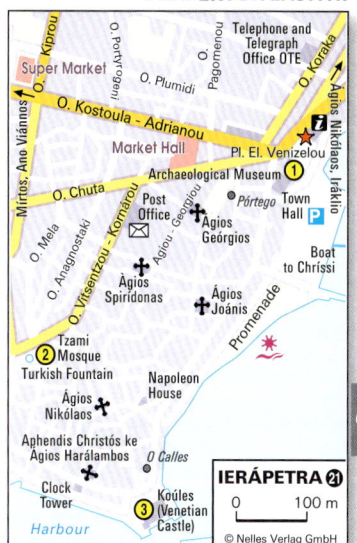

VON AGIOS NIKÓLAOS NACH SITÍA

Zwischen Agios Nikólaos und Sitía ist die Küstenstraße noch nicht zur Autobahn ausgebaut, sondern windet sich kurvenreich von Oleander und Ginster gesäumt über dem Meer entlang. Vorbei an **Gourniá** geht es via Pahía Ámmos nach **Kavoúsi** mit schönem **Strand** an der Bucht von **Thólos**. Dann steigt die Straße steil bergan zum Aussichtspunkt **Plátanos**; in der Ferne ist ein großer Gipssteinbruch zu sehen. 2 km weiter führt eine Straße nach **Móhlos** ㉕ an der Küste hinunter. Die **Strände** im Umfeld des Ortes sind eher dürftig, dafür aber recht leer. Der ★**Dorfplatz** jedoch, direkt am Hafen, gehört zu den idyllischsten der ganzen Insel.

Dem kleinen Weiler vorgelagert ist die winzige Felseninsel **Móhlos**. Sie genoss vor einigen Jahren großes Fachinteresse, da ein Archäologenteam unter Führung von Nikólaos Pláton dort minoische und römische Relikte ausgrub.

In der Nähe von Móhlos liegt die etwas größere Insel **Psíra** ㉖; beide In-

» Stadtplan S. 215, Karte S. 204–205 und S. 216–217, Info S. 225–227

PRÄFEKTUR LASÍTHI

PRÄFEKTUR LASÍTHI

DER OSTEN VON LASÍTHI
25 - 45
0   2,5   5 km

© Nelles Verlag GmbH, München

PRÄFEKTUR LASÍTHI

Oben: Neuer Anstrich für die Sitzbänke am Hafenbecken von Sitía.

seln sind entweder mit organisierten Bootsfahrten zu erreichen, oder auf einem *kaíki* vom Strandort Móhlos aus, in dem etliche Hotels und Pensionen Unterkunft bieten. In minoischer Zeit trieben die Häfen Móhlos und Psíra regen Handel mit Ägypten und dem Orient. Reste des Hafens wurden unter einer Sandbank vor der Küste gefunden, die früher die Insel mit dem Festland verband. Häuserreste aus minoischer Zeit sind noch im Süden der Insel zu sehen, andere liegen unter Wasser. Die bedeutendsten Kunstwerke entdeckte man in den in die Klippen gehauenen Gräbern.

Auf Psíra grub der Amerikaner Richard Seager zu Beginn des 20. Jh. eine ähnliche Siedlung aus wie die von Gourniá, die ebenfalls von der frühen bis zur späten minoischen Periode ihre Blütezeit erlebte. Das Archäologische Museum in Iráklio enthält zwei sehenswerte, bemalte Reliefs von Häusern in Psíra.

In Sfáka kehrt man wieder auf die Hauptstraße zurück. Vor ★**Hamézi** ㉗ heißt es aufpassen: auf der Passhöhe beginnt unterhalb von zwei **Windmühlenruinen** ein ausgeschilderter Feldweg, der nach 700 m auf einer Hügelkuppe endet. Auf ihr stehen die gut erhaltenen Grundmauern eines einzigartigen **altminoischen Landhauses**: Es hat einen ovalen Grundriss. Der Blick von hier bis nach Sitía ist grandios. Im Dorf Hamézi selbst lohnt ebenfalls ein Stopp. Es liegt schön am Hang, eingebettet zwischen Olivenhainen.

Hinter **Skopí** bietet sich ein Abstecher an: Ein ausgeschilderter Feldweg führt zu dem über der Nordküste gelegenen Kloster **Faneroménis** ㉘, am Rand eines nur noch im Sommer bewohnten Weilers, mit einer guten **Taverne** ein.

SITÍA

Sitía ㉙, 72 km von Agios Nikólaos entfernt, ist mit 9000 Einwohnern die größte Stadt äußersten Osten Kretas und besitzt einen internationalen Flug-

PRÄFEKTUR LASÍTHI

hafen. Trotz mehrerer Hotels in der Stadt und vielen Ferienhäusern in der Umgebung hat es sich seinen Charakter einer vor allem vormittags sehr geschäftigen Kleinstadt bewahrt. Ungewiss ist, ob der Ort mit dem antiken *Eteia* gleichzusetzen ist, der als Geburtsort von Myson gilt, einem der Sieben Weisen des alten Hellas. Während der römischen und byzantinischen Zeit kam Sitía zu Wohlstand.

Die Stadt erhielt ihren heutigen Namen von den Venezianern im 13. Jh. („La Sitia"), auch der Name der Präfektur Lasíthi leitet sich davon ab. In jenen Zeiten wurde die Stadt mehrmals von Erdbeben und Angriffen der osmanischen Türken zerstört. 1651 machten die Venezianer die Stadt und die Burg dem Erdboden gleich, damit Sitía nicht in die Hände der Türken falle. Diese machten das wiederbelebte Sitía dann 1870 zur Hauptstadt der Provinz.

Will man die Atmosphäre des Städtchens kennen lernen, bummelt man am besten vormittags durch die Haupteinkaufsgassen **Vitséntzou Kornárou** und **El. Venizélou** und genießt hinterher in einem der Cafés am großen, aber meist leeren **Hafenbecken** die Sonne (hier befindet sich auch die Touristeninformation). Wer möchte, kann auch zu der (meist geschlossenen) **Festung** ① hinaufsteigen oder die beiden Museen der Stadt anschauen. Das **Volkskundliche Museum** ② zeigt Trachten, Handarbeiten sowie diverse haus- und landwirtschaftliche Geräte. Die größten Schätze des modernen **Archäologischen Museums** ③ sind die Tonstatuette einer stillenden Frau aus dem 8./7. Jh. v. Chr. sowie der Elfenbein-Torso eines Mannes mit Haaren aus Goldbronze aus dem 16. Jh. v. Chr.

Für archäologisch Interessierte lohnt sich auch ein kurzer Besuch von **Karavopétra**, einem niedrigen Kap 2,7 km östlich der Stadtgrenze. Archäologen haben dort einige interessante Überreste einer Siedlung aus hellenistischer Zeit freigelegt.

★★TOPLOÚ, ★★VÁI UND ÍTANOS

Bevor Sie nach Palékastro und Vái weiterfahren, sollten Sie in dem 5 km östlich gelegenen Dorf **Agía Fotiá** ㉚ einen Halt einlegen. 1971 wurde hier links unterhalb der Straße eine minoische Nekropolis entdeckt. Die hier gefundenen Objekte zählen zu den bedeutendsten Exponaten des Museums in Agios Nikólaos.

Am Ostende der Bucht von Sitía teilt sich dann nach Passieren einer großen Ferienhausanlage die Straße. Hält man sich links, erreicht man nach einigen Serpentinen eine einsame Hochebene mit dem festungsartigen **★★Kloster Touloú** ㉛. Der in den 1990er-Jahren gründlich restaurierte Bau entstand ab 1718 auf Geheiß der berühmten Kornáros-Familie aus Sitía. Vitséntzos Kornáros verfasste das kretische Epos *Erotókritos*, Ioánnis Kornáros schuf 1770 das Gemälde *Groß bist Du, Herr*, das als ein Meisterwerk der kretischen Miniaturmalerei gilt. Die am Mittelpfeiler der Ikonostase in der Klosterkirche platzier-

» Stadtplan S. 219, Karte S. 216–217, Info S. 225–227

PRÄFEKTUR LASÍTHI

te Ikone, die die Universalität des christlichen Heilsgeschehens darstellt, wird als wundersam heilend verehrt und ist eines der kostbarsten Sakralbildnisse Kretas. Das über viel Grundbesitz verfügende Toploú-Kloster ist reich; das kommt auch im **Klostermuseum** zum Ausdruck, das zahlreiche Ikonen, historische Kupferstiche und wertvolle Holzstiche präsentiert.

Von Toploú sind es noch 9 km bis zum berühmten ★★**Palmenstrand von Vái** 32. Der Parkplatz dort ist inzwischen aber schon fast größer als der unter Naturschutz stehende Palmenwald, der Palmenstrand meist schon ungemütlich voll. Es gibt zwei Tavernen, aber keinerlei Unterkunftsmöglichkeiten; hier wild zu zelten, wird streng geahndet.

Sehr viel ruhiger geht es an dem 2,5 Straßenkilometer nördlich gelegenen **Strand** von **Ítanos** 33 zu, wo man gleichzeitig auch die Überreste zweier frühchristlicher Basiliken besichtigen kann, die in dem unmittelbar an den Strand angrenzenden Ausgrabungsgelände freigelegt wurden.

Herodot erwähnt den Ort in seinen *Historien*, wo er beschreibt, wie ein Fischer eine Gruppe Kolonisatoren von *Thera* (Santorin) zur afrikanischen Küste geleitete. Diese Kolonisatoren gründeten die Stadt *Syrene*, deren Ruinen heute in Libyen zu besichtigen sind. Es heißt, Itanos sei ursprünglich von den Phöniziern gegründet worden, doch deuten Funde darauf hin, dass schon die Minoer diesen Ort besiedelt und einen Hafen angelegt hatten, der sogar die Hellenen und Römer überdauerte, im 9. Jh. jedoch von Piraten zerstört und später niemals wieder aufgebaut wurde.

PALÉKASTRO

Palékastro 34 ist ein bislang fast nur von Individualtouristen besuchtes Dorf, 2 km vom Meer entfernt. Zu Fuß oder per Moped kann man hier jedoch

Oben: Das Kloster Toploú wurde in den Neunzigerjahren aufwendig restauriert. Rechts: Der Palmenstrand von Vái.

» Karte S. 216-217, Info S. 225-227

zu einer ganzen Reihe schöner, wenig besuchter Sand- und Kiesstrände gelangen.

Der nahe **Strand** von **Hióna** ❸❺ ist nicht nur wegen seiner Fischtavernen erwähnenswert, sondern vor allem wegen der an den Strand grenzenden **Ausgrabungen** einer großen minoischen Hafenstadt.

★KÁTO ZÁKROS

Die Straße, die Palékastro südwärts verlässt, führt durch einige kaum noch bewohnte Dörfer nach **Áno Zákros** ❸❻, das stolz auf sein neues **Naturkundliches Museum** ist, und ★**Káto Zákros** ❸❼, zwei der bezauberndsten Orte Ostkretas, die 8 km voneinander entfernt liegen. Die **„Schlucht der Toten"**, durch die der Wanderweg E4 verläuft (siehe Seite 222), verbindet – östlich der Straße – die beiden Dörfer. In den Höhlen der Schluchtwände setzten die Minoer ihre Toten bei.

Káto Zákros ist wegen seiner Lage an einer schönen ★**Badebucht** am klaren Meer und wegen der minoische Funde für Touristen attraktiver. Die archäologische Stätte wurde Ende des 19. Jh. entdeckt und enthüllte ungefähr 15 Häuser aus der späten minoischen Periode sowie Überreste aus der mykenischen Zeit. 1961 begannen neue Ausgrabungen, da Einheimische antike Goldobjekte in dieser Gegend gefunden hatten. Diese Arbeiten legten eine größere minoische Hafenstadt frei und einen **Minoischen Palast**, der etwas kleiner war als diejenigen in Knossós, Festós und Mália. Archäologen, die heute noch an dieser Stätte graben, sind der Meinung, dass es sich bei dieser Siedlung um ein bedeutendes Handelszentrum der minoischen Zivilisation handelte, wo Güter aus Ägypten und anderen Regionen Nordafrikas umgeschlagen wurden.

Wie Grabfunde im nördlichen Teil der Stadt belegen, war die Gegend bereits um 2500 v. Chr. bewohnt. Die freigelegten Ruinen zeigen einen zwischen 1600 und 1550 v. Chr. errichteten Palast. Dieser wurde bei einem Erdbeben um 1500 v. Chr. schwer beschädigt und danach

PRÄFEKTUR LASÍTHI

restauriert. Etwa 50 Jahre später fiel er jedoch demselben Erdbeben zum Opfer wie Knossós und Festós.

Der 6500 m² umfassende Palast gleicht in der labyrinthartigen Anlage seiner 300 Räume jenem von Knossos und denen von Festós und Mália. Der riesige Innenhof versinkt förmlich zwischen einer Unzahl von Wohnungen, Lagerhallen, Treppenhäusern und ähnlichem, während seine Umgebung als zweckmäßig angelegte Hafenstadt erscheint, geprägt von großen Gebäuden und gepflasterten Straßen.

Jüngere Funde geben Zeugnis davon, dass Káto Zákros enge Handelsbeziehungen in der ägäischen Region unterhielt. Es importierte Kupfer aus Zypern, Elfenbein aus Syrien und Gold aus Ägypten. Die Hauptexportgüter waren Öl, Honig, Holz, Wein und verschiedene landwirtschaftliche Produkte. Im Palast liegen die Wohnräume – für Herrscher und Herrscherin getrennt – auf der östlichen Seite des Gebäudes. Die größten Räume liegen im Westen und sind durch eine Treppe mit dem riesigen Zeremoniensaal verbunden. Dies war wohl der Ort für politisch-diplomatische Treffen und sakrale Riten. Auf der Nordseite diente ein ebenso großer, von kleineren Gemächern umgebener, Raum als Küche. In einem eigenen Gebiet nördlich des Palastes, wo noch ausgegraben wird, wohnten in kleinen Häuserblocks Menschen der „unteren Klasse", wie Hafenarbeiter und Familien der Seeleute.

Káto Zákros ist die einzige minoische Siedlung, die trotz ihrer Zerstörung ein unverfälschtes Bild der minoischen Epoche liefert, da sie nie geplündert oder überbaut wurde. Im Museum von Iráklio ist Káto Zákros ein eigener Ausstellungssaal gewidmet.

Die ★Schlucht der Toten

Von **Áno Zákros** führt eine der schönsten leichten Wanderungen in etwa zweieinhalb Stunden nach Káto

Oben: Das Ausgrabungsgelände des minoischen Palastes von Káto Zákros. Rechts: Strand von Káto Zákros.

PRÄFEKTUR LASÍTHI

Zákros hinunter. Sie beginnt am Dorfplatz von Áno Zákros.

Dort steht eine große Tafel, die den **Wanderweg** (E4) durch die **★Schlucht der Toten** beschreibt. Wer nicht zu Fuß zurückkehren will, sollte sich vorher nach der Abfahrt des letzten Busses aus Káto Zákros erkundigen. Übernachtungsgäste des einfachen Hotels „Zákros" in Áno Zákros können sich vom Hotelier kostenlos mit dem Minibus aus Káto Zákros abholen lassen.

Der Weg durch die Schlucht ist ein Erlebnis. Teilweise folgt der Pfad einem von Platanen beschatteten Bachlauf, dann wieder durchdringt er übermannshohes Oleandergebüsch. Die Felswände sind mit Nischen und **Höhlen** durchsetzt. Viele von ihnen dienten in vor- und frühchristlicher Zeit als Begräbnisstätten – daher der Name des Tales. Zum Schluss geht man durch eine Bananenplantage, passiert die minoischen Ausgrabungen von **Káto Zákros** und erreicht dann den schönen, ruhigen **★Kiesstrand** mit Strandtavernen und Pensionen.

★XERÓKAMBOS

Für Liebhaber schöner Strände lohnt die Fahrt von Áno Zákros weiter gen Süden bis in die Streusiedlung **★Xerókambos** ㊳. Hier gibt es attraktive, wenig besuchte **Sandbuchten** und den schönen Naturstrand **★Ormos Ambelos**, einige Tavernen und Pensionen. Eine ruhigere Badegegend mit schönen Stränden wird man an Kretas Küsten kaum finden – allerdings wird dies wegen des großen Potentials wohl nicht lange so bleiben. Von Xerókambos kann man nach Zíros und Handrás auf der Handrás-Hochebene hinauffahren und von dort nach Sitía zurückkehren oder zur Südküste weiterfahren.

ÜBER DIE HANDRÁS-EBENE ZUR SÜDKÜSTE

Ein langer Tagesausflug führt von Sitía auf die Handrás-Hochebene und weiter an die Küste des Libyschen Meeres. Lässt man sich dafür länger als einen Tag Zeit, kann man auch die Insel

PRÄFEKTUR LASÍTHI

Koufonísi im Libyschen Meer mit ihrem weißen Sandstrand besuchen und auf kleinen Straßen durch die Berge von Sitía an die Nordküste zurückkehren. Man verlässt Sitía auf der Straße nach Ierápetra. Nach 2 km führt sie direkt an den spärlichen Überresten einer **minoischen Villa** vorbei. Eine besser erhaltene, zudem frei zugängliche minoische Villa findet sich in **Zou ㊴**. Dorthin führt eine Nebenstraße von Piskokéfalo.

Die Hauptstraße führt bergan weiter und erreicht **Epáno Episkopí**. Hier beginnt die schmale, kurvenreiche, aber aussichtsreiche Straße nach Zíros auf der Handrás-Hochebene. Im Dorf **Néa Pressós ㊵** eröffnet sich die Gelegenheit zu einem etwa 2 km langen Abstecher zu den wenigen Überresten der antiken Stadt **Pressós**. Hierher zogen sich im 12. Jh. v. Chr. vor den Achäern weichende minoische Kreter zurück.

Von Néa Pressós geht es weiter bergan, bis auf knapp 600 m Höhe die **Handrás-Hochebene** erreicht ist. Am linken Rand des Plateaus ist schon der menschenleere Weiler **Voilá** zu erkennen. Ein Feldweg dorthin beginnt am Kinderspielplatz am Ortseingang des Dorfes **Handrás ㊶**. Sehenswert ist hier neben zwei türkischen Brunnen und einem **Wohnturm** aus osmanischer Zeit v. a. die kleine **Doppelkapelle** am oberen Dorfrand. Über dem Grab darin zeigen zwei Wandmalereien aus dem 16. Jh. ein junges Mädchen auf dem Sterbebett und ihre Familie, die vor der heiligen Jungfrau Maria und dem Jesuskind Fürbitte für die junge Tote hält.

Handrás, **Zíros** und **Arméni** sind die drei Hauptdörfer der Ebene. Sie sind das Zentrum des kretischen Sultaninenanbaus. Vor allem in der ersten Septemberhälfte liegen die Trauben hier auf Straßen und Feldern wie riesige Teppiche zum Trocknen aus. Auf der Fahrt von Arméni, in dessen Umgebung mehr segeltuchbespannte **Windräder** als auf der berühmten Lasíthi-Hochebene stehen, zurück zur Hauptstraße passiert man dann den Weiler **Etiá ㊷** mit einem

Oben: Die Insel Koufonísi mit ihren weißen Stränden ist ein beliebtes Ausflugsziel.

recht gut erhaltenen venezianischen Landhaus aus dem 15. Jh.

Hinter Pilalímata erreicht die Straße die Südküste. Statt gleich in Richtung Ierápetra weiterzufahren, sollte man zunächst einen Abstecher nach links zum ★**Kloster Kapsás** ❹❸ unternehmen, das im 15. Jh. teilweise in den Fels hineingebaut wurde. Im 19. Jh. vollbrachte hier ein Mönch namens Josíf Gerontogiánnis zahlreiche Wunderheilungen, weswegen das Kloster noch heute am 29. August jeden Jahres ein bedeutendes Pilgerziel ist.

Die Hauptstraße führt von Pilalímata weiter in den Doppelort **Análipsi-Makrigialós** ❹❹ mit einem besonders langen **Sandstrand**. Vom Hafen aus fahren im Juli und August fast täglich **Ausflugsboote** zur eine Stunde entfernten, unbewohnten ★**Insel Koufonísi** ❹❺ mit weißsandigen Stränden und flachen Buchten, in denen das Wasser in vielen Blau-, Grün- und Türkistönen schimmert. Unmittelbar am **Strand**, an dem das Ausflugsboot anlegt, haben Archäologen die Ränge eines römischen **Amphitheaters** und zahlreiche römische Häuser freigelegt, die man ungehindert besuchen kann. Koufonísi trug in der Zeit um Christi Geburt eine bedeutende Siedlung. Ihre Bewohner hatten sich der Zucht von Purpurschnecken zugewandt, aus denen man den begehrten und teuren purpurnen Farbstoff gewinnen konnte. Eine Ausstellung im Archäologischen Museum von Sitía stellt das schwierige Verfahren dar, durch das der Farbstoff extrahiert wurde.

Von Makrigialós führt die Küstenstraße weiter nach **Koutsounári**. Dort kann man nun abbiegen in die Berge hinein. Über **Agios Ioánnis** und **Shinokápsala** führt die kleine Straße am Südhang des 1476 m hohen Berges Aféndis Stavroménos entlang nach **Orinó** und von dort weiter über Hrisopigí nach **Piskokéfalo**, von wo es nur noch 3,5 km bis nach Sitía sind – eine schöne, wenig befahrene Bergstrecke.

PRÄFEKTUR LASÍTHI

AGIOS NIKÓLAOS

Städtisches Informationsbüro, tägl. 8.30-21.30 Uhr; direkt an der Brücke zwischen Voulismenisee und Hafen, Tel. 28410 22357, Fax 28410 26398.

Mediterranean Restaurant, direkt am Hafen, exzellente Mittelmeerküche, gehobenes Niveau, serviert im Garten unter Palmen oder auf Balkonen; Aktí Iosíf Koundoúrou 8, Tel. 25517.
Itanos, einfaches, alteingesessenes Lokal, das mittags auch viele Kreter vom Lande besuchen; Odós Kíprou 1/Platía Venizélou.
Pélagos, exzellentes, aber auch teures Fischrestaurant in und vor einer klassizistischen Villa, hervorragende Auswahl an griechischen Weinen; Odós Stratigoú Koráka 10.

Bitte bedenken Sie: Öffnungszeiten können sich ändern!
Archäologisches Museum, wg. Renovierung geschl.; Odós Paleológou 68. **Volkskundliches Museum**, So-Fr 10-15 Uhr; Aktí Iosíf Koundoúrou.

Mehrere Diskos in der Stadt. Direkt am Hafen: **Rule Club** und **Bora Bora**. Abendlicher Treffpunkt der gehobenen Jugend-Szene ist das **Kulturcafé Perípou** überm See (Odós 28is Oktovríou 25); ältere Semester treffen sich zu Oldies und Tanz in der Dachgartenbar **Aléxandros** am See (Odós Kondiláki 1).

Haupteinkaufsstraßen sind die Hafenpromenade, die Odós Roússou Koundoúrou und die Odós 28is Oktovríou. **Straßenmarkt** jeden Mittwochvormittag in der Odós Ethnikis Antistaseos.

REITEN: **Reitstall**, Riding Centre Flamorianá-Lakonía bei Agios Nikólaos, Tel. 28410 26943.

Hauptpostamt, Mo-Fr 7.30-19.30 Uhr, Sa 7.30-14 Uhr; Odós 28 Oktovriou 9.

» Karte S. 216-217, Info S. 225-227

PRÄFEKTUR LASÍTHI

SCHIFF / FÄHRE: Fähren 3-5x wöchentlich nach Piräus. **Bootsausflüge** mehrmals wöchentlich nach Santorin; täglich ca. halbstündlich zur ehemaligen Lepra-Insel Kalidónia (Spinalónga), Tickets im Reisebüro.

BUS: Täglich zahlreiche **Busverbindungen** über die New Road nach Iráklio und Sitia, außerdem mehrmals täglich nach Ierápetra, Eloúnda, Pláka, Sísi und zur Lasíthi-Hochebene. Der **Busbahnhof** befindet sich außerhalb des Zentrums nahe dem Krankenhaus (Taxi ins Zentrum ca. 8 Euro).

TAXI: Standplätze an der Platia Venizélou und am Busbahnhof.

Lato-Festival (Juli bis Sept.), Konzerte und Theateraufführungen am Strand und auf einer Seebühne.

ELOÚNDA

Mariléna, erstklassige zypriotische Küche, große Terrasse und Garten; am Hafen hinter dem Spielplatz.
Vritomártes, große Auswahl, viele verschiedene Fischplatten; direkt im Hafenbecken von Eloúnda.
Kalidón, Restaurant auf einer schwimmenden Plattform; an der Uferpromenade.

Wochenmarkt am Freitagvormittag.

GOLF. Ein 9-Loch-Golfplatz mit deutscher Golfschule befindet sich im Hotel Pórto Eloúnda Resort.
TAUCHEN: Tauchschulen gibt es in den Hotels Eloúnda Mare, Eloúnda Beach und Eloúnda Village.

ANÁLIPSI / MAKRIGIALÓS

Golden Beach, sehr freundlicher Service, hervorragend gewürzte kretische Gerichte, besonders zu empfehlen sind die Fischsuppe Psarósoupa und die gefüllten Weinblätter (Dolmádes); an der Uferstraße gelegen.

FANEROMÉNIS

Kloster, tgl. 7-12 und 17-19 Uhr.

GOURNIÁ

Ausgrabungen, Di-So 8.30-15 Uhr.

IERÁPETRA

O Calles, Ouzerie-Taverne mit großer Auswahl; an der Uferstraße schräg gegenüber der Burg. **Pórtego**, romantische Taverne in einem historischen Haus, viele auch ausgefallenere, typisch kretische Spezialitäten, erlesene Weine, verschiedene Retsína-Marken, gute griechische Musik; auch gut, wenn man nur Kleinigkeiten zum Wein wünscht, tgl. ab 20 Uhr; in der parallel zur ufernahen Odós Krýva verlaufenden Gasse, 30 m vom Archäologischen Museum.

Festung Koúles, Di-So 8.30-15 Uhr, an der Uferstraße. **Archäologisches Museum**, Di-So 8.30-15 Uhr, Platía E. Kothrí.

Lohnend ist die kleine **Markthalle**, außerdem großer ländlicher **Wochenmarkt** am östlichen Stadtrand in der Odós Psilináki an jedem Samstagmorgen.

KAPSÁS

Oásis, sehr preiswerte und urige Taverne, oft gute Kaninchengerichte; im Dorf Kaló Neró kurz vor dem Kloster.

Kloster, tgl. 8-12.30 und 15.30-19 Uhr.

KRITSÁ

Kirche Panagía i Kerá, Mo-Sa 8.30-15, So 8.30-14 Uhr; im Winter geschlossen.

Roof Garden, vom Dachgarten aus bietet sich ein herrlicher Blick über die Insel; im Ortszentrum.

LASÍTHI-HOCHEBENE

Good Morning Lasíthi, schöne Taverne mit lauschiger Terrasse am Rand der Ebene, sehr ruhig gelegen; Pláti, an der Rundstraße

PRÄFEKTUR LASÍTHI

um die Hochebene. **Rea**, typisch kretische Hausmannskost; Ágios Geórgios, an der Hauptstraße im gleichnamigen Hotel. **Séli Ambeloú**, moderne Großtaverne mit herrlicher Aussichtsterrasse, inselweit bekannt für seinen ausgezeichneten Schweinebraten aus dem Lehmbackofen mit gebackenen Kartoffeln; auf der gleichnamigen Passhöhe über der Hochebene, wenn man aus Richtung Iráklio/Mália kommt.

Volkskundliches Museum, Di-So 10-16 Uhr; in Agios Geórgios. **Venizélos-Museum**, Di-So 10-16 Uhr. **Zeus-Höhle**, tgl. 8.30-15 Uhr.

LATO

Ausgrabungen, Apr.-Okt. Di-So 8-14.30 Uhr, Nov.-März geschl.

PALÉKASTRO

Chióna, mit einer ins Meer hinaus gebauten Terrasse; am gleichnamigen Strand. **Elena**, ausgezeichnete Käsetaschen (tiropitákia) und kräftiger, roter Landwein vom Fass; an der Hauptstraße gegenüber der Touristen-Information.

PISKOPIANÓ

Landwirtschaftsmuseum, dargestellt wird das Arbeitsleben der kretischen Handwerker und Bauern (z. B. Raki-Brennofen, Olivenpresse, Webstuhl etc.), tgl. 10-13 und 16-20 Uhr; 2 km südlich von Limémas Hersonisou in einer alten Olivenmühle gelegen.

SITÍA

Archäologisches Museum, Di-So 8.30-15 Uhr; Odós Pressoú. **Volkskundliches Museum**, Juli/Aug. Di-So 8.30-14.30 Uhr; Odós Kapetán Sífi.

Klimatária, Taverne eines deutsch-griechischen Ehepaares mit weinüberrankter Terrasse, nur abends; an der Straße zur Südküste, 2 km außerhalb. **Míchos**, auch bei Einheimischen sehr beliebt, viele Spezialitäten; Odós Vitzéntsou Kornárou. **The Balcony**, kreative griechische und internationale Küche, etwas teuer, aber ökologisch orientiert; in der ersten Etage eines Stadthauses; Odós Kazantzáki/ Ecke Odós Fountalídou.

In Sitía sollte man abends einmal in eine der Tavernen im 9 km entfernten **Roússa Eklissisá** fahren: toller Blick auf die Stadt und exzellentes Essen. Berühmte griechische Musiker und Sänger treten häufig im luxuriösen Nachtclub Diónyso in der Urbanisation SOE-Club 11 km östlich von Sitía auf.

Handgemalte Ikonen in der Cretan Gallery, Odós Kondiláki 48; regionale **Kulinaria** in der Odós Rousseláki 17.

REISEAUSKUNFT: **Tourist-Information**, nur im Hochsommer; an der Uferstraße auf der Südseite des Hafens, Tel. 28430 24200. **Office of Rural Tourism**, vermittelt Unterkünfte auf dem Land, Mitarbeit bei ländlichen Tätigkeiten möglich; Odós Anthéon 5, Tel. 28430 23590, Fax 28430 25341.

TOPLOÚ

Kloster, tgl. 9-13 und 14-18 Uhr.

Große Auswahl an **Ikonen** und **byzantinischer Kirchenmusik**.

ZÁKROS

Maestro, gute Küche, deutschsprechender Wirt; am Dorfplatz.

Ausgrabungen in Káto Zákros, tgl. 8.30-15 Uhr.

Wanderung durch das „Tal der Toten" von Zákros nach Káto Zákros. Der Wanderweg beginnt am Hauptplatz des Orts und ist durchgehend markiert („E4"-Schilder), Dauer ca. 2 Stunden.

Thíra – Ferienambiente mit Blick auf die Ägäis

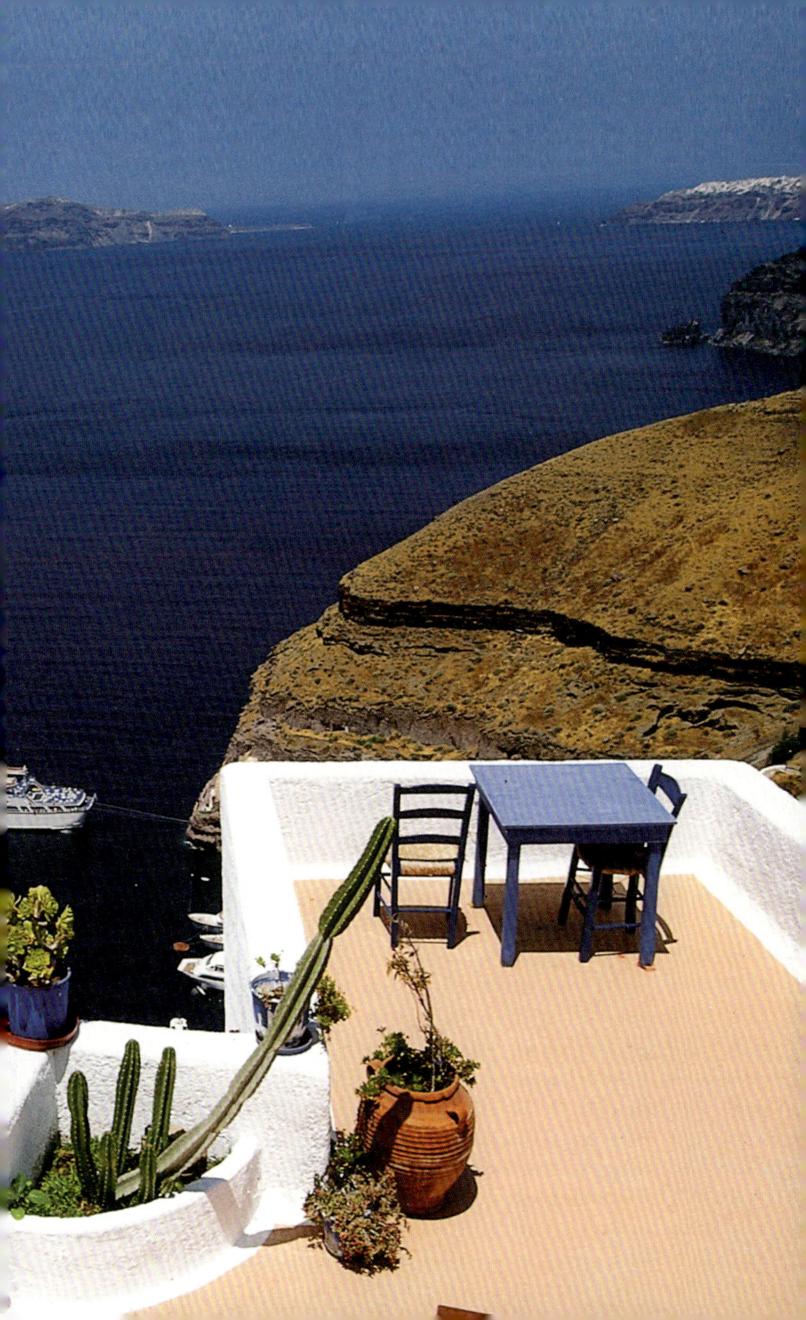

THÍRA (SANTORIN)

★★THÍRA (SANTORIN)

Santorin, die südlichste Insel der Kykladen, ist Kreta nicht nur geografisch eng verbunden. Auch kulturell stand es Kreta in minoischer Zeit am nächsten. Nur hier wurden minoische Wandmalereien von ähnlicher Schönheit wie auf Kreta gefunden, nur hier belegen die Ausgrabungen einer minoischen Stadt – Akrotiri – einen ebenbürtigen Entwicklungsstand.

Tagesausflüge nach Santorin werden während der Saison von fast allen Badeorten Kretas angeboten, inklusive Transfer zum Hafen von Iraklio.

Auskunft darüber geben alle Reisebüros der Insel sowie im Internet www.danae.gr, wo man Tickets vorab buchen kann. Im Sommerhalbjahr verbinden täglich zwei schnelle Katamarane Iráklio mit Santorin. Die Überfahrt dauert ca. 100 Minuten. Die Katamarane fahren um 8.40 und 9 Uhr ab, Rückflug ab Santorin ist um 17 und 15.25 Uhr. So hat man auf der Insel gut sechs Stunden Zeit und kann die Ausgrabungen von Akrotíri und die Inselhauptstadt Fíra direkt am Kraterrand erforschen. Das Ticket kostet für Hin- und Rückfahrt ca. 125 Euro. Am Hafen von Santorin gibt es Mietwagen; Taxis warten; ein Linienbus fährt in die Inselhauptstadt hinauf. Reisebüros auf Kreta bieten zudem organisierte Santorin-Ausflüge an, bei denen der Transfer zum Hafen von Iraklio und auf Wunsch auch eine Inselrundfahrt auf Santorin im Preis inbegriffen sind.

Die kretische Fluggesellschaft Sky Express (www.skyexpress.gr) bietet Direktflüge von Iraklio nach Santorin an.

Santorin war ursprünglich eine fast kreisrunde Vulkaninsel, die zur Mitte hin bis auf etwa 1600 m Höhe anstieg. Nach langer Ruhezeit wurde der Vulkan um 8000 v. Chr. wieder aktiv. Zur Katastrophe kam es 1628 v. Chr.: Der Vulkan explodierte mit unvorstellbarer Kraft.

Oben: Passagiere von Kreuzfahrtschiffen, die Fíra besuchen, werden meist ausgebootet.

Er schleuderte riesige Bimssteinmassen aus und erzeugte wohl auch eine gewaltige Tsunami-Welle. Als er zur Ruhe kam, hatte Santorin endgültig seine heutige Form angenommen. Es standen nur noch die äußeren Ränder des ehemaligen Kegelvulkans: die heutige Hauptinsel Santorin, auch Thíra genannt, die kleinere, untouristische Schwesterinsel **Thirasía ❶** und das unbewohnte Inselchen **Aspronísi ❷**. In die mächtige Caldera strömte dann das Meerwasser ein. Alles Leben auf Santorin war erloschen. Erst gut 500 Jahre später wurde die Insel wieder besiedelt.

Im Krater entstand im 2. Jh. durch unterseeische Vulkanaktivitäten eine erste kleine Lavainsel. Für 1570, 1707-1710, 1866-1870, 1925/26, 1939-1941 und 1950 sind weitere unterseeische Eruptionen bezeugt. Sie ließen zwei weitere Inselchen aus dem Meer aufsteigen, die seit 1926 verbunden sind. Die ältere dieser beiden Kraterinseln nennt man **Paléa Kaméni ❸**, die jüngere **Néa Kaméni ❹**. Auf Néa Kaiméni steigen noch immer Schwefeldämpfe aus kleinen

» Karte S. 230, Info S. 237

THÍRA (SANTORIN)

Kratern aus. Lavafelder bedecken das Eiland, in einer seiner Buchten entspringen **warme Quellen** und ermöglichen Bäder in warmem Meerwasser mit Thermalzusatz.

Das letzte verheerende Erdbeben ereignete sich 1956.

Die drei Häfen Santorins

Die drei wichtigsten **Häfen** Santorins liegen alle im Inneren des Kraters. An der dem offenen Meer zugewandten Ostküste gibt es nur zwei winzige Häfen für Fischerboote und einen dritten, größeren für Fischer und Yachten.

Bis zu 360 m ragen die Kraterwände fast senkrecht aus dem Meer empor, belegt mit einer bis zu 60 m dicken hellen Schicht von Bimsstein und Santorinerde. Sie bedeckt die Insel wie ein Leichentuch und kostbarer Teppich zugleich. Am oberen Kraterrand ziehen sich über viele Kilometer die strahlend weißen Häuser und Kirchen der Dörfer von Santorin hin, während im Inneren des Kraters die dunklen, fast völlig kahlen neueren Lavainseln daran erinnern, dass der Vulkan noch immer nicht zur Ruhe gekommen ist. Daran gemahnen auch einige Ruinen zwischen den Häusern oben am Kraterrand. Denkmäler der Zerstörungen, die das schwere Erdbeben von 1956 verursachte.

Der nördlichste der drei Häfen im Krater ist der von ★★**Oía** (❻). Hier wurden noch in den späten 1970ern Linienschiffpassagiere ausgebootet, die dann zu Fuß oder auf Maultieren den Zickzackweg zum Dorf emporstiegen. Heute wird der Hafen nur noch von Ausflugsbooten angelaufen, die Kraterrundfahrten unternehmen.

Unterhalb des Hauptortes ★★**Fíra** (❺), am Ankerplatz **Skála**, machen die **Kreuzfahrtschiffe** an Tonnen fest und booten ihre Passagiere aus. Vom Kai aus können die Besucher zu Fuß auf einem **Treppenweg** (über 500 Stufen) oder auf **Maultieren** hinauf ins Kraterrandstädtchen gelangen – oder die **Seilbahn** benutzen, die ein reicher Reeder aus Santorin seiner Heimat geschenkt hat (die Warteschlangen sind oft sehr lang).

Der südlichste Hafen in der Caldera ist **Athínios** (⓭), wo auch alle **Fähren** und die **Kreta-Katamarane** festmachen. Eine serpentinenreiche Straße führt die fast senkrechte Kraterwand empor zum Kraterrand. Am Hafen warten Busse, Taxis und Mietwagenunternehmen auf Kunden.

Santorin heute

Die Kraterränder Thíra und Thirasía fallen zwar zum Krater hin steil ab, neigen sich aber auf den anderen Seiten mehr oder minder sanft zu den Küsten hinunter. Der Besucher braucht die Linien vom Meer zum steilen Kraterrand hin nur mit den Augen zu verlängern, um sich das Aussehen Santorins vor der Vulkanexplosion vorstellen zu können. Im flach abfallenden Teil Santorins wird noch immer Landwirtschaft betrieben. Weite Flächen sind mit **Rebstöcken** bestanden, die sich ganz flach über den Feuchtigkeit speichernden und Wärme abgebenden Bimssteinboden winden. Kellereien produzieren Weine mit ausgeprägtem Charakter (s. S. 237).

Stark zurückgegangen ist der Anbau von **Tomaten**, die bis in die 1960er Jahre in zehn Fabriken industriell verarbeitet wurden. Die Schlote dieser Betriebe sind heute noch markante Landmarken an den flachen Küsten der Insel.

Ein drittes Produkt der santorinischen Erde sind die **Platterbsen**, die man zur Herstellung der santorinischen (und kretischen) Spezialität „fáva" benötigt, die in den Inselrestaurants serviert wird.

Exportiert wird auch der Boden selbst. **Santorinerde**, die z. B. zum Bau des Suezkanals eingesetzt wurde, findet immer noch als isolierender Mörtel für Hafenbauten Verwendung.

Rechts: Funde aus Alt-Thera, z. B. bemalte Vorratsgefäße, präsentiert das Archäologische Museum in Fíra (Santorin).

THÍRA (SANTORIN)

Der bedeutendste Wirtschaftsfaktor ist heute jedoch der Tourismus. Seine Zentren sind die Kraterranddörfer und die beiden Küstenorte **Kamári** und **Périssa**. Inzwischen gibt es aber auch in den meisten Binnendörfern Hotels und Tavernen, selbst in freier Landschaft abseits der Orte stehen isoliert Hotels und Pensionen. Am ursprünglichsten zeigen sich noch die versteckt gelegenen, in Erosionstäler hinein gebauten Dörfer wie **Vothónas** oder **Voúrvoulos**.

Geschichte

Spätestens in der Mitte des 3. Jt. v. Chr. wanderten Siedler aus Kleinasien nach Santorin ein, die wie die Bewohner der anderen Inseln zu Trägern der Kykladenkultur wurden. Unter dem Einfluss der Macht und des Glanzes auf Kreta wurden diese vorgeschichtlichen Einwohner in der ersten Hälfte des 2. Jt. v. Chr. immer mehr von der minoischen Hochkultur assimiliert, wie die Ausgrabungen von Akrotiri in einzigartiger Deutlichkeit zeigen. Mit dem gewaltigen Vulkanausbruch um 1650/1600 v. Chr. nahm alles Leben auf der Insel ein vorläufiges Ende.

Etwa 500 Jahre später ließen sich dorische Siedler auf Santorin nieder und gründeten hier sieben Städte. In der Zeit der Attisch-Delischen Seebünde war Santorin relativ wohlhabend.

Während der hellenistischen Zeit wurde das heute so genannte Alt-Thera auf einem über 300 m hohen, von drei Seiten her unzugänglichen Kap zur bedeutendsten Inselsiedlung. Hier gründeten die ägyptischen Ptolemäer 275 v. Chr. eine Garnison, die bis 146 v. Chr. einer der wichtigsten Stützpunkte dieser ägyptischen Nachfolger Alexanders des Großen war. In römischer Zeit lebte diese Stadt fort. Aus der früh- und mittelbyzantinischen Zeit liegen nur spärliche Zeugnisse vor. 1207 kam die Insel unter die Herrschaft der Herzöge von Náxos, die sie nach der hl. Iríni Santa Irini (*Santoríni*) nannten. Bis 1566 wurde Santorin von venezianischen Lehnsherren verwaltet, um dann türkisch und 1830 griechisch zu werden.

» **Karte S. 230, Info S. 237**

THÍRA (SANTORIN)

★★Fíra (Thira)

Die Inselhauptstadt ★★**Fíra** ❺ zieht sich über mehr als 3 km am Kraterrand entlang und geht im Norden in die Ortschaften **Firostéfani** und **Imerovígli** über. Eine Gasse führt auf voller Länge am Kraterrand entlang, von der orthodoxen Kathedrale in Fíra bis nach Imerovígli. Die orthodoxe Kathedrale ist ein Neubau von 1957. Innen ist sie geschmückt mit großflächigen Malereien im traditionellen byzantinischen Stil von einem einheimischen Künstler.

Unterhalb der Kathedrale zeigt das ★★**Prähistorische Museum** einen Teil der seit 1976 in den Ausgrabungen von Akrotíri entdeckten Funde. Außerdem präsentiert ein großes Modell der 3600 Jahre alten Stadt.

Geht man von der Kathedrale die Kraterrandgasse entlang, kommt man zur gut ausgeschilderten Seilbahnstation.

Oben: Blick auf die Inselhauptstadt Fíra. Rechts: Die Caldera von Santorín – optimale Kulisse für einen Mode- und Souvenirladen (Fíra).

Dort zeigt das **Archäologische Museum** vor allem Funde aus den Ausgrabungen von Alt-Thera.

Von hier sind es nur wenige Schritte ins römisch-katholische **Viertel Ta Frángika** mit einem Dominikanerkloster und der kleinen römisch-katholischen Bischofskirche der Insel.

Ein kurzes Stück weiter steht an der Kraterrandgasse das **Santozeum**. In dieser Villa in der Kraterwand werden kunstvolle Replikate der in Akrotíri in Bruchstücken gefundenen, 3500 Jahre alten **Wandmalereien** gezeigt. Sie vermitteln ein exzellentes Bild der eng mit dem minoischen Kreta verbundenen Kunst des frühen Santorin.

Durch **Firostéfani** mit vielen Hotels in der Kraterwand schlendert man weiter nach **Imerovígli**. Unterhalb des Ortes ragt der **Skáros** als markante Lavaknolle in die Caldera hinein. Auf ihm errichteten die Venezianer im 13. Jh. eine Burg. Trittsichere können hinuntergehen und entdecken auf der Rückseite der Burg die Kapelle **Agía Theosképasti**, dicht an die Lava geschmiegt.

THÍRA (SANTORIN)

★★Oía

★★**Oía** ❻ liegt im äußersten Inselnorden und steht Fíra an Schönheit nicht nach. Anders als dort ist aber die Kraterrandgasse zumindest tagsüber meist recht leer, da hier keine Kreuzfahrttouristen herkommen. Maler und Kunsthandwerker betreiben im Ort Läden und Ateliers, Cafés, Bars und Tavernen bieten Caldera-Blick, Hotels sind direkt in die Kraterwand gebaut.

Zum Sonnenuntergang treffen sich viele Besucher an der **Lóndsa-Burg** am Nordrand des Ortes, wo man den Ausblick bis zu den Nachbarinseln Íos, Folégandros und Síkinos genießt.

Das **Maritime Museum** in einer klassizistischen Villa zeigt auf zwei Etagen nautische Geräte und Schiffsmodelle sowie historische Fotos aus der Zeit vor dem Erdbeben 1956.

Auch per Auto oder Motorroller kann man hinunter zum **Hafen Ammoúdi** mit seinen Tavernen gelangen. Zum **Caldera-Hafen Arméni** kommt man nur zu Fuß oder mit dem Maultier.

★★Ausgrabungen von Akrotíri

Unterhalb des stillen Binnendorfes Akrotíri liegen, nahe dem offenen Meer, die ★★**Ausgrabungen von Akrotíri** ❼, der prächtigsten bisher freigelegten Stadt aus minoischer Zeit. Selbst die berühmten minoischen Städte Kretas wirken im Vergleich bescheiden.

Anders als in den minoischen Palastzentren Kretas, wie Knossós, Mália und Festós, fehlen in Akrotíri die Zentralbauten der Kultausübung und Staatsmacht: Akrotíri wirkt fast wie eine neuere, „bürgerliche" Kaufmannsstadt.

Die Ausgrabungen begannen 1974 und werden sicher noch viele Jahrzehnte dauern.

Besucher können einen besonders interessanten Teil des modern überdachten Geländes auf einem etwa 200 m langen Rundweg erkunden (Zeitbedarf: ca. 45-60 Minuten).

Man erkennt, dass die Häuser schon vor 3600 Jahren zwei- bis viergeschossig waren, sieht viele tönerne Vorratsgefäße und steinerne Anker.

» Karte S. 230, Info S. 237

THÍRA (SANTORIN)

Oben: Der beliebte Badeort Kamári hat einen dunklen grobsandigen langen Strand.

In den Häusern fanden die Archäologen Fragmente zahlreicher Wandmalereien. Die neu zusammengefügten Originale sind heute in Athen, Kopien in Fíra zu sehen (s. S. 234).

Objekte aus dem zu jener Zeit besonders kostbaren Metall hingegen entdeckten die Ausgräber kaum: Die Bewohner der Stadt waren wohl rechtzeitig vor der Explosion des Vulkans mit ihrem wertvollsten Hab und Gut aufs Meer geflüchtet. Dass sie irgendwo ankamen, ist wegen der nachfolgenden Tsunami-Welle eher unwahrscheinlich.

★Alt-Thera

Von 1886 bis 1902 grub der deutsche Baron Hiller von Gärtringen auf dem Berg Mesavoúno die ★**Überreste der antiken Stadt Thera** ❽ unter einer bis zu 6 m dicken Erd- und Ascheschicht aus. Sie wurde um 1000 v. Chr. von dorischen Siedlern gegründet und in frühbyzantinischer Zeit aufgegeben. Heute führen eine Erdstraße und ein Fußweg von Kamári hinauf; zu Fuß ist Alt-Thera auch von Périssa und vom Gipfelkloster Profítis Ilías zu erreichen.

Die Ruinen selbst sind für Laien wenig aussagekräftig, doch ihre Lage und der ★**Ausblick** sind einzigartig. Besonders schön ist der Blick von den Resten des antiken Theaters aus. Gut zu erkennen ist außerdem der Temenos des Artemidoros. In diesem von einem ptolemäischen General gestifteten Heiligtum repräsentieren als Relief in den Fels geschlagene Tierdarstellungen drei olympische Götter: der Adler den Zeus, der Löwe den Apoll, der Delfin den Poseidon. Auch Artemidoros selbst hat sich neben ihnen verewigen lassen.

Wissenschaftlich bedeutsamer sind die Graffiti auf der großen Felsterrasse an der Spitze des Kaps: Seit dem 7. Jh. v. Chr. wurden hier die Namen der schönsten Jünglinge festgehalten, die an Kulttänzen zu Ehren des Apoll vor dem an dieser Terrasse erbauten Apollon-Tempel teilgenommen hatten.

Am höchsten Punkt der Halbinsel stand einst der Palast des ptolemäischen Statthalters, von dem einige Grundmauern erhalten blieben.

Badeorte und Strände

Die zwei großen Badeorte der Insel sind **Kamári** ❾ und **Périssa** ❿. Beide liegen an kilometerlangen dunkelsandigen Stränden, die bei Kamári überwiegend grobsandig bis kiesig, bei Périssa fein- bis grobsandig sind.

Leerer, weil ohne Hotelinfrastruktur, sind der Lavakiesstrand von **Monólithos** ⓫ und die Sand-Kiesstrände nördlich von **Póri** ⓬.

Ein besonders langer, nie sehr voller Grobsand-Lavakiesstrand liegt bei **Vlicháda** ⓭ im Südwesten.

Im Sommer stets überfüllt ist der **Red Beach** ⓮ westlich von Akrotíri, hinter dem rote Lavasteilwände aufragen.

Der beste Platz für ein Bad in der Caldera ist der winzige **Bálos Beach** ⓯ bei Akrotíri (Lavasteinstrand; Badeschuhe tragen!).

Kreuz und quer über die Insel

Ein schönes Binnendorf mit einer **Burgruine** auf seinem höchsten Punkt ist **Pírgos** ⓰. Von hier führt eine kurvenreiche Straße auf den **Profítis Ilías**, mit 567 m höchste Erhebung der Insel und geologisch viel älter als der Vulkan von Santorin. Unterhalb des Gipfels steht das **Mönchskloster Profítis Ilías**, das Besucher nur zu Gottesdiensten einlässt. Der Abstecher lohnt wegen des grandiosen Rundblicks trotzdem.

Wegen der Aussicht sollte man auch zu dem **Leuchtturm** ⓱ an der Südwestspitze der Insel fahren, der 110 m hoch über dem Meer steht. Von den Felsen unterhalb der Anlage kann man an klaren Tagen manchmal bis nach Kreta blicken.

Die Weinkellereien der Insel freuen sich über Besucher. Spektakulär gelegen sind die Kellerei der **Winzergenossenschaft Santo** und die **Kellerei Antoníou** an der Straße zwischen Fíra und **Athínios** ⓲. Originell ist eine Führung durch die **Kellerei Argyrós/Art Space**: Die bei **Mésa Gonia** ⓳ aus dem Bimsstein gekratzten **Stollen** des Kellers sind zugleich eine **Kunstgalerie** mit über 100 Werken griechischer und ausländischer Maler und Bildhauer.

Kaiméni-Inseln und Thirasía

Die kleineren Inseln der Santorin-Gruppe lernt man am besten auf einer Tageskreuzfahrt durch die Caldera kennen. Meist hat man dabei Gelegenheit, zu den Schwefelfumarolen und Kratern auf **Néa Kaiméni** (❹) hinaufzusteigen und ein Bad im Meer über den heißen Quellen zu nehmen.

Auf dem nur von 150 Menschen bewohnten **Thirasía** (❶) legen die Ausflugsboote oft am Strand von **Korfós** mit seinen Tavernen an, von wo man per Maultier oder zu Fuß ins Inseldorf hinauf gelangt. Die Autofähre macht im Hafen **Ríva** auf Thirasía fest.

THÍRA (SANTORIN)

www.santorini.gr (engl.): relativ aktuelle Website mit Tipps und Adressen.

FIRÁ (THÍRA)

Archäologisches Museum, Di-So 8-15 Uhr.
Prähistorisches Museum, Mi-Mo 8-15 Uhr.

OÍA

1800, das beste Restaurant der Insel; in der Kraterrandgasse, Tel. 22860 71485.

Maritimes Museum, Mi-Mo 10-13 und 17-20 Uhr; Tel. 22860 71156.

AKROTÍRI

Ausgrabung, April-Oktober 8-20 Uhr, Nov.-März Di-So 8-15 Uhr; Tel. 22860 81939.

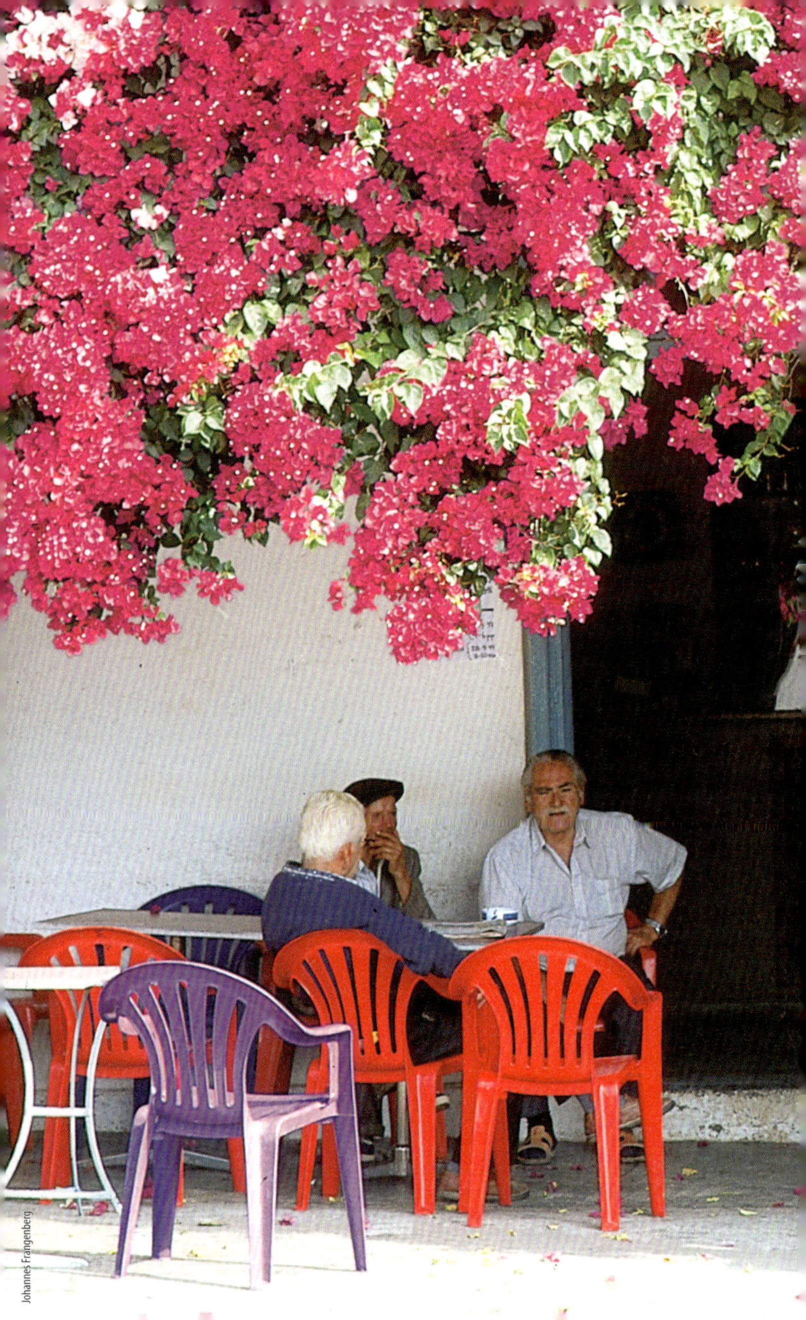

Johannes Frangenberg

Ein typisches Dorf-Kafeníon

REISE-INFORMATIONEN

VORBEREITUNGEN

Klima

Das Klima auf Kreta ist so, wie man es von einer mediterranen Region erwartet: sonnig und warm zwischen Mitte April und Mitte Oktober. Die beste Reisezeit ist der späte Frühling oder der Herbst. Man kann dann entweder die wilden Blumen bewundern oder die milden Abende genießen. Die Monate Juli und August sollte man, wenn möglich, vermeiden. In dieser Zeit ist es sehr heiß und die Insel überlaufen. Die Winter können auf Kreta feucht und kalt sein mit Temperaturen zwischen 18 °C und 5 °C an den Küsten und 0 °C bis 15 °C im Inselinneren. Im Sommer wird es oft 27 °C bis 35 °C heiß, jedoch verschaffen kühlende Winde etwas Erleichterung.

Bekleidung

Im Sommer empfiehlt sich sehr leichte Kleidung, am besten aus Baumwolle. Außer Sandalen sollte man auch Wanderschuhe und einen kleinen Rucksack mitnehmen, besonders wenn eine Tour durch die Samariá-Schlucht geplant ist. Auch ein Sonnenhut und eine Sonnencreme mit hohem Lichtschutzfaktor sind wichtig. Shorts sollte man nur tagsüber und ausschließlich in den Touristenzentren tragen.

Für Besichtigungstouren, die zu orthodoxen Kirchen oder Klöstern führen, sind lange Hosen und bei Frauen kniebedeckende Röcke angebracht sowie ein Tuch, das man notfalls um die nackten Schultern schlingen kann. In einigen Kirchen und Klöstern werden auch Tücher verliehen.

FKK: Ganz nackt darf man nur an einigen kretischen Stränden (vor allem an der Südküste: bei Paleochora, Agios Pavlos, Plakias am Ostende der Bucht, in Sougia und Lentas) und im Vritomartis, dem einzigen offiziellen FKK-Hotel der Insel bei Hóra Sfakíon liegen; „oben ohne" am Strand hingegen stört längst keinen mehr.

Einreisebestimmungen / Papiere

Für Bürger der Europäischen Union und der Schweiz genügt der Personalausweis bzw. die Identitätskarte. Europäische Nicht-EU-Bürger benötigen für einen Aufenthalt von mehr als drei Monaten eine Erlaubnis des Ausländeramtes in Athen. Bürger anderer Staaten sollten sich bei der griechischen Botschaft oder den Konsulaten in ihrem Heimatstaat nach den aktuellen Einreisebedingungen erkundigen.

Zoll

Seit Inkrafttreten des EU-Binnenmarktes gilt für Bürger der Europäischen Union im touristischen Verkehr zwischen EU-Ländern in vager Formulierung die Gewähr „zollfreier Einfuhr von Waren und Gegenständen zur Deckung des persönlichen Bedarfs für die Dauer des Aufenthalts". Allerdings sollten folgende Grenzwerte nicht überschritten werden, da sonst ein gewerbliches Interesse unterstellt wird: 400 Zigarillos, 800 Zigaretten, 200 Zigarren, 1 kg Rauchtabak, 10 l Spirituosen, 90 l Wein, 110 l Bier.

Für den persönlichen Gebrauch können Nicht-EU-Bürger Foto- und Videokamera, Radio und dergleichen Reiseutensilien sowie Geschenke im Wert von 37 Euro frei einführen; für sie sind die Mengen freien Imports bei Zigaretten auf 200 Stück, Tabak auf 250 g, Wein auf 2 Liter, Spirituosen auf ein Liter, bei Kaffee auf 0,5 kg (pro Erwachsenen ab 18 Jahren) und bei sonstigen alkoholfreien Getränken und Lebensmitteln auf 10 kg beschränkt.

Dieselbe Mengenbeschränkung gilt bei Waren aus Duty Free Shops (Flughäfen/Fähren) eines Nicht-EU-Landes, die nach Griechenland eingeführt bzw. bei Waren aus griechischen Duty Free Shops, die in Nicht-EU-Länder mitge-

REISE-INFORMATIONEN

bracht werden. Für Reisende, die sich innerhalb der EU-Freihandelszone bewegen, z. B. beim Direktflug Deutschland-Kreta, ist steuerfreier Einkauf nicht mehr möglich.

Bei der Ausreise ist besonders das rigorose, mit sehr hohen Strafen belegte Ausfuhrverbot jeglicher Antiquitäten und Kunstgegenstände (z. B. Ikonen, antike Funde) zu beachten.

Geld

Die Landeswährung ist der Euro. Euros können mit der ec-/Maestro-Karte an Geldautomaten gezogen werden. Da die Gebühr unabhängig von der Höhe des gezogenen Betrages ist, empfiehlt es sich, besser einmal viel als mehrmals wenig Geld abzuheben.

Eine Kreditkarte (bevorzugt Visa und Mastercard) erleichtert das Automieten und kann auch an Geldautomaten benutzt werden. Bezahlt man damit in Geschäften, werden manchmal 3 % Gebühren verlangt. Bezahlen mit der ec-/Maestro-Karte ist nur selten möglich.

Gesundheitsvorsorge

Zwischen Deutschland, Österreich und Griechenland bestehen Sozialversicherungsabkommen, so dass sich Bürger dieser Länder gegen Vorlage der European Health Card ihrer eigenen Krankenkasse kostenlos von den Vertragsärzten der griechischen Krankenkasse IKA behandeln lassen können. Notfallbehandlungen in Krankenhäusern und den staatlichen Health Center sind immer kostenlos. Kassenärzte behandeln jedoch ungern Ausländer „auf Schein"; lange Wartezeiten sind die Regel. Man schließt deshalb besser eine private Auslandskrankenversicherung ab, zahlt Arzt- und Apothekenrechnungen bar und lässt sich die Kosten im Heimatland erstatten.

Apotheken sind auf Kreta zahlreich; über Nacht- und Wochenenddienste wissen Taxifahrer am besten Bescheid.

REISEWEGE NACH KRETA

Mit dem Flugzeug: Charterlinien von allen größeren Städten Europas bedienen Iráklio und Haniá. Zwischen Kreta und Athen bzw. Thessaloníki verkehren Olympic Air/Aegean Airlines (www.aegeanair.com), Ellinair (www.ellinair.gr), Astra Airlines (www.astra-airlines.gr) und Sky Express (www.skyexpress.gr).

Mit dem Schiff: Ganzjährig verbindet mindestens einmal täglich eine große Autofähre Piräus (den Hafen Athens) direkt mit den Städten Haniá, Réthimno und Iráklio. Die Fahrzeit beträgt je nach Schiff etwa 6-11 Stunden. Zwischen Sitía und Piräus gibt es eine Autofährverbindung über die Kykladeninsel Mílos. Weitere Autofährverbindungen gibt es mit Thessaloníki, dem Peloponnes sowie vielen Inseln der Ägäis, darunter Rhodos, Kárpathos und Santorin.

Aktuelle Auskünfte über alle Schiffsverbindungen erhält man im Internet unter *www.gtp.gr*

Mit dem Auto: Für einen längeren Aufenthalt auf der großen Insel lohnt die Mitnahme eines Autos auf jeden Fall. Da die Sicherheitslage im Süden des ehemaligen Jugoslawiens nicht sehr stabil erscheint, ist der direkte Landweg (München – Belgrad – Athen ca. 2200 km) nicht ratsam. Die Ausweichstrecke über Ungarn/Rumänien/Bulgarien ist wegen zahlreicher Grenzformalitäten (Gebühren, Visa etc.), schlechter Straßen und Sicherheitslage und Benzinmangels nicht zu empfehlen. Die seit jeher angenehmere Möglichkeit ist die Anreise über Italien. Abfahrtshäfen dort sind Venedig, Triest, Ancona, Bari und Brindisi. Auf vielen Fähren können Reisende mit Wohnmobil in ihren Fahrzeugen an Deck campieren. Zielhäfen in Griechenland sind Igoumenítsa nahe der albanischen Grenze und Pátras auf dem Peloponnes. Von dort fährt man auf der Autobahn bis Piräus, wo man dann die Fähre nach Kreta nehmen kann.

Auskunft über **Fährverbindungen** in

REISE-INFORMATIONEN

Reisebüros oder unter folgenden Internetadressen:

www.superfast.com
www.euronautic.de
www.faehren.info
www.neptunia.de
www.minoan.gr
www.bluestarferries.com
www.anek.gr

REISEN AUF KRETA

Bus: Kreta verfügt über ein gut ausgebautes Busnetz. Regelmäßig verkehrende Busse bedienen die Bezirkshauptstädte sowie die meisten anderen Städte und Dörfer.

Mietwagen: Mietwagenfilialen sind in den meisten Städten und in allen bedeutenden Urlaubsorten zu finden. Die größten Firmen sind auch an den Flughäfen vertreten.

Motor- und Fahrräder: Motorräder, Mopeds, Vespas, Fahrräder und Mountain-Bikes werden in allen Städten und Urlaubsorten verliehen; Motorräder auch am Flughafen von Iráklion.

Wer mit dem eigenen Rad unterwegs sein möchte, kann den Transport inzwischen bei fast jeder Fluggesellschaft mitbuchen. Wird das zulässige Gepäckgewicht von 20 kg überschritten, muss der Normalpreis für jedes Kilo Übergepäck gezahlt werden; einige Fluggesellschaften verlangen hingegen Pauschalsummen für die Mitnahme.

Höchstgeschwindigkeiten: Erlaubt sind 120 km/h auf den griechischen Festlandsautobahnen, 110 km/h auf den kretischen Schnellstraßen, 90 km/h auf Landstraßen und 50 km/h in geschlossenen Ortschaften.

Promillegrenze: Für Autofahrer 0,5, für Motorrad- und Wohnmobilfahrer 0,2.

Organisierte Ausflüge: Organisierte Ausflüge auf Kreta und zur Kykladeninsel Santorin bieten nahezu alle Reisebüros auf Kreta an. Ein Preisvergleich lohnt sich. Außerdem kann man an geführten Schluchtenwanderungen, Jeep-Safaris und geführten Mountainbike-Touren teilnehmen.

Trampen

Auf den Hauptverkehrsstraßen sind die öffentlichen Verkehrsmittel angenehmer als das Trampen. Man kann es allerdings immer auf den Nebenstraßen versuchen: Da die Einheimischen die Unzuverlässigkeit der Verkehrsmittel dort kennen, nehmen sie gerne jemanden mit. Auf diese Weise kann man vielleicht eine holprige Fahrt auf der Ladefläche eines Lasters gemeinsam mit Hund oder Ziege erleben. Höflichkeitshalber sollte man dem Fahrer einen Obolus anbieten. Diesen wird er entweder strikt ablehnen, oder er wird vielleicht zum Kaffee oder Ouzo einladen.

PRAKTISCHE TIPPS

Banken

Die Banken haben täglich außer Samstag, Sonntag und an Feiertagen geöffnet. Montag bis Donnerstag von 8 bis 14 Uhr, Freitag von 8 bis 13.30 Uhr.

Behindertenreisen

Kreuzschiffe und Fluglinien ermöglichen auch Rollstuhlfahrern den Aufenthalt auf Kreta, obwohl der Besuch vieler archäologischer Stätten schwierig ist. Weitere Infos auch unter www.bagcbf.de/reiseberatung

Camping

Wildes Campen ist auf Kreta nicht gestattet (an einigen Plätzen wird es toleriert), dagegen darf man auf allen Campingplätzen auch ohne Zelt übernachten. Die 17 derzeit zur Verfügung stehenden Campingplätze liegen meist unmittelbar am Meer und bieten eher wenig Komfort. Genaueres verrät die Broschüre „Camping in Greece", eine

REISE-INFORMATIONEN

Liste der griechischen Campingplätze, die über die *Panhellenic Camping Association*, Solonos 102, 10680 Athen, Tel./Fax 21036 21510, www.panhelleniccamping-union.gr, sowie über die Filialen der G.Z.F. im Ausland erhältlich ist.

Einkaufen / Souvenirs

Wertvolle Erinnerungsstücke sind alte, handgefertigte Textilien und Stickereien, doch sie sind selten zu finden. Web- und Stickarbeiten werden vor allem in Anógia, Axós, Kritsá und Fódele gefertigt.

Außerdem gut sind Nachbildungen minoischer Schmuckstücke aus Stein zu empfehlen sowie Kopien der im Archäologischen Museum von Iráklio ausgestellten Funde, z. B. des Stierkopfrhytons aus Knossos oder des Diskos' aus Festós.

In Iráklio verkaufen einige Geschäfte alte Karten und seltene Bücher.

Ikonen können bei Malern in Iráklio, Réthimno und im Kloster Toploú erworben werden.

In Margarítes werden noch die traditionellen *Pithoi*, mannshohe Vorratsgefäße, getöpfert, die auf mnoische Vorbilder zurückgehen.

Zu den preiswerteren, aber beliebten Mitbringseln gehören Agrarprodukte wie Oliven, Olivenöl, Nüsse, Honig, Tee, Gewürze, Wein, Ouzo oder Raki.

Das kretische Olivenöl gilt gar als eines der besten Europas. Die höchste Handelsklasse trägt die Bezeichnung „kaltgepresst" und „aus erster Pressung". Das Öl gibt es in Flaschen und auch in großen Kanistern in Supermärkten oder direkt beim Bauern.

Unter den angebotenen Honigen besonders aromatisch ist der dickflüssige Thymianhonig aus den Weißen Bergen, den es auf fast allen Märkten zu kaufen gibt. Begehrt ist auch der Honig von der kleinen Insel Gávdos südlich von Paleohóra.

Malotíra und *Díktamo* heißen die wohltuenden kretischen Bergkräutertees, die auch in vielen „Naturkostläden" angeboten werden.

Elektrizität

230 Volt Wechselstrom. Deutsche Stecker passen meist.

Feiertage und Feste

Bewegliche Feiertage: Die orthodoxen Termine weichen in manchen Jahren von denen bei uns ab. Termine der beweglichen Feste sind:

Rosenmontag: 19. Feb. 2018, 11. März 2019

Ostern: 8./9. April 2018, 28./29. April 2019

Pfingsten: 27./28. Mai 2018, 16./17. Juni 2019

Offizielle Feiertage sind: 1. Januar, 6. Januar, 25. März, Karfreitag, Ostern, 1. Mai, Pfingsten, 15. August, 28. Oktober und Weihnachten.

Silvester/Neujahr: Die Griechen verbringen den Jahreswechsel mit Karten- und anderen Glücksspielen. Kurz vor Mitternacht werden alle Türen und Fenster geöffnet, um das alte Jahr hinaus zu fegen und das neue hereinzulassen. Anschließend kommt ein Neujahrskuchen auf den Tisch, in dem eine Münze verborgen ist. Die Person, die die Münze finden, hat im nächsten Jahr großes Glück.

6. Januar: Am Epiphanias-Fest ziehen zur Erinnerung an Christi Taufe in allen größeren Küstenorten Prozessionen zum Hafen. Der Priester weiht das Wasser und wirft ein Kreuz ins Meer, nach dem jugendliche Schwimmer tauchen.

Karneval: Gründonnerstag bis Rosenmontag: Einige Umzüge in Haniá, Iráklio, Réthimno und Ierápetra. Am letzten Karnevalstag bleiben die Geschäfte und Büros geschlossen. In der anschließenden 40tägigen Fastenzeit werden, besonders in den Dörfern, kein Fleisch, Fisch und keine Milchprodukte gegessen.

25. März: Nationalfeiertag. In den

REISE-INFORMATIONEN

größeren Städten erinnern Feiern und Militärparaden an den Beginn der Revolte gegen die Türken 1821.

Karfreitag: Gottesdienste und Prozession des Epitaphs in allen Ortschaften.

Ostersamstag: Nach der Mitternachtsmesse verteilt der Priester das neue Licht in Form einer Kerze an die Gemeinde, die es empfängt und weitergibt. Man begrüßt sich mit *Christós anésti!* (Christus ist auferstanden). Auf den Dorfplätzen werden Feuer entzündet, und ein Abbild des Judas wird verbrannt. Beim Mahl hinterher gibt es rot gefärbte Eier, die das Blut Christi symbolisieren sollen, und eine traditionelle Suppe aus Lamminnereien, die so genannte *Magirítsa*.

Ostersonntag: Dies ist der wichtigste Feiertag des orthodoxen Glaubens. Nach der Ostermesse wird in den Haushalten Lammbraten serviert. Da sich das orthodoxe Kirchenjahr nach dem Julianischen Kalender richtet, findet das griechische Osterfest oft ein bis fünf Wochen später statt als das unsrige.

Erster Sonntag nach Ostern: Hl. Thomas. In den Patronatskirchen wird gefeiert.

23. April: Agios Geórgios. Feierlichkeiten in Dörfern, die seinen Namen tragen, wie z. B. in Asi Gonia (Kourmas) mit dem Melken und Segnen der Schafherden.

1. Mai: In erster Linie ein Ausflugstag. Türen und Motorhauben sind mit Blumengirlanden geschmückt.

8. Mai: Im Préveli-Kloster wird der hl. Johannes verehrt.

20.-27. Mai: Andenken an den kretischen Widerstand in Haniá während des Zweiten Weltkriegs.

21. Mai: Agios Konstantinós in Pirgos.

Christi Himmelfahrt *(Análipsis)*: Gottesdienste, unter anderem in der Kirche von Almirós in der Nähe von Agios Nikólaos.

Pfingsten: Ähnlich wie bei uns überwiegend ein kirchliches Fest, an dem das Volk nur wenig Anteil nimmt.

24. Juni: Tag von Johannes dem Täufer und Mittsommernachtsfest in vielen Dörfern. Dabei springen mutige junge Männer durchs Feuer.

29. Juni: Peter und Paul. Feiern in den Ortschaften mit einer solchen Patronatskirche.

17. Juli: Agia Marína in Vóni.

Zweite Julihälfte: Weinfest im Stadtpark von Réthimno.

25.-30. Juli: Sultaninenfest in Sitía

26. Juli: Agia Paraskeví. Volksfest in den Skotinó-Höhlen im Bezirk Pediáda.

27. Juli: Agios Panteleïmonas: Feierlichkeiten in Foúrnes nahe Haniá, Kounávi (Iráklio) und Pigí (Pediáda).

6. August: *Metamórfosis tou Sotíros* (Verklärung Christi). Prozessionen auf den Ioúhtas bei Arhánes, Festlichkeiten in Skinés (Haniá), Arméni, Anógia und Arkalohóri.

8. August: Agios Mirón in dem Dorf Agios Míronas.

15. August: Mariä Entschlafung (Mariä Himmelfahrt) wird besonders im Kloster Chrissoskalitíssa, in Goniá nahe Kolimvári, Alíkambos, Apokorónou (Haniá), Faneroméni nahe Goúrnia, und in Neápoli und Mohós (Iráklio) begangen.

25. August: Agios Títos. Schutzpatron Kretas und von Iráklio. Prozession in Iráklio.

29. August: Enthauptung Johannes' des Täufers. Pilgerzug zur Rodopoú-Halbinsel am 27. August. Feierlichkeiten in Plataniás/Kalíves (Haniá) und Moní Kapsás (Südküste).

31. August: verschiedene Feste in der Lasíthi-Ebene, so z. B. die Niederlegung des Gürtels der Maria in Psihró.

14. September: Pilgerzüge zu den Kapellen auf dem Psilorítis-Gipfel, dem Aféndis Stavroménos und auf dem Kófinas. Feste in Iráklio und Alikianós.

15. September: Pilgerzug zur Grottenkirche westlich des Koudoumás-Klosters in den Asteroússia-Bergen.

7. Oktober: Johannes der Einsiedler. Feiern und Prozessionen am Gouvernéto-Kloster (Akrotíri).

26. Oktober: Fest des Agios Demétrios in allen ihm geweihten Kirchen.

REISE-INFORMATIONEN

28. Oktober: Nationalfeiertag zum Gedenken an das „Nein" des Diktators Metaxás im Jahr 1940 auf Mussolinis Forderung nach freiem Einmarsch der Italiener.

7.-9. November: Nationalfeiertag auf Kreta. Feierlichkeiten im Gedenken an den Widerstand der Kreter im Arkádi-Kloster; außerdem Feste in Réthimno und Arkádi.

11. November: Agios Minás mit Prozessionen in Iráklio zu der Kathedrale gleichen Namens.

4. Dezember: Agía Varvára (hl. Barbara). Feiern in Agía Varvára (Iráklio).

6. Dezember: Agios Nikólaos. Feiern in Agios Nikólaos und in Dörfern und Kirchen gleichen Namens.

Weihnachten: Nach Ostern und dem Marienfest der bedeutendste Tag der Orthodoxen Kirche. Allerorts fröhliches Treiben auf Straßen und in Tavernen.

Fischgerichte

In den meisten Restaurants sind die Speisekarten mehrsprachig. In die Küche zu gehen und in die Töpfe zu schauen, ist nur noch in Ausnahmefällen möglich; viele Restaurants stellen ihre Gerichte aber in einem Warmhaltetresen zur Schau. Frischen Fisch wählt man immer selbst aus und bestellt ihn nach Gewicht. Beim Abwiegen sollte man besser dabei sein, um späteren Streit über die Rechnung zu vermeiden. Fisch ist in Griechenland teuer, da die Fanggründe fast leergefischt sind; gute Arten kosten ebenso wie Langusten bis zu 80 €/Kilo.

Die deutschen Namen der Fische erscheinen auf Speisekarten nur selten und sind auch den meisten Kellnern unbekannt. Deswegen hier eine Aufstellung der häufigsten Arten und Fischgerichte, die man in Tavernen und Restaurants serviert bekommt:

achinósaláta .... Seeigelsalat
anschóvjes .... Anchovi
astakós .... Hummer, Languste
bakaljáros .... Dorsch, Stockfisch
barboúnia .... Rotbarben
christópsaro .... Petersfisch
chtapódi .... Krake
garídes .... Scampi
glóssa .... Seezunge
kakaviá .... Fischsuppe
kalamarákia .... Tintenfisch
karavídes .... Krebse
koliós .... Makrele
ksifías .... Schwertfisch
marídes .... eine Art Sardinen
mídia .... Muscheln
péstrofa .... Forelle
psarósoupa .... Fischsuppe
rénga .... Hering
sardélles .... Sardellen
skoumbrí .... Makrele
solomós .... Lachs
tónnos .... Tunfisch
tsipoúra .... Dorade
taramosaláta Fischrogen-Kartoffelmus

Fotografieren

Wer Menschen fotografiert, sollte vorher um Erlaubnis fragen.

In Museen und archäologischen Stätten zu fotografieren ist ohne Aufpreis möglich (nicht bei Video-Aufnahmen), solange nicht Stativ oder Blitzlicht verwendet werden.

Digitalfotos kann man in vielen Fotogeschäften und Internet-Cafés auf CD brennen lassen. Bevor man die Aufnahmen endgültig von der Kamera-Speicherkarte löscht, sollte man allerdings überprüfen, ob die CD korrekt gebrannt wurde.

Da Filme auf Kreta teuer sind, sollte man reichlich Filmmaterial mitnehmen.

Geschäftszeiten

In Griechenland sind die gesetzlichen Beschränkungen der Öffnungszeiten aufgehoben worden, doch haben die meisten Branchen früher gültige Regelungen beibehalten. Im Allgemeinen sind die Geschäfte ab 8 Uhr geöffnet. Montag, Mittwoch und Samstag schließen sie um 14.30 Uhr, Dienstag,

REISE-INFORMATIONEN

Donnerstag und Freitag um 13.30 Uhr, öffnen jedoch wieder von 17 bis 20.30 Uhr. In kleineren Ortschaften sind die Öffnungszeiten variabler. Läden für den touristischen Bedarf sind häufig ganztägig und an sieben Wochentagen geöffnet. Alle Bankfilialen sind Montag bis Donnerstag von 8 bis 14 Uhr der Öffentlichkeit zugänglich, freitags nur bis 13.30 Uhr.

Jugendherbergen

Die griechischen Jugendherbergen gehören alle dem griechischen Jugendherbergsverein an und tragen die internationalen Zeichen. Dennoch sind sie alle in Privatbesitz. Ein Jugendherbergsausweis ist nicht notwendig. Ausstattung und Sauberkeit lassen oft zu wünschen übrig und entsprechen nicht den internationalen Standards. Eine Übernachtung kostet 8-16 Euro pro Person (im Mehrbettzimmer).
Iráklio: Odós Virónos 5
Réthimno: Odós Topási 45
Agios Nikólaos: Odós Stratigoú Koraká 5
Sitía: Odós Theríssou 4
Haniá: Odós Drakanianoú 33

Weitere Jugendherbergen gibt es in Mália, Mírtos, Plakiás und Mýrthios.

Kreditkarten

Die größeren Hotels, Restaurants und Geschäfte akzeptieren die international geläufigen Kreditkarten. Kleinere Häuser jedoch nicht. Fragen Sie nach, bevor Sie zahlen.

Post

Die meisten Postämter sind Mo-Fr 7.30-15 Uhr geöffnet; in manchen Touristenzentren auch länger.

Presse

Während der Sommermonate sind in allen Ferienorten Zeitungen in deutsch, englisch, französisch und italienisch zu erhalten. Wöchentlich erscheinen in Athen die englischsprachige Athens News und die deutschsprachige Griechenland-Zeitung (www.griechenland.net).

In den restlichen Monaten muss man in Haniá, Iráklio, Réthimno oder Agios Nikólaos danach Ausschau halten. Außerdem halten Buchläden, Souvenir-Läden und die größeren Hotels englische, deutsche oder französische Literatur über Kreta bereit.

Sport

Zahlreiche Wassersportmöglichkeiten werden in den großen Badeorten an der Nordküste geboten, insbesondere zwischen Réthimno und Agios Nikólaos. Wasserski, Windsurfen, Paragliding und Jollensegeln sind weit verbreitet. Tauchschulen und -stationen sind hingegen selten, da die Archäologen fürchten, Taucher könnten Antikes vom Meeresgrund rauben.

Tennisplätze besitzen fast alle größeren Hotels. Einen Golfplatz gibt es in Liménas Hersonísou. Ein auf Kreta weit verbreiteter Sport ist hingegen das Mountainbiking. Zahlreiche Veranstalter in den Badeorten bieten auch geführte Tagestouren für unterschiedliche Ansprüche an.

Reitställe gibt es nur wenige, die besten liegen bei Réthimno, Iráklio und Ágios Nikólaos.

Restaurantrechnungen / Trinkgeld

Wer an einem Tisch sitzt, zahlt in Hellas normalerweise auch zusammen. Wünscht man getrennte Rechnungen, sollte das dem Kellner unbedingt schon bei der Bestellung ausdrücklich mitgeteilt werden!

Auf der Rechnung ist meist auch ein Posten als „Kuvert" aufgeführt, in der Regel ein von der Höhe der Rechnungssumme unabhängiger Betrag von 0,40-4 € pro Person. Er ist auf jeden Fall zu bezahlen, auch wenn man das auf den Tisch gestellte Brot nicht angerührt und statt mit Besteck mit den Fingern gegessen hat.

Das Bedienungsgeld ist in vielen Hotel- und Restaurantrechnungen schon enthalten. Ansonsten kann man es mit der Höhe des zusätzlichen Trinkgelds halten wie von zu Hause gewohnt; jedoch nennt man dem Kellner keinen ums Trinkgeld aufgerundeten Betrag, sondern lässt sich das Wechselgeld bringen und das Trinkgeld dann beim Weggehen auf dem Tisch liegen.

Telefon, Mobilfunk, WLAN

Mobilfunk: Die Netzabdeckung ist sehr gut.
WLAN: Kostenlosen WLAN ("waifai")-Zugang bieten fast alle Tavernen, Cafés und Hotels in Griechenland. In vielen Orten gibt es auf den Hauptplätzen einen kostenlosen Zugang durch die Gemeinde. Die Übertragungsgeschwindigkeit ist meist gut.
Vorwahlen: nach Griechenland: 0030; nach Deutschland: 0049; nach Österreich: 0043; in die Schweiz: 0041. Anschließend wird bei allen Gesprächen nach Griechenland die vollständige Teilnehmerrufnummer gewählt. Bei Gesprächen nach Deutschland und Österreich entfällt die erste Null der Ortsvorwahl.

Umwelt

Auf Kreta herrscht im Sommer – vor allem auf dem Lande – akuter Wassermangel. Ein sparsamer Umgang mit dem kostbaren Nass ist daher auch Urlaubern in großen Hotels, die über ausreichende Wasservorräte verfügen, geboten. Ein weiteres Problem, stellt im Sommer die Waldbrandgefahr dar. Im Wald darf keinesfalls geraucht werden, da oft schon ein kleiner Funke genügt, um die auf Kreta ohnehin kargen Baumbestände zu entzünden. Die Strafen für Zuwiderhandlungen sind hoch. Ebenso gefährlich ist es, Glas (Flaschen oder Scherben) in der Vegetation liegen zu lassen, da sie bei entsprechendem Sonneneinfall wie Brenngläser wirken können. Die Mitnahme und Entsorgung des eigenen Mülls im Gebirge, an Stränden sowie bei Autofahrten sollte selbstverständlich sein.

Verhalten

In Griechenland geht es zwar meist locker und ungezwungen zu, Verhaltensregeln gibt es aber trotzdem. So kann am Strand jeder viel Haut zeigen, und sogar FKK wird seit der Hippie-Zeit an einigen Stränden, besonders im Süden Kretas praktiziert, meist jedoch am Ende eines langen. In Städten und Dörfern sollten Urlauber jedoch lange Hosen und ein T-Shirt/Hemd tragen. Männer, die mit nacktem Oberkörper durch bewohnte Gegenden gehen, machen sich lächerlich. Bei Besuchen von Kirchen und Klöstern sollten Knie und Schultern bedeckt sein.

Wer Griechen fotografieren will, sollte das Einverständnis der Betroffenen durch ein Lächeln oder ein Kopfnicken einholen.

An besetzten Tischen nimmt man nur Platz, wenn man ausdrücklich aufgefordert wird. Wer von Einheimischen zu einem Kaffee oder Oúzo eingeladen wird, sollte weder dafür zu bezahlen versuchen noch sich umgehend durch eine Gegenleistung revanchieren.

Bei berechtigten Beschwerden ist es immer besser, ruhig zu bleiben, als laut zu werden. Statt dem anderen Vorwürfe zu machen, sollte man sein Anliegen lieber als eine Art Hilfe-Ersuchen formulieren und eher an die Gastfreundschaft und die Fähigkeiten des anderen appellieren als an sein Pflichtgefühl.

Über **Politik** diskutiert man in diesen Zeiten der Krise am besten gar nicht mit Griechen. Auf keinen Fall sollte man – auch nicht als potenziell haftender deutscher Steuerzahler – Verständnis für den Umgang führender deutscher

REISE-INFORMATIONEN

Politiker mit der griechischen Finanzkrise zeigen, sondern höchstens achselzuckend darauf hinweisen, dass man leider selbst kein Experte für Staatsfinanzierung sei… Ein weiteres Minenfeld ist der griechische Wunsch nach finanzieller Entschädigung für die deutsche Besetzung ihres Landes im 2. Weltkrieg. Politisch inkorrekte Zeitschriftencover am Kiosk, etwa mit der deutschen Bundeskanzlerin in Naziuniform, ignoriert man besser, ebenso griechische Neonazis im schwarzen Hemd.

Wandern und Bergsteigen

Der Griechische Bergsteigerverein (www.oreivatein.com) unterhält einige Hütten (Unterkunft für 16 bis 20 Personen) in den Weißen Bergen (in Kallérgi und Vólika) und auf dem Psilorítis (Príno und Asítes). Tel. Haniá 28210 24627 und Iráklio 28102 27609.

Kreta ist ein Paradies für Wanderer und Bergsteiger, da sich hier trotz guter Wege noch unberührte Fleckchen entdecken lassen. Die angenehmsten Wandermonate sind April, Mai und Juni.

Der **Europawanderweg 4** führt über die ganze Insel und ist mit gelb-schwarzen „E 4"- Schildern markiert. Er verläuft von Kastélli Kissámou im Nordwesten bis Káto Zákros im Südosten.

Zeit

Die griechische Zeit geht der Mitteleuropäischen Zeit eine Stunde voraus. Um 1 Uhr in Frankfurt ist es 2 Uhr in Griechenland. Im Sommer werden auch in Griechenland die Uhren auf die Sommerzeit umgestellt.

ADRESSEN

Ausländische Vertretungen auf Kreta und in Athen

Deutsches Honorarkonsulat in Iráklio: Dikeosínis 7, Tel. 28102 26288.
Deutsches Honorarkonsulat in Haniá: Digéni Akríta 1, Haniá, Tel. 28210 68876.
Deutsche Botschaft in Athen: Odós Karaóli & Dimítriou 3, Tel. 21072 85111
Österreichisches Konsulat in Iráklio: Mafsaloú 201, Tel. 28 103 31497.
Österreichische Botschaft in Athen: Vas. Sofías 4, Tel. 21072 57270
Schweizer Botschaft in Athen: Iassíou 2, Tel. 21072 30364.

Pannenhilfe / Automobilklubs

ADAC-Notrufzentrale München, Tel. von Griechenland aus: 0049/89/222222.
Griechischer Automobilklub ELPA, landesweite Notrufnummer 10400.

Griechische Zentrale für Fremdenverkehr

www.visitgreece.gr
Deutschland: Holzgraben 61, 60313 Frankfurt/Main, Tel. 069/2578270, Fax 25782729.
Österreich: Opernring 8, 1010 Wien, Tel. 01/5125317-8, Fax 5139 189.
Schweiz: Löwenstraße 25, 8001 Zürich, Tel. 044/2210105, Fax 2120 516.

Bei der Ankunft

Informationen bezüglich Ihres Aufenthalts in Griechenland und Ihrer Touren bekommen Sie bei den Regionalen Touristeninformationen in
Haniá: Pantheon Gebäude, Kriári 40, Tel. 28210 92943.
Iráklio: Xanthoudídou 1, Tel. 28102 28225.
Réthimno: El. Venizélou, Tel. 28310 29148
oder den Fremdenverkehrsämtern der Städte und Dörfer in
Agios Nikólaos: Aktí I. Koundouroú 20, Tel. 28410 22357.
Ierápetra: Rathaus, Tel. 28420 22562.
Sitía: Paralía, Tel. 28430 24955.

REISE-INFORMATIONEN

Internet-Adressen

www.klaus-boetig.de Blogs und News von einem der Co-Autoren dieses Bandes, fast täglich Nachrichten und Reportagen aus Kreta und anderen Teilen Griechenlands.

www.culture.gr Sehr gute englischsprachige Homepage des griechischen Kultusministeriums mit ausführlichen Angaben zu allen Ausgrabungsstätten und staatlichen Museen.

www.kreta-forum.eu Sehr hilfreiches Forum, in dem alle Fragen rund um die Insel beantwortet werden.

www.in-greece.de Informationen zu vielen Orten auf Kreta.

www.gtp.gr hat alle aktuellen innergriechischen Schiffsverbindungen.

www.radio-kreta.de Kommerzielle Website mit vielen Infos, Chat-Forum und Livestream-Radio.

DAS GRIECHISCHE ALPHABET

			sprich:
Α	α	**alfa**	a
Β	β	**wita**	w
Γ	γ	**ghamma**	gh/j
Δ	δ	**dhelta**	dh
Ε	ε	**epsilon**	e
Ζ	ζ	**sita**	s (weich)
Η	η	**ita**	i
Θ	θ	**thita**	th
Ι	ι	**jota**	i
Κ	κ	**kappa**	k
Λ	λ	**lamdha**	l
Μ	μ	**mi**	m
Ν	ν	**ni**	n
Ξ	ξ	**xi**	ks
Ο	ο	**omikron**	o
Π	π	**pi**	p
Ρ	ρ	**ro**	r
Σ	σ/ς	**sigma**	ss (scharf)
Τ	τ	**taf**	t
Υ	υ	**ipsilon**	i
Φ	φ	**fi**	f
Χ	χ	**chi**	ch
Ψ	ψ	**psi**	ps
Ω	ω	**omega**	o

Doppellaute

αι	e
ει	i
οι	i
αυ	af/aw
ευ	ef/ew
ου	u
γγ	ng
μπ	b/mb
ντ	d/nd

Hinweise zur Aussprache: alle Vokale (a, e, i, o, u) werden stets kurz und halboffen gesprochen, zum Beispiel o wie in „Most" nicht wie in „Mode". Wichtig ist die korrekte Betonung, die der Akzent „'" angibt.

Erläuterungen zu einzelnen Buchstaben: dhelta (d) wird wie weiches, thita (th) wie scharfes englisches „th" gesprochen; ghamma (gh/j) ist ein geriebenes „g" vor dunklen Vokalen (a, o, u), ein „j" vor hellen (e, i); chi (ch) spricht man vor dunklen Vokalen, Konsonanten und im Auslaut eines Worts wie in „Bach", vor hellen Vokalen wie in – hochdeutschem – „Licht".

KLEINER SPRACHFÜHRER

Guten Tag	Kali méra
Guten Abend	Kali spéra
Gute Nacht	Kali níchta
Hallo/Adieu (Duzform)	Jássu
Hallo/Adieu (Höflichkeitsform)	Jássas
Wie heißen Sie?	Pos sas léne?
Ich komme aus...	Íme ápo...
...Deutschland	ti jermanía
...Österreich	tin afstría
...der Schweiz	tin elvetía
Wo wohnen Sie?	Pu ménete?
ja	ne
nein	óchi
danke	efcharistó
bitte	parakaló
Verzeihung	singnómi
Wieviel kostet das?	Pósso káni aftó?
Das ist (zu) teuer	Aftó íne akrivó
in Ordnung/o.k.	endáxi
gut	kaló

REISE-INFORMATIONEN

schlecht	kakó
sauber	katharó
schmutzig	leroméno
kalt	krío
warm	sestó
heute	ssímera
morgen	áwrio
gestern	chthés
Wo ist...?	Pu íne...
Wie komme ich nach...?	Pos páo ja...
Wie weit ist es nach...?	Pósso makría ine ja..
Autobus	leoforío
komm/kommen Sie	éla/eláte
rechts	dexiá
links	aristerá
geradeaus	efthían
Hotel	xenodochío
Zimmer	domátio
Haben Sie ein Zimmer?	Échete domátio?
...für eine Person?	ja éna átomo?
...für zwei Personen	ja dío átoma?
Restaurant	estiatório
Kaffeehaus	kafenío
Ich möchte etwas zu trinken!	Thélo káti na pjo
Wasser	neró
Wein	krassí
Bier	bírra
Milch	gála
Kaffee	kafés
Jogurt	jaúrti
Brot	psomí
Fleisch	kréas
Fisch	psári
Gemüse	lachaniká
Kartoffeln	patátes
Salat	ssaláta
Obst	frúta
Oliven	eliés
1 Pfund	misó kiló
1 Kilo	éna kiló
Die Rechnung, bitte!	To logarismó parakaló
Kirche	eklissía
Kloster	monastíri
Apotheke	farmakío
Arzt	iatrós
Krankenhaus	nossokomío

1	éna / mía
2	dío
3	tría
4	téssera
5	pénde
6	éxi
7	eptá
8	ochtó
9	enéa
10	déka
100	ekató
1000	chília

Hinweise zur Umschrift: Die Umschrift aus dem Neugriechischen folgt im *Nelles Guide Kreta* international vereinbarten Normen. In einigen Fällen weicht diese Umschrift von deutscher Lautung (wie oben im *Sprachführer* wiedergegeben) ab: „g" vor e und i ist wie *j* zu sprechen („Geórgios" sprich: *Jeórjios*, „Agía" sprich *Ajía*), „z" ist immer ein weiches s („Oúzo" sprich *Oúso*), „s" immer ein scharfes s („Sitía" sprich *Ssitía*), „h" immer *ch* („Haniá" sprich *Chaniá*); für das scharfe gelispelte th steht in der Umschrift „th", doch für das weiche gelispelte *dh* nur „d".

Akzente werden, wie im Griechischen, nur bei einsilbigen Wörtern nicht gesetzt und auch dann nicht, wenn die Betonung auf einen großgeschriebenen Anfangsbuchstaben fällt („Agios" sprich *ájios*).

AUTOREN

Michèle Macrakis schloss die Designerschule in Rhode Island ab und bekam ein I.T.T. (Fulbright) Stipendium, um auf Kreta zu fotografieren. Die Urenkelin kretischer Vorfahren lebt in Athen, wo sie als Fotografin für viele Zeitschriften und Agenturen arbeitet.

Lily Macrakis graduierte an der University of Athens und bekam ihren Doktortitel in Radcliffe. Sie stammt vom Peloponnes und ist mit einem Kreter verheiratet. Sie leitete den Studiengang „Greek Studies" am Regis College in Weston.

Nikos Stavroulakis war Direktor des Jüdischen Museums in Athen.

Tom Stone lebte viele Jahre in Griechenland und veröffentlichte mehrere Bücher und Artikel über seine Wahlheimat.

Kerin Hope, eine frühere Archäologin, ist die Athener Korrespondentin für die *Financial Times*.

Costas Paris arbeitet für *Vis-News* und *Reuters* in Athen.

Samantha Stenzel wurde in Chicago geboren und besuchte die Illinois Northwestern Universität. Vor Jahren zog sie nach Athen. Seitdem geht sie immer wieder auf Entdeckungsreise nach Kreta. Sie schreibt unter anderem für die Magazine *Variety* und *The Athenian* und ist Mitverfasserin des *Nelles Guide Zypern*.

Jean-Pierre Altier war Chef des Büros der Agence France Press in Athen.

Sandy MacGillivray lehrt Archäologie an der Columbia Universität New York. In Montréal studierte er Alte Sprachen, an der Edinburgher Universität promovierte er.

Klaus Bötig (www.klaus-boetig.de) ist seit über 30 Jahren als Reisejournalist tätig und gehört zu den herausragenden Griechenland-Experten im deutschsprachigen Raum. Viele Monate jährlich verbringt der Bremer in seiner „zweiten" Heimat, hat bereits mehr als 50 Reiseführer und Bildbände über alle griechischen Landesteile verfasst und auch dieses Buch überarbeitet. Aus seiner Feder stammt auch das Buch „Tage auf Kreta" (HSB-Verlag), das mit Aquarellen von Hans-Jürgen Gaudeck illustriert ist.

ÜBERSETZER

G. Albus, A. Meimeth, P. Trautwein, S. Tzschaschel

REGISTER

A

Achäer 60, 224
Aféndis Stavroménos, Berg 225
Afrata 111
Ägäis 123, 154
Ägeus 58
Agiá 106
Agía Fotiá 210, 219
Agía Fotiní 139
Agía Galíni 138, 140
Agía Iríni 107
Agía Parakies 177
Agía Paraskeví 141
Agía Pelagía 176
Agía Rouméli 97, 100, 103
Agía-Sofía-Höhle 114
Agía Triáda 58, 59, 60, 138, 184, 186
   Kloster 93
Agía Varvára 182
Agii Déka 182, 187, 194
Agii Theódori, Insel 107
Agiofarango 192
Agios Andréas 128
Agios Geórgios 138, 208
   Strand 138
Agios Ioánnis 104, 191, 225
   Kloster 141
Agios Konstantínos 129, 208
Agios Míronas 181
Agios Nikólaos 15, 203, 204, 208, 215
   Archäologisches Museum 210
   Odós Roussoú Kondoúrou 210
   Platia Eleftheriou Venizelou 210
   Volkskundliches Museum 210
   Voulisméni, Süßwassersee 209
Agios Pávlos 110
   Strand 138
Agria Gramvoúsa, Insel 112
Akrotíri-Halbinsel 85, 92, 100
Akrotíri-Revolution 72
Aligí 111
Alíkambos 101
Alikianós 95, 105, 106
Alimiroú 55
Amári 139, 140
Amári-Tal 139
Amirás 194
Ammoudára 151
Ammoudári 102
Amnisós 151
Análipsi-Makrigialós 225
Anastásios, Mönch 140
Äneas 111
Anemospília, Heiligtum 171

Angelos, Maler 192
Áno Asítes 182
Anógia 142, 175
Áno Kefála 109
Anópoli 103
Áno Viános 194
Áno Zákros 221, 222, 223
Antikíthera, Insel 113
Apesokári 193
Apezanón-Kloster 193
Apodoúlou 140
Apokóronon 100, 101
Apollon, Gott 214
Apopigádi, Berg 106
Apóstoli 139
Aptera 85, 100
Aqua Splash 179
Araber 62, 86, 100, 106, 151, 183
Arádena 104
Arádenaschlucht 104
Archéa Eléftherna 128
Aretíou-Kloster 206
Argoulés 137
Argyroúpoli 129, 132
   Nekropole von Argyroúpoli 129
Arhánes 159, 171
Arhángelos 177
Arhondikó 111
Ariadne 57, 163
Arkádi-Kloster 68, 127
   Historisches Museum 128
   Hl. Helena und Konstantin, Kirche 128
   Pulverkammer 128
Arméni 62, 133, 224
Artemis, Göttin 93, 211
Arvi, Strand 194
Asfendoú 102, 132
Así Goniá 129
Asími 194
Askífou-Ebene 101
Asomáton-Kloster 140
Asómatos 133, 135, 136
Aspronísi 231
Asteroússia-Gebirge 182, 186, 192, 193, 194
Athene, Göttin 209
Atsipópoulo 128
Axós 142

B

Balí 141
Bárba-Pantzélios 67
Barbarossa, osmanischer Korsar 87, 123
Bärenhöhle 93

Basilicata, Francesco, Architekt 153
Bémbo, Zuane, Architekt 156
Bonátos, Giánnis 99
Bouniális, Marínos Zánes, Dichter 65
Bramianá 215
Byzantiner 86, 104
Byzantinische Malerei 213
Byzanz 62

C

Candia, Festung 64
Candia (Iráklio) 66
Chrissoskalítissa, Kloster 114
CretAquarium Thalassocosmos 178

D

Dädalus 163
Damaskinós, Mihaíl, Maler 157
Damióni 134
Daskalogiánnis 66, 103
Deutsche Besatzungsmacht (Zweiter Weltkrieg) 75
Día, Insel 154
Digenís, Höhle 140
Diktäische Höhle von Psychró (Dikti-Höhle, Diktéon Ándron) 55, 207
Dikti 207
Dikti-Gebirge 15, 190, 194, 203, 206
Diktyna 85, 111
Dorer 61, 100
Doriés 206
Dréros 206
Drís 111

E

Elafonísi 106, 110, 115
Eléftherna 128
El Greco, Maler 64, 176
Elías-Berg 114
Elos 114
Eloúnda 203, 211
Elyros 106
Embróseneros 101
Enneahória 114
Epáno Episkopí 224
Episkopí 111, 132
Etiá 224
Europa, phönizische Prinzessin 192

REGISTER

Evangelismós 177
Evans, Arthur 56, 57, 58, 163, 165, 166, 169, 171
Exántis 141

F

Falconi, Ikonenmaler 206
Faneroménis, Kloster 214, 218
Fauna 24
Festós 58, 59, 60, 139, 166, 179, 184, 186, 222
Fílippo 101
Flora 26
Flória 109
Fódele 176
Fokás, Nikifóros 62, 133, 151, 153, 174, 175
Fonés 101
Fortétsa 163
Foscarini, Jacopo, venezianischer Gouverneur 212
Foúrfouras 140, 191
Foúrnes 95
Foúrni 171, 206
Foúrnous-Korfí 215
Frangokástello 137
Frieden von Küçük Kaynarca 70
Frieden von Tilsit 70
Frühminoische Zeit 59

G

Gaidouroníssi (Chríssi), Insel 215
Gavdopoúla, Insel 105
Gávdos 104
   Karáve, Hafen 104
   Kastrí 104, 105
   Kórfos 105
   Potamós 105
   Sarakinikó 105
Genuesen 176
Geografie 15
Georgioúpoli 101, 128, 132
Georg von Griechenland, Prinz 72
Gérgeri 188
Gerontogiánnis, Josíf, Mönch 225
Geropótamos, Fluss 184
Geschichte 53
Gialós 110
Giamboudákos, Kostís 68
Giánnaris, Hatzí-Mihális 96
Gíngilos 96
Gipári-Schlucht 129
Golf von Kíssamos 85
Golf von Mirabéllo 206
Góni 101

Goniá 128
Goniá-Kloster 111
Goniés 175
Gorgoláni-Kloster 182
Górtina (Gortys) 62, 86, 165, 183, 184, 187, 192, 193
Goúdouras 56
Goúrnes 178
Gourniá 204, 214, 215, 218
Gouvernéto-Kloster 93
Gramvoúsa, Halbinsel 85, 112
Griechenland 73
Griechische Marinewoche 209

H

Hambatha 101
Hamézi 218
Handrás 224
Handrás-Hochebene 203, 223, 224
Haniá (Chania) 16, 55, 64, 68, 70, 71, 76, 86, 100, 105, 111, 203
   Agios-Nikólaos-Kirche 89
   Altstadt 87
   Archäologisches Museum 88
   Arsenale 89, 91
   Colómbo 90
   Etz-Hayyim-Synagoge 90
   Fírkas 91
   Hassan-Pascha-Moschee 90
   Hiónes 89
   Historisches Museum 87
   Janitscharen-Moschee 90
   Kapuziner-Kirche 88
   Kastélli 86, 87, 89
   Markthalle 87
   Mitrópolis 88
   Nautisches Museum 91
   Odós Halidó 89
   Odós Halidón 88
   Odós Skridlóf 88
   Odós Theotokopoúlou 91
   Ovráïki 90
   Pháros 90
   San-Francesco-Kirche 88
   San-Rocco-Kirche 89
   San-Salvadore-Kirche 91
   Santa-Catharina-Kirche 90
   Shiávo-Bastion 88
   Splántzia 89
   Stadtpark 87
   Top Haná 90
   Venezianische Festung 91
   Venezianischer Hafen 89
   Venezianisch-türkisches Viertel 91
   Zambelíou-Straße 91

Haniá, Präfektur 15, 66, 74
Hatzidákis, J., Archäologe 179
Hellenen 220
Herakles 151
Hermes 141
Herodot 220
Hersónisos 179
Hióna 221
Höhle der Panagía Arkoudítissa 93
Höhle des Pan 140
Homer 57
Hóra Sfakíon 102, 103, 104, 132, 137
Hortátzis, Geórgios 64
Houdétsi 174
Houméri 141
Hrisopigí 225
Hromonastíri 139
Hyrtakina 107

I

Ida, Berg (Psilorítis) 15, 188
Idagebirge 154, 157, 184, 185
Ida-Höhle (Idéon Ándron) 55, 143, 189
Ierápetra 72, 203, 204, 214
   Archäologisches Museum 214
   Koúles, Festung 215
   Moschee 215
Ikaros 163
Imbros, Dorf 102
Imbros-Schlucht 102
Iméri Gramvoúsa, Insel 112
Ioúhtas-Berg 152, 171
Iráklio (Heraklion) 16, 62, 64, 68, 72, 75, 113, 123, 151, 154, 165, 166, 171, 174, 186, 189, 190, 204, 212, 218, 222
   Agía-Ekateríni-Sinaïtón-Kirche 156
   Agios-Márkos-Kirche 64, 153
   Agios-Minás-Kirche 156
   Agios-Títos-Kirche 64, 153
   Alter Hafen 154
   Archäologisches Museum 156
   Befestigung 157
   Bémbo-Brunnen 156
   Fernbus-Bahnhöfe 156
   Historisches Museum 160
   Kazantzákis' Grab 157
   Koulés 154
   Marktgasse Odós 1866 156
   Martinéngo-Bastion 157
   Morosini-Brunnen 64, 152
   Neuer Hafen 156
   Odós Dedálou 156

REGISTER

Odós Kirillou Loukáreos 156
Odós Koraí 156
Platía Eleftherías 156
Platía Venizélou 152
Rathaus 153
Straße des 25. August 153
Venezianische Loggia 64, 153
Venezianisches Arsenal 156
Iráklio, Präfektur 15, 16, 74
Ítanos 220

J

Janitscharen 66
Johannes der Einsiedler, Heiliger 93
Johannes, Lehrer 67

K

Kakodíki 109
Kakópetro 109
Kalamáfka 215
Kalámi 100
Kalathás 92
Kalidónia, Insel 198, 211, 212
Kalí Liménes 62, 192
Kalíves 100
Kaliviani 113
Kallergianá 112
Kallérgi-Hütte 96
Kallíkratis 102, 132
Kalokerinós, Minás, Archäologe 163
Kaloníktis 129
Kaloudianá 114
Kalypso 104
Kamáres 140, 187, 189, 191
Kamáreshöhle 188, 189
Kamáres-Stil 168
Kamáres-Vasen 59
Kámbos 114
Kándanos 106, 107, 109
Kanlí Kastélli 174
Kapetanianá 194
Kapsás, Kloster 225
Kap Tigáni 113
Karavopétra 219
Kardáki 141
Kardiótissis-Kloster 206
Karés 101
Karídi 206
Kásos, Insel 113
Kastélli Kissámou 16, 106, 107, 111
Kastélli Pediádas 177, 206
Kástro 102

Katholikó, Kloster 93
Káto Asítes 182
Káto Kastelliná 194
Káto Kefála 109
Káto Póros 129
Káto Rodákino 137
Káto Valsamonéro 129
Káto Zákros 59, 204, 221, 222
Kavoúsi 215
Kazantzákis, Níkos, Schriftsteller 53, 67, 157, 213
Kédros-Gebirge 138, 141
Kefála Hóndrou 194
Kefáli 114
Kerá 179
Keratókambos 194
Kératos 59, 168
Kératos-Tal 176
Kiolariá 112
Kíssamos-Bucht 111
Kíssamos, Präfektur 111
Kissospílio, Höhle 140
Klassische Periode 61
Klima 17
Knossós 56, 57, 58, 59, 60, 86, 151, 159, 163, 175, 179, 183, 184, 221, 222
Kófinas, Berg 192, 194
Kokkino Horio 100
Kolimvári 107, 111
Komitádes 102
Kommós, Strand 191
Kondokinígi 110
Köprülü, Mehmet, türkischer General 65, 176
Kornáros, Ioánnis 219
Kornáros, Vitséntzos 64, 219
Korybanten 57
Kotsífos-Schlucht 133, 137
Koudoumás-Kloster 194
Koufonísi, Insel 224, 225
Kournás 132
Kournás-See 101, 128, 132
Kouroúnes 206
Kouroútes 191
Kourtaliótiko-Schlucht 133, 135
Koutouloufári 179
Koutsomatádos-Schlucht 114
Koutsounári 225
Koxaré 133
Krási 179
Kreipe, General Karl von 76, 142, 171
Kretische Aufstände 66
Kretischer Seebund 100
Kretische Seeherrschaft 60

Kretisches Meer 111, 123, 126, 203
Kriós 56
Kristallénias, Kloster 208
Kritsá 208, 212, 213
Panagía i Kerá 213
Kronos 57, 143, 189, 207
Küche 33
Kureten 57, 143, 189

L

Lakki 95, 105
Lappa 129
Lasíthi 55
Lasíthi-Hochebene 15, 203, 206, 224
Lasíthi, Präfektur 15, 74, 203
Lato 214
Lato, Kulturfestival 209
Latzianá 114
Lefká Ori (Weiße Berge) 15, 85, 190
Lefkógia 134
Léndas 193
Libysches Meer 85, 100, 104, 105, 106, 123, 133, 192, 203, 204, 223
Ligária-Bucht 176
Liménas Hersonísou 154, 178
Freilichtmuseum Lychnostátis 179
Límnes 206
Linoperámata 151
Lissos 107
Líthino 56
Livádia 141
Loutró 103

M

Makrigialós 204, 225
Mália 59, 159, 166, 179, 182, 221, 222
Margarítes 128
Marmarkéto 208
Mátala 138, 191
Máza 101, 107
Megáli Kefála 194
Megálo Kástro 152
Megalopótamos 133
Melidóni 141
Melidóni-Höhle 141
Menschenopfer 42
Méronas 141
Mesklá 95, 105
Messará-Bucht 56
Messará-Ebene 15, 181, 182, 184, 189, 190, 193

REGISTER

Miamoú 193
Mihalianá 109
Mílatos 204
  Milatoú Cave 204
Minoer 53, 58, 59, 61, 128, 164, 220
Minoische Kunst 41
Minos, König 57, 59, 60, 141, 163, 192
Minotaurus 57, 163, 169
Mirabéllo 56
Mirabéllo-Bucht 203, 208, 214
Míres 184, 193
Mirón, Heiliger 181
Mirtiá 176
  Nikos-Kazantzákis-Museum 176
Mírtos 194, 215
Mitrópoli 193
Mittelminoische Zeit 59
Móhlos 215, 218
Móhlos, Insel 59, 210, 215
Mohós 179
Moní 106
Moní Kardiótissis 179
Morosini, Francesco, General 152, 154
Mykener 60, 100, 164
Mýrthios 136
Myson, Weiser 219

N

Néa Kaiméni 231
Neápoli 206
Néa Pressós 224
Neolithische Epoche 125
Nída-Hochebene 15, 142, 189
Nírou Háni 166, 178
Nívritos 188
Nohiá 111

O

Odigítrias, Kloster 192
Odysseus 104
Oliven 38
Olous 211
Omalós 96, 97
Omalós-Hochebene 15, 93, 95, 97, 106
Orinó 225
Órmos-Livádi-Bucht 112
Orthí-Ámmo-Strand 137
Osmanen 64, 66, 67, 70, 71, 72, 87, 99, 107, 123

P

Pagoménos, Ioánnis, Maler 101, 106, 110
Pahiá Ámmos 214, 215
Palamás, Kostís 55
Palastzeit 59
Paleá Kaiméni 231
Paleá Roúmata 109
Palékastro 59, 204, 219, 220
Palékastro, Festung (bei Iráklio) 176
Paleohóra 100, 104, 106, 107, 110
Papst Alexander V. (Pétros Phílargos) 206
Pasiphae, Königin 57, 163
Paulus, Apostel 53, 62, 104, 153, 193
Pax Romana 61
Pérama 141
Pergamon 85, 111
Pétres-Strand 132
Phalasarna 112
Phoenix 103
Phönizier 220
Pigaïdákia 193
Pigí 177
Pilalímata 225
Pírgos 194
Pírgos, Hügel 215
Piskokéfalo 224, 225
Piskopianó 179
Pitsídia 191
Pláka 206
Plakiás 133, 134, 136
Platánes 109
Platánia 140
Plataniás 107, 127
Plátanos 114, 193, 215
Pláton, Nikólaos, Archäologe 215
Plemenianá 111
Plóra 193
Polyrízo-Strand 137
Polyrrhénia 112
Pómbia 193
Pressós 224
Prevelákis, Pandelís, Autor 67, 74
Préveli 133, 135
  Agía-Fotiní-Kapelle 136
  Káto Préveli, Klosterruine 133, 136
  Píso Préveli, Kloster 133, 134, 135
Prína 215
Prínes 128
Priniás 187
Profítis Ilías 174
Provatópoulos, Geórgios, Maler 109
Provátos, Pávlos, Maler 106
Psará, Insel 113
Psilorítis (Berg Ida) 15, 55, 75, 123, 132, 141, 142, 143, 184, 188, 190
Psíra, Insel 59, 215
Psychoundakis, George 76

R

Rabd-el-Kandak, sarazenischer Eroberer 151
Réthimno 67, 68, 72, 103, 123, 129, 190, 203
  Badestrand 127
  Festung 125
  Folklore-Museum 125
  Goura-Tor 124
  Kirche der vier Märtyrer 124
  Loggia 126
  Moschee Kara Mussa 127
  Nerantzes-Moschee 125
  Odós Ethnikís Antistáseos 124
  Platz der vier Märtyrer 124
  Rimóndi-Brunnen 125
  San-Francesco-Kirche 124
  Stadtpark 124
  Venezianischer Hafen 126
Réthimno, Präfektur 15, 66, 74, 123
Rhea 57, 207
Rhizénia 182
Rodiá 176
Rodopoú-Halbinsel 85, 107, 111
Rodováni 106, 107
Römer 54, 61, 86, 104, 165, 220
Roústika 129
Roúvas-Schlucht 187

S

Sakellárakis, Giánnis, Archäologe 143
Samariá-Schlucht 15, 85, 93, 96, 97
  Agios-Nikólaos-Kapelle 99
  Aphéndis-Christós-Kirche 99
  Ossia-María-Kirche 99
  Pforten 99
  Samariá, Dorf 99
  Xilóskalo 97
Santorin (s. Thíra) 231
Savathianón-Kloster 176
Schlacht um Kreta 74
Schliemann, Heinrich 56
Schlucht der Toten 222
Sélinos 110

REGISTER

Sélinos, Präfektur 107
Sellía 137
Sémbronas 109
Sfáka 218
Sfakiá 55, 208
Sfinári 114
Shinokápsala 225
Sirikari 112
Sísi 204
Sitía 16, 56, 72, 203, 204, 218, 223, 225
   Archäologisches Museum 219
   El. Venizélou 219
   Festung 219
   Vitséntzou Kornárou 219
   Volkskundliches Museum 219
Sitía-Berge 203
Sívas 191, 192
Skaláni 176
Skalotí 137
Skiniás 206
Sklaverohóri 62, 177
Sklavókambos 175
Sklavopoúla 110
Skopí 218
Skoudianá 109
Skoúlas, Alkibíades 142
Sómatas 132
Sorbás, Aléxis 38, 46, 92, 157
Soúda-Bucht 56, 72, 85
Soúda, Insel 100, 113
Soúgia 100, 106, 107
Spíli 138
Spiliá 111
Spinalónga, Insel 113, 206
Stavrós 92
Stómio-Bucht 114
Stroúmboulas, Berg 154
Subminoische Zeit 59
Sybritos 140

T

Talos 141
Tanz 46
Tarra 100
Tavronítis 106
Temenía 107
Theotokópoulos, Doménikós, (El Greco) 64, 176
Thérissos 73, 95, 105
Theseus 57, 163
Thíra (Santorin) 231
   Akrotíri 235
   Athínios 232
   Fíra 232, 234
   Kamári 237
   Monólithos 237
   Néa Kaiméni 237
   Oía 232, 235
   Périssa 237
   Pírgos 237
   Póri 237
   Thera 236
   Thirasía 237
Thirasía 231
Thólos-Bucht 215
Thrapsanó 177
Thrónos 140
Thukydides, Historiker 60
Tílissos 60, 174, 175, 186
Timbáki 138, 187
Toploú-Kloster 219, 220
Topólia 114
Tráhilos 112
Trapéza-Höhle 208
Trauben 38
Tsikalariá-Schlucht 112
Tsoútsouros-Strand 194
Türken 54, 63, 64, 65, 66, 68, 72, 74, 87, 99, 100, 113, 124, 125, 128, 129, 133, 134, 137, 141, 152, 154, 157, 174, 176, 212, 219
Tzermiádo 207
Tzinalianá 110

V

Vagioniá 194
Vái, Palmenstrand 204, 219, 220
Valsamónero 188
Vasilópoulo 111
Váthi 114
Vathípetro 171
Veïdikali 110
Venedig 63
Venezianer 54, 63, 64, 86, 91, 109, 111, 112, 123, 125, 126, 151, 153, 156, 174, 176, 212, 219
Venizélos, Eleftherios, Politiker 71, 72, 73, 87
   Grab 92
Verkehr 15
Vertrag von Halépa 68
Verwaltung 15
Viglis-Familie 99
Vizári 140
Voilá 224
Vóni 177
Vóri 187
Vorízia 187, 188
Voukoliés 107
Voúlgaro 114
Voutás 110
Vrísinas, Berg 139
Vrísses 100, 132
Vrondísi-Kloster 157, 187
Vroúhas 206

W

Waffen 48
Weiße Berge (Lefká Ori) 54, 66, 75, 90, 93, 95, 97, 102, 103, 105, 123, 132
Wirtschaft 15

X

Xerókambos 223

Z

Zarós 187
Zeus 55, 57, 143, 189, 192, 207
Zíros 224
Zonianá 141
   Sfendóni, Tropfsteinhöhle 141
Zou 224
Zoúrva 95
Zweiter Weltkrieg 54, 74

Nelles Verlag

Kreta

Hotelverzeichnis

HOTELVERZEICHNIS

Das Spektrum der Unterkünfte auf Kreta reicht vom einfachen Privatzimmer über Apartments bis zum Luxushotel und individuellen Ferienhaus. Alle Unterkünfte sind staatlich klassifiziert. Die Preistabelle muss in den Zimmern aushängen, die dort angegebenen Preise dürfen auf keinen Fall überschritten werden. Außerhalb der Hauptsaison sind Preisnachlässe auf Nachfrage üblich.

Freie Zimmer zu finden ist außerhalb der Monate Juli und August normalerweise kein Problem, doch sind telefonische Reservierungen empfehlenswert. Studios und Apartments sind häufig die günstigste Unterkunftsmöglichkeit. Studios bestehen in der Regel aus nur einem Raum mit Kühlschrank und einfacher Kochgelegenheit, Apartments bieten eine Kitchenette oder eine voll eingerichtete Küche.

Die Unterkünfte sind in Griechenland in die sechs Kategorien Luxus und A, B, C, D, E unterteilt. Bei den unteren Klassen handelt es sich meist um Familienbetriebe, die sich oft Pension nennen.

Die Klassifizierung in diesem Reiseführer beschränkt sich auf drei Kategorien:

Kategorie *Luxus* ($$$): Häuser, die im internationalen Vergleich zumindest der gehobenen Mittelklasse entsprechen. Hoher Komfort, meist Meeresnähe und Swimmingpool, Sporteinrichtungen, Restaurant, Bar. Doppelzimmer mit Frühstück in der Hauptsaison je nach Ort und Lage ab ca. 150 Euro. Außerhalb der Hauptsaison ab ca. 100 Euro.

Kategorie *Mittel* ($$): Gute Touristenhotels, Doppelzimmer mit Frühstück ab ca. 80 Euro Außerhalb der Hauptsaison ab ca. 50 Euro.

Kategorie *Einfach* ($): Apartments, Pensionen und einfache Touristenhotels, Doppelzimmer ohne Frühstück in der Hauptsaison ab ca. 40 Euro. Außerhalb der Hauptsaison ab ca. 30 Euro.

3 PRÄFEKTUR HANIÁ

Haniá

$$$ **Amphora**, 20 Zi., mit Antiquitäten möblierte Zimmer in einem Haus aus dem 14. Jh.; Paródos Theotokopoúlou 20, Altstadt, Tel. 28210 93224, Fax 28210 93226, www.amphora.gr.

Casa Delfíno, 16 Studios, modern, aber stilvoll eingerichtete, voll klimatisierte Studios in einem Haus aus dem 17. Jh., schöner Innenhof mit Bar, von der Dachterrasse Blick auf den Hafen; Odós Theofánous 9, Altstadt, Tel. 28210 93098, Fax 28210 96500, www.casadelfino.com.

Pórto Veneziáno, 57 Zi., viergeschossiger Kasten von 1974, schöne Lage direkt neben dem venezianischen Hafen, mit dem Auto zu erreichen; Aktí Enoséos, Tel. 28210 27100, Fax 28210 27105, www.portoveneziano.gr.

$$ **Dógis**, 8 Studios, ruhig gelegen, in einem Haus aus dem 13. Jh.; Odós Kondiláki 14-16, Altstadt, Tel. 28210 95466, www.dogehotel.com.

Dóma, 25 Zi. in einer klassizistischen Villa; Odós El. Venizélou 124, Neustadt, Tel. 28210 51772, Fax 28210 41578, www.hotel-doma.gr.

Kríti, 98 Zi., Pool, 500 m von Hafen und Markthalle, 150 m vom Stadtstrand, gute Parkmöglichkeiten; Odós N. Foká/Odós Kíprou 10, Neustadt, Tel. 28210 51881, Fax 28210 41000, www.kriti-hotel.gr.

$ **Alexis Hotel**, Zimmer mit Meerblick, ruhige Lage hoch über dem Strand, am östlichen Stadtrand; sehr nette, kompetente Betreiber, gutes Preis-Leistungsverhältnis, großes Frühstücksbüffet, integriert ist das sehr gute Restaurant Theodosi mit Meerblick-Terrasse; Kallergidon Street 99, Chania, Tel. 28210 93733, reservations@hotelalexis.gr.

Haniá, Pension in einem alten venezianischen Haus über der Taverne Kalí Kardiá, 12 Zi., viele Zimmer mit Kühlschrank; Odós Kondiláki 12, Altstadt, Tel. 28210 76420.

Konáki, 8 Zi. in einem venezianischen Haus; Odós Kondiláki 43, Altstadt, Tel. 28210 70859, Fax 28210 93647.

Meltémi, 10 Zi., nicht ganz leise, aber sehr zentral gleich neben dem Nautischen Museum; Odós Angélou 2, Altstadt, Tel. 28210 92802.

Terésa, 8 Zi., altes Haus mit Gemeinschaftsküche auf der kleinen Dachterrasse; Odós Angélou 8, Altstadt, Tel./Fax 28210 92798.

KRETA – UNTERKUNFT

🅰 **Haniá**, 38 Stellplätze, Naturschatten, Taverne; am Strand von Agios Apóstolos, 5 km westlich von Haniá, Tel. 28210 31138.

PRÄFEKTUR HANIÁ

Chrysoskalítissas

😊 **Glykería**, griechisch-schwedisches Wirtsehepaar; am Ortseingang, 5 Zi., Tel. 28220 61292, www.glykeria.com.

Gávdos

😊 **Gerti&Manólis Vailakákis**, Tel. 28230 41103 und **Níkkos Arkalákis**, Tel. 28230 42120, beide am Strand von Sarakíniko.

Georgioúpoli

😊😊😊 **Mythos Palace**, 206 Zi. und Suiten, Pool und Hallenbad, viele Sportmöglichkeiten, Hydrotherapie; in Kávros, ca. 6 km außerhalb, direkt am Strand, Tel. 28250 61713, Fax 28250 61678, www.mythos-palace.gr.
Pilot Beach, 104 Zi., Pool direkt am Strand, vor dem Hotel Surf- und Segelschule unter deutscher Leitung; 1500 m östlich des Ortes am Strand, Tel. 28250 61002, Fax 28250 61397, www.pilot-beach.gr.

😊😊 **Villa Jánnis**, 32 Studios und Apts., mit Pool und kostenlosem Minibus-Service zum Strand, Deutsch sprechende Wirtsleute; am Hang etwa 5 km außerhalb, Tel. 28250 61462, Fax 28250 61491.

😊 **Kokolákis**, 16 Zi. und 5 Apts., wohnen mit Familienanschluss, Familie Kokolákis spricht etwas deutsch; im Ortszentrum zwischen Platía und Meer, Tel. 28250 61308.

Hóra Sfakíon

😊 **Alkyon**, 16 Zi., Dachterrasse, Taverne im Haus; am alten Hafen, Tel. 28250 91180.
Livikon, 10 Zi.; am alten Hafen, Tel. 28250 91211, Fax 91222.
Panorama, Taverne mit Terrasse am Klippenrand; östl. vom Ort oberhalb einer steilen Felsenbucht, Tel. 28250 91296.

Kalíves

😊😊 **Kalives Beach**, 150 Zi., besonders schön zwischen Strand und einer Flussmündung gelegen; im Ortszentrum an der Küstenstraße bei der Brücke, Tel. 28250 31881, Fax 28250 31134, www.kalyvesbeach.com.

Kastélli Kissámou

😊😊 **Elena Beach**, Strandhotel, 40 Zi., Deutsch sprechende Besitzerin, nur 5 Gehminuten vom alten, idyllischen Fischerhafen; an der Straße zum Hafen, ca. 1500 m vom Zentrum, Tel. 28220 23300, www.elenabeach.gr.

🅰 **Nopígia**, 44 Stellplätze, viel Naturschatten, Taverne, Pool;, 7 km östlich von Kastélli, am Strand, Tel. 28220 31111.
Mithímna, 54 Stellplätze, Naturschatten, Taverne, Pool; 5 km östl. von Kastélli, am Strand, Tel. 28220 31444.

Loutró

😊😊 **Porto Loutró**, 42 Zi., am Strand, griechisch-englisches Wirtsehepaar, sehr gepflegt; Tel. 28250 91433, Fax 28250 91091, www. hotelportoloutro.com.

Máleme

😊😊😊 **Louis Creta Princess**, 414 Zi., Garten, Pool, Kinderbetreuung; 500 m vom Ortszentrum an der Küstenstraße, Tel. 28210 62702, Fax 28210 62406, www.louishotels. com.

Omalós

😊😊 **To Exári**, 24 Zi., besonders empfehlenswert für Schluchtenwanderer, die sehr früh aufbrechen wollen; Tel. 28210 67180, Fax 28210 67124.

😊 **Néos Omalos**, 26 Zi., mit Taverne; Tel. 28210 67269, Fax 28210 67190, www.neos-omalos.gr.

Paleohóra

😊😊 **Pal Beach**, 54 Zi., nahe am Sandstrand gelegen; Tel. 28230 41512, Fax 28230 41578, www.paleochora-holidays.gr/palbeach.

KRETA – UNTERKUNFT

🅿 **Paleohóra**, 40 Stellplätze, natürlicher Baumschatten, Gemeinschaftsküchen, Taverne; am Strand nordöstlich des Ortes, Tel. 28230 41120.

Phalasarna

😊😊 **Plakures**, 23 Zi. u. Apts., familienfreundlich, Pool, gute Küche; Tel. 28220 41581, Fax 28220 41781, www.plakures.de.

Soúgia

😊😊 **Santa Irene**, 17 Studios, kleine Anlage am Strand, ruhig gelegen; Tel. 28230 51342, Fax 28230 51182.

😊 **Aretousa**, 12 Zimmer, davon 9 mit Kitchenette, Garten hinterm Haus; 200 m vom Strand, Tel./Fax 28230 51178, www.aretouca.sougia.info.

4 PRÄFEKTUR RÉTHIMNO

Réthimno

😊😊😊 **Grecotel Porto Rethýmno**, 199 Zi., ein idealer Standort für den stadtnahen Strandurlaub, kostenloser Transfer zu den Grecotel-Strandhotels mit großem Wassersportangebot; in der Neustadt nahe dem Strand, Odós El. Venizélou 52a, Tel. 28310 50432, Fax 28310 27825, www.grecotel.com.
Mýthos, 10 Apts., klimatisiert, kleiner Pool im Innenhof, zentral und trotzdem ruhig gelegen, in einem kleinen venezianischen Adelspalast aus dem 16. Jh.; Platía Karaóli 12, Tel. 28310 53917, Fax 28310 51036, www.mythos-crete.gr.
Palazzo Rimóndi, 21 Apts., klimatisierte, mit antiken Möbeln eingerichtete Räume, Patio mit Pool, in einem restaurierten Palazzo aus dem 15. Jh.; Odós Xanthodoudídou 21, Tel. 28310 51289, Fax 28310 51013, www.palazzorimondi.com.

😊😊 **Fortezza**, 54 Zi., modernes Hotel mit Pool mitten in der Altstadt; Odós Melisínou 16, Tel. 28310 55551, Fax 28310 54073, www.fortezza.gr.
Idéon, 86 Zi., modern, eines der wenigen Altstadt-Hotels mit Meerblick, zwischen Hafen und Burg gelegen; Platía Plastirá 10, Tel. 28310 28667, Fax 28310 28670, www.hotelideon.gr.
Kýma, 40 Zi., modernes Hotel in der Neustadt; Platía Iróon 1, Tel. 28310 55503, Fax 28310 27746, www.ok-rethimno.gr.

The Byzantine, 14 Zimmer, Pension in einem alten Haus; Odós Vósporou 28, Tel. 28310 55609.

😊 **Castéllo**, 8 Zi., Pension in der Altstadt mit schönem Innenhof; Platía Karaóli Dimitríou 10, Tel. 28310 23570, www.castello-rethymno.gr.
Dokimáki, 7 Studios, Pension, günstig zwischen Hafen und Festung gelegen; Odós Nik. Platirá 7a, Tel. 28310 22319.

Strand von Réthimno

😊😊😊 **Grecotel Creta Palace**, 714 Zi., Hotel- und Bungalowkomplex mit Pool und Hallenbad, stadtnah; Tel. 28310 27514, Fax 28310 20085, www.grecotel.com.
Grecotel Rithímna Beach, 568 Zi., Hotel- und Bungalowanlage mit großem Sportangebot; Adele, Tel. 28310 29491, www.grecotel.com.

😊😊 **Golden Beach**, 153 Zimmer, großer Pool; Adele, Tel. 28310 71102, Fax 28310 71215.
Grecotel El Greco, 331 Zi., mit Pool und Animationsprogramm; Kámbos Pigís, Tel. 28310 71102, Fax 28310 71215, www.grecotel.com.

🅿 **Camping Elizabeth**, 80 Stellplätze, mit Restaurant, Supermarkt, Gemeinschaftsküche, Waschsalon; Missíria, 4 km von der Stadt entfernt, Tel. 28310 28694.

PRÄFEKTUR RÉTHIMNO

Agía Galíni

😊😊 **El Greco**, 23 Zi.; direkt an der Steilküste, 400 m vom Zentrum, Tel. 28320 91187, Fax 28320 91491, www.agia-galini.com.
Iríni Mare, 41 Zi., Anlage im kretischen Dorfstil, Pool, Terrasse mit herrlichem Blick auf die Bucht, ruhige Lage; Tel. 28320 91488, Fax 28320 91489, www.irinimare.com.

🅿 **Agía Galíni**, 36 Stellplätze, Restaurant u. Supermarkt; am Strand, Tel. 28320 91386.

Agiroúpoli

😊 **Morfeas**, 5 Zi., schöne Aussicht über Berge und Meer, preiswerte Taverne; am oberen Ortsende, Tel. 28310 81015.

KRETA – UNTERKUNFT

Anógia

❺ **Aristéa**, 6 Zimmer mit Panoramablick; nahe dem Schulzentrum, Tel. 28340 31459.
Mitato, einfache Zimmer, Taverne im Haus, schöne Aussicht auf die Berge.

Balí

❺❺ **Balí Paradise**, 147 Zi.; oberhalb einer Strandbucht am Ortsanfang, Tel. 28340 94253, Fax 28340 94255, www.baliparadise.gr.
Talea Beach, 81 Zimmer, dorfähnliche Anlage mit blumenreichen Rasenflächen, Pool und eigenem Kiesstrand, Surfbrett-Verleih; am westlichen Ende des Kiesstrands, Tel. 28340 94297, Fax 28340 94296, www.taleabeach.com.

Plakiás

❺❺ **Alíanthos Garden**, 94 Zimmer, Pool; am Ortsrand 100 m vom Strand, Tel. 28320 31280, Fax 28320 31282, www.alianthos.gr.
Plakiás Bay, 28 Zi., ruhig; etwa 1 km außerhalb des Ortes oberhalb des FKK-Strandes, Tel. 28320 31215, Fax 28320 31951, www.plakiasbay.com.

❺ **Amoúdi**, 30 Zi.; 2 km östlich des Ortes an einem Grobsand-Strand einsam gelegen, Tel. 28320 31355, Fax 28320 31755.
Castéllo, 18 Zimmer und Studios; etwa 150 m abseits des Zentrums, Tel./Fax 28320 31112.
Youth Hostel, traumhaft schön in einem Olivenhain gelegen, Zimmer mit Etagenbetten; Tel. 28320 32118, www.yhplakias.com.

Rodákino

❺❺ **Polýrizos**, 47 Zi., ruhig; 3 km außerhalb des Dorfes, 2 Minuten vom Strand, Mietfahrzeug empfehlenswert, Tel. 28320 31334, Fax 28320 32170, www.polyrizos.de.

Spíli

❺ **Green**, 12 Zi., gut geeignet für eine Zwischenübernachtung auf dem Land; an der Hauptstraße nördlich des Ortszentrums, Tel. 28320 22225.
Herakles, ruhige, saubere Pension hinter dem Hotel Green, freundlicher, Englisch sprechender Wirt; Tel. 28320 22411.

5 PRÄFEKTUR IRÁKLIO

Iráklio

❺❺❺ **Aquila Atlantis**, 162 Zi., Luxushotel, mit Hallenbad; in der Altstadt, Odós Mirabéllou 2, Tel. 2810 229103, Fax 2810 226265, www.theatlantishotel.gr.
Galaxy, 140 Zi.; in der Neustadt, Leofóros Dimokratías 67, Tel. 2810 232157, Fax 2810 211211, www.galaxy-hotel.com

❺❺ **Kastro**, modern, mit Dachgarten; in der Altstadt, Odós Theotokopúlou 72, Tel. 2810 2855020, Fax 22810 223622, www.kastro-hotel.gr.
Iríni, 59 Zi., bei deutschen Wandergruppen beliebt, deshalb frühzeitig reservieren; in der Altstadt gelegen, Odós Ideomenéos 4, Tel. 2810 229703, Fax 2810 226407, www.irini-hotel.com.
Lato, 54 Zi., modernes Boutique-Hotel; in der Altstadt über dem Hafen, nahe am Busbahnhof, Odós Epimenídou 15, Tel. 2810 228103, Fax 2810 240350, www.lato.gr.

❺ **Lena**. 16 Zimmer, familiär geführt, zentral in der Altstadt gelegen; Odós Lachaná 10, Tel. 2810 223280, Fax 2810 242826, www.lena-hotel.gr.
Réa, 16 Zi.; in der Altstadt, Odós Handakós / Ecke Odós Kalimeráki, Tel. 2810 223638, Fax 2810 242189.

Strand von Iráklio

❺❺❺ **Candia Maris**, 261 Zi., bestes Hotel in Stadtnähe, Pool, Hallenbad, Sauna, großes Wassersportangebot, Kinderbetreuung; 7 km westl. von Iráklio, Ammoudára, am Strand, Tel. 2810 37 7000, Fax 2810 250669, www.maris.gr.
Agápi Beach, 309 Zi., besonders kinderfreundliches Haus mit Tennisplatz, Wassersportstation und viel Animation; 6 km westl. von Iráklio, Ammoudára, am Strand, Tel. 2810 311084, Fax 2810 258731, www.agapibeach.gr.

PRÄFEKTUR IRÁKLIO

Agía Pelagía

❺❺❺ **Capsis Beach**, 660 Zi., Pool und Hallenbad, großes Sportangebot; auf einer eigenen Halb-

KRETA – UNTERKUNFT

insel 5 Min. vom Zentrum, Tel. 2810 811112, Fax 2810 811076, www.capsis.gr.
Peninsula, Pool mit Blick übers Meer, großes Sportangebot, vor allem Wassersport, Tretbootverleih; nördl. vom Capsis Beach, 15 Gehminuten vom Ortskern entfernt, Tel. 2810 811313, Fax 2810 371600, www.peninsula.gr.

😊😊 **Eva Mare**, 25 Studios und Apts., schöner Garten, Pool, eigene Taverne, 100 m vom Strand; 1 km außerhalb, Tel. 2810 811186, Fax 2810 811311, www.evamare.gr.

😊 **Akti**, Zi. mit Kochgelegenheit u. Balkon, deutschspr. Wirt, 100 m v. Strand; Tel. 2810 811014.

Arví

😊 **Gorgona**, schöne Terrasse mit Meeresblick; im Ortszentrum, Tel. 71353.
Ariadni, Zimmer mit Balkon und Bad; am Ortseingang, Tel. 28950 71300.

Goúrnes

⚠ **Camping Kreta**, 105 Stellplätze, behindertenfreundlich, Schatten unter Tamarisken und Mattendächern, Beach Bar, Selbstbedienungsrestaurant; am Strand, Tel. 28970 41400, Fax 28970 41792.

Léndas

😊 **Lentas**, 12 Zi., familiäre Atmosphäre, 80 m vom Strand, eigene Taverne am Strand; am westlichen Ortsrand, Tel. 28920 95221, Fax 28920 95222.

Liménas Hersonisou

😊😊😊 **Creta Maris**, 547 Zimmer, dorfähnlich angelegt, 6 Bars, eigenes Freiluftkino, Disco und Bowlingbahn, Tauch- und Tennisschule, Beauty-Farm u.v.m.; 10 Min. westlich des Zentrums direkt am Strand, Tel. 28970 27000, Fax 28970 22130, www.maris.gr.
😊😊 **Dédalos Village**, 61 Studios und Apartments, terrassenförmige, dorfähnliche Anlage mit viel Grün und einem kleinen Pool, zwei Kilometer oberhalb des Strandes, sehr ruhig gelegen; Koutouloufári, Tel. 28970 22515, Fax 28970 23566.
Albatros, 106 Zi., ruhige Lage, Pool, Zimmer z. T. mit Meerblick; Odós Dedalou, 100 m vom Hotel Creta Maris entfernt, Tel. 28970 22144, Fax 28970 23250, www.albatross.gr.

😊 **Níki**, 30 Zi., für junge Leute geeignet, die sich gerne ins Nachtleben stürzen, Frühstücksterrasse am Meer; Odós 25is Martíou 8, Tel. 28970 22379, Fax 28970 22380.

⚠ **Karavan**, 36 Stellplätze, angenehm schattig, Vermietung einfacher Bungalows; 1,5 km östlich des Zentrums in Strandnähe, Tel. 28970 22025.
Hersónisos, 90 Stellplätze, kleiner Platz direkt am Sandstrand, ausgestattet mit Bar, Taverne und Minimarket; an der Straße nach Iráklio gelegen, Tel. 28970 22902.

Mália

😊😊😊 **Cretan Malia Park**, 196 Zi., besonders familienfreundlich, Garten mit Pool und altem Baumbestand, großes Sportangebot; 2 km östlich des Zentrums am Strand, Tel. 28970 31461, Fax 28970 31460, www.cretanmaliapark.gr.

😊😊 **Malia Holidays**, 106 Zi., gut für den, der Málias Nachtleben intensiv nutzen will; im Zentrum, 900 m vom Strand, Tel. 28970 31206, Fax 28970 31565.

Mátala

😊😊 **Mátala Bay**, 55 Zi., Pool; im Zentrum, 250 m vom Strand, Tel. 28920 45300, Fax 28920 45301, www.matala-bay.gr.

😊 **Eva-Marina**, 21 Zi., familiär geführte Pension, der Wirt spricht Deutsch; im Zentrum, 150 m vom Strand, Tel./Fax 28920 45124.

⚠ **Mátala**, 100 Stellplätze, Schatten unter Tamarisken; direkt am Strand, Tel. 28920 45720.

Pitsídia

⚠ **Kómos**, 100 Stellplätze, sehr ruhig gelegen; am Strand, Tel. 28920 45596.

Sívas

😊 **Villa Kunterbunt**, 15 Zi., malerisch in absolut ländlicher Umgebung in einem Olivenhain gelegen,

KRETA – UNTERKUNFT

große Ruhe, freundliche Wirtsfamilie mit Englischkenntnissen; an der Straße nach Kalí Liménes, 4 km vom Strand, Tel. 28920 42649.

Zarós

😊😊 **Idi**, 59 Zi., ideal zur Erkundung der Bergdörfer, kleiner Pool; am Weg zum See, Tel. 28940 31301, Fax 28940 31511, www.votomos.com.

6 PRÄFEKTUR LASÍTHI

Agios Nikólaos

😊😊😊 **Candia Park Village**, 208 Apts., wie eine kleine, farbenfrohe Stadt angelegte Apartment-Anlage mit schöner Pool-Landschaft und eigenem kleinem Strand; 3 km nördlich der Stadt, Tel. 28410 26811, Fax 28410 22367, www.bluegr.com.
St. Nicolas Bay, 127 Zi., schöne Bungalowanlage an einer kleinen Sandbucht, auch Bungalows mit eigenem Pool; 2 km nördl. des Ortszentrums auf einer felsigen Halbinsel, Tel. 28410 25041, Fax 28410 24556, www.stnicolasbay.gr.

😊😊 **Hermes**, 207 Zi., nur 500 m von Zentrum und Strand, schöne Poolterrasse; Aktí Koundourou, Tel. 28410 28253, Fax 28410 22058, www.hermeshotels.gr.
Panorama, Zimmer mit Balkon, sehr schöne Aussicht auf den Hafen; am Hafen, Tel. 28410 28890, Fax 28410 24681.
Du Lac, Ausblick auf den Voulismenisee, alle Zimmer mit Balkon und Bad; Odós 28is Oktovríou 17, Tel. 28410 22711, www.dulachotel.gr.

😊 **Diána**, 2 Zi. und 6 Apts., herzliche Wirtsfamilie, ruhige und doch zentral gelegene Pension; Odós Ethnikís Antistásseos 28, Tel. 28410 82948.
Pérgola, sehr familiär-herzlich geführtes, einfaches Hotel an der Spitze der Halbinsel nahe dem Hafen, 26 Zimmer; Odós Sarolídi 20, Tel. 2841028152.

🔺 **Gourniá Moon**, 55 Stellplätze, sehr familiär und sehr ruhig, einsam am Meer gelegen, Pool; ca. 14 km Richtung Sitía, kurz vor Pahiá Ámmos, unterhalb der Küstenstraße, Tel. 28410 93243.

Eloúnda

😊😊😊 **Eloúnda Beach**, 242 Zi., eines der luxuriösesten und teuersten Hotels in ganz Griechenland, hervorragend ausgestattete Zimmer, Suiten und Bungalows; 2,5 km nördlich, Tel. 28410 63000, Fax 28410 41373, www.eloundabeach.gr.
Eloúnda Bay Palace, 267 Zi. und Bungalows, eigene Beauty Farm und Wassersportzentrum mit Tauchschule; neben dem Eloúnda Beach, Tel. 28410 67000, Fax 28410 41783, www.eloundabay.gr.
Elounda Mare, 45 Bungalows und 44 Zi., Bungalows z.T. mit privatem Pool; 2,5 km nördlich von Eloúnda, Tel. 28410 41102, Fax 28410 41307, www.eloundamare.com.

😊😊 **Eloúnda Island Villas**, 10 Apts., absolut ruhig gelegen; ca. 2 km vom Ort entfernt, auf der über einem Damm mit Eloúnda verbundenen Insel Spinalónga, Tel. 28410 41274, Fax 28410 41276.
Eloúnda Blue Bay, Bungalowanlage am Hang mit wunderschöner Aussicht auf die Bucht, mit großer Sonnenterrasse und Pool; 2 km außerhalb des Ortes Richtung Pláka, Tel. 28410 41959, Fax 28410 41816, www.eloundabluebay.gr.

LASÍTHI

Análipsi / Makrigialós

😊😊😊 **White River Cottages**, zehn Natursteinhäuser, eine der urigsten Ferienanlagen der Insel mit kleinem Süßwasser-Pool, Fahrradverleih für Besorgungen kostenlos; 900 m abseits des Dorfes in ganz ländlicher Umgebung, Tel. 28430 51694, Fax 28430 52292.

😊😊 **Pan-Mar**, 8 Studios, Meeresblick, schöner Garten, 250 m vom Sandstrand entfernt; am Ortsrand auf einem Felsvorsprung, Tel. 28430 51775.
Villea Village, kinderfreundliche Apartmentanlage, Pool im Schatten von Olivenbäumen, an der Hauptstraße, aber ruhig; Tel. 28430 51697, Fax 28430 51702.

Handràs-Hochebene

😊 **Charkiolakis**, 7 Zi., nur Zimmer mit Etagenduschen, einzige Unterkunftsmöglichkeit auf der Hochebene; an der Hauptstraße von Zíros, Tel. 28430 91266.

KRETA – UNTERKUNFT

Ierápetra

😊😊 **Astron**, 69 Zi., gutes Stadthotel nahe dem Meer, besonders günstig für Zwischenübernachtungen; Odós Kothrí 56, Tel. 28420 25114, Fax 28420 25917.

Petra Mare, Hotelhochhaus mit 227 Zimmern direkt am Strand, architektonisch ein Schandfleck, aber Zimmer geräumige Zimmer zum Teil mit fantastischem Meerblick, 15 Gehminuten über eine Fußgängerpromenade am Meer ins Zentrum; an der Uferstraße Richtung Férma, Tel. 28420 23341, Fax 28420 23350, www.petramare.com.

Porto Belissario, 33 Zi., Strandhotel mit großem Garten und Pool; Férma, 12 km östlich von Ierápetra, Tel. 28420 61360, Fax 28420 61551, www.belissario.com.

😊 **Cretan Villa**, 11 Zi., stimmungsvolles Wohnen in einer alten Villa, die im 19. Jh. als erstes Krankenhaus der Stadt diente; Odós Oplarchoú Lakérda 16a, nahe dem Busbahnhof, Tel. u. Fax 28420 28522, www.cretan-villa.gr.

🅰 **Koutsounári**, 66 Stellplätze, in einem Olivenhain an einem kilometerlangen Kiesstrand; 9 km östlich von Ierápetra, Tel. 28420 61213.

Kritsá

😊 **Argiro**, einzige Pension im Ort, einfach, aber nett; Tel. 28410 51174.

Lasíthi-Hochebene

😊 **Maria** und **Rea**, 35 Zi., kleines Hotel und große Pension im Dorfkern, gemeinsame Rezeption im Hotel Rea am Dorfplatz von Ágios Geórgios; Tel. 28440 31774.

Palékastro

😊😊 **Marina Village**, 32 Zi., zweigeschossige Anlage in einem alten Garten mit Pool und Tennis; 15 Minuten von Ort und Strand, Tel. 28430 61284, Fax 28430 61285, www.palaikastro.com/marina-village.

😊 **Schöner Blick**, 11 Zimmer, ruhig, jeweils ca. 1 km zum Strand und ins Ortszentrum; im Weiler Angáthia zwischen Palékastro und der Chióna-Bucht gelegen, Tel. 28430 61293.

Sísi

😊😊😊 **Angela Suites**, 2007 neu eröffnetes Boutique-Hotel der Luxusklasse, Suiten zwischen 38 und 55 m² groß, Restaurant, Bar sowie Lounge-Café, vier Pools und ein Planschbecken, Wellness-Zentrum; Tel./Fax 28410 71121, www.angelasuites.com.

😊😊 **Marítimo Beach**, 82 Zi., ruhig gelegen, eigener kleiner Strand, nur 2 Minuten vom Ortszentrum entfernt; westlich der fjordähnlichen Bucht, Tel. 28410 71645, Fax 28410 71273, www.maritimo.gr.

🅰 **Sísi**, 40 Stellplätze, Pool; nahe dem Strand, Tel. 28410 71247.

Sitía

😊😊 **Sitia Bay**, 19 Apartments an der Uferstraße Richtung Vai, die komfortabelste Adresse im Städtchen, Strand vor der Hoteltür, 4 Fußminuten vom Zentrum; Odos 3is Septemvríou 8, Tel. 28430 24800, www.sitiabay.com.

😊 **Archontikó**, Pension in einem Altstadthaus, 10 Zimmer mit Etagenduschen, kommunikative Terrasse vor dem Haus, junge deutsche Wirtin; Odós I. Kondyláki 16, Tel. 28430 28172.

El Greco, 19 Zi., ruhig und doch zentrumsnah; Odós G. Arkadíou 13, Tel. 28430 24133, Fax 28430 26391.

Michel, 10 Zi.; Livádi, an der Straße nach Vai, Tel. 28430 28183.

Zákros

😊 **Zákros**, 24 Zi., mit eigenem Minibus, besonders gut für Wanderer; am Dorfplatz, Tel./Fax 28430 93379.